e a MEXICO
peón de
xplica el
México
DOCTOR TAO

陶行知教育文丛

陶行知论生活教育

徐莹晖　王文岭　编

四川教育出版社
[成都]

图书在版编目（CIP）数据

陶行知论生活教育/徐莹晖，王文岭编.–成都：
四川教育出版社，2010.4
（陶行知教育文丛/徐志辉主编）
ISBN 978–7–5408–5318–1

Ⅰ.①陶… Ⅱ.①徐… ②王… Ⅲ.①陶行知（1891~1946）–生活教育–教育思想–文集 Ⅳ.①G40–092.6

中国版本图书馆 CIP 数据核字（2010）第 051095 号

责任编辑 张小娟
封面设计 毕 生
版式设计 顾求实
责任校对 王立戎
责任印制 田东洋
出版发行 四川教育出版社
地 址 成都市黄荆路 13 号
邮政编码 610225
网 址 www.chuanjiaoshe.com
印 刷 三河市明华印务有限公司
制 作 四川胜翔数码印务设计有限公司
版 次 2010 年 4 月第 1 版
印 次 2021 年 5 月第 7 次印刷
成品规格 170mm×240mm
印 张 17 插页 1
字 数 252 千
书 号 ISBN 978–7–5408–5318–1
定 价 52.00 元

如发现印装质量问题，请与本社调换。电话：（028）86259359
营销电话：（028）86259605 邮购电话：（028）86259605
编辑部电话：（028）86259381

前 言

近代以来，中国出现了许多教育家，然而若论影响，很少有人可以超过陶行知——在全国，有着数量众多的研究陶行知及其教育思想的组织和机构，有着人数众多的研究者和崇拜者。这也许不是因为他创造了多少高深的教育理论，甚至也不只是由于他对中国教育事业作出的巨大贡献和产生的深远影响，而是在于他本身就是一座丰碑——用他的信仰、他的人格、他的事业、他的作为所树立起来的道德丰碑。他的伟大蕴含在他的平凡生活之中，而他的平凡生活造就了他的伟大。

陶行知的信条是自立立人、自化化人、自觉觉人；他用“捧着一颗心来，不带半根草去”自勉勉人；他将事业与信仰融为一体，从而使他具有“我不入地狱谁入地狱”那种圣徒般的献身精神；他用辛勤的劳作、坚韧不拔的毅力担负着一个公民对社会应尽的责任，体现着他生命的永恒价值……正是这一切造就了陶行知，造就了行知精神。为了专心致力于中华教育改进社和中华平民教育促进会的工作以推进平民教育运动，他辞去东南大学教育科主任、教育系主任之职，放弃月薪400大洋的教授职位；他拒绝北洋政府任命他为武昌高等师范学校（武汉大学前身）校长、谢绝母校金陵大学校长之职。为了创办晓庄试验乡村师范学校，他将全家从北京迁到南京乡下，甘心与农人为友，与“牛大哥”同眠，并婉拒挚友冯玉祥要他做河南省教育厅厅长的邀请，表示“晓庄事业，我要用整个的身子干下去”。为了使战时的难童能够读书，他在办学经费极端困难、靠四处募捐艰难维持的情况下，免去许多孩子的学费、书费、膳食费……面对着这一切，我们只能用“大哉陶子”来表达我们对陶行知先生人格的无比敬仰。

陶行知怀着教育救国的坚定信念，将自己的一生毫无保留地贡献给了中华民族的教育事业。在他的教育事业中，他不仅提出了生活教育思想，而且使这一思想贯穿在他一生的实践中，并在实践中不断发展和完善。他始终坚信“教育是立国的根本”，始终坚持“教育为改良社会而设，为教育社会人才而设”，“教育就是社会改造”。正是为了实现社会改造的目的，他才坚决反对将学校与生活、与社会相隔离，坚决主张教育必须与生活、与社会融为一体，并提出了对中国教育产生深远影响的生活教育理论。

所谓“生活即教育”，即教育原本就是为了生活，教育原本就是生活的重要组成部分，生活本身就具有教育的意义。过什么生活便是受什么教育。所谓“社会即学校”，即生活是离不开社会的，生活原本就是社会生活；离开了社会就无所谓生活。生活具有教育的意义也就是社会具有教育的意义。社会作为一所大的学校，虽然可以将所有的社会资源当做教育的资源，但“社会即学校”的意义绝不仅限于教育资源的扩大。社会是个人的集合所形成的，有什么样的个人也就有什么样的社会；反过来，个人又是受社会影响的，因此有什么样的社会就有什么样的个人。但从最终的意义上来说，改造社会必须从改造个人开始，也就是通过教育的力量来造就合格的共和国公民，为好的社会打下牢固的根基。既然教育的真义乃是实际生活的参与和改造而不是死读书、读死书、读书死，那么顺理成章的就是如何生活就该如何开展教育，也即在生活中教育，用生活来教育——“教学做合一”。在他看来，教育法就是生活法，因为教育就是为了生活，放弃了教育也便放弃了生活，脱离了生活的教育就是无用的教育。他的晓庄、他的工学团、他的育才、他的社会大学，还有他的平民教育、乡村教育、普及教育、创造教育、国难教育、民主教育等等，都始终贯穿着“教学做合一”这一原则。于是，“生活即教育”、“社会即学校”便凝结在“教学做合一”的教育方法之中。

生活教育理论是陶行知整个教育思想的核心。这一理论萌发于20世纪20年代的平民教育推广时期。此后，它就在长期的试验和不同的教育实践中得到了不断的丰富和发展。可以说，生活教育理论统摄了陶行知的全部教育思想和教育实践。作为中国本土的教育理论，它吸取、借鉴并改造了西方尤其是杜威的教育理论，但更重要的是它立足于中国社会实情和中国教育实情，为中国教育改造开出了一剂良方，对中国的平民教育、乡村教育、普及教育、大众教育、民主教育乃至整个教育的发展，起了极大的推动作用。在20世纪众多耀眼的教育家中，陶行知就是以他的生活教育理论和持续不断的艰苦实践，成为最为卓著的教育家之一，为中国的教育事业作出了突出的贡献。在谈到对陶行知的评价时，唐文权先生曾写道：“我们相信，在卷帙浩繁的20世纪教育史稿中，生活教育作为中国教育章中卓然独立的一节，深刻地映现着当代的世情和国情，足可永垂久远，引人注目流连。总有一天，当地球村的居民共建文化纪念馆时，中国这一文化大户的推选名单中，陶行知及其生活教育将因其对来者的悠长启示而膺登榜上，进入世界文化名人之列。”[①] 1991年，陶行知最终因为他对中国和世界教育的卓越贡献而被联合国教科文组织列为20世纪世界四大名人之一。

在世界各国都对教育的发展给予异乎寻常的关注的今天，在我们正为制定中国教育发展中长期规划而苦思冥想的当下，学习和借鉴西方先进的教育理论固然十分必要，挖掘与利用中国传统的教育资源以振兴民族教育则更为重要。陶行知植根于中国传统教育的土壤，以开放的胸襟兼收并蓄中西方教育理论，形成符合本国国情、具有本民族特色的教育思想。虽然大半个世纪过去了，但陶行知的教育理论和实践、陶行知的精神却并没有随着时光的流逝而失去其价值，它仍然对我国教育的改革和发展具有重要的指导作用。从学校定位上讲，学校必须改变与社会实际相脱离、与学生生活相脱离的现状，使学校教育真正切入社会的实际生活，发挥学校服务

① 章开沅、唐文权：《平凡的神圣——陶行知》，湖北教育出版社1991年版，第560页。

社会、引领社会、改造社会的作用，使学校成为改造社会的中心；从人才培养目标上讲，学校教育要改变重成绩、轻能力等状况，把培养全面发展的、适合社会需要的、富有高度社会责任感的共和国公民作为教育的一个重要内容给予足够的重视；从教学方法上讲，必须改变普遍存在的重书本知识、轻实践经验，重灌输死知识、轻创新意识和能力培养，重教不重做，教学做相脱节的传统教育教学方法，重视和加强实践环节在教育教学中的地位和作用，使教与学能够在实践的环节上统一起来；从课程评价体系来讲，必须尽快改变不仅在基础教育中广泛存在，而且在高等教育中也依然存在的应试教育现状，使考试考查真正能够在促进教师的教和学生的学方面发挥应有的作用，而不是成为师生共同的“增压器”、民族创新力的“消融器”；从教育的整体协调发展来讲，要改变严重存在的城乡差别、地区差别、重点与非重点差别、普通教育与职业教育的差别，改变教育各方面存在的不公平现象，使我们的各级各类教育都能够协调发展，使我们的所有公民都能够尽可能享有相对公平的受教育权利……

伟人已经远逝，但他留给我们的几百万言的著作就像一座取之不尽的宝藏，给我们的教育改革提供着能源；又似一座巨大的思想宝库，给我们的教育实践提供着理论支持。这并不是说陶行知的教育理论就是完全正确、无懈可击的，事实上正是由于他的教育理论和实践给人们提供了广阔的探讨空间，才使他的理论有了强大的生命力，才使他成为“受研究最多的近代教育家之一”①。从另外一个层面讲，他之所以能够成为受研究最多的教育家，是因为他本人就是一个“行动理论家”（胡晓风先生语），他的理论本身就是针对教育中的实际问题创立的，是行动的理论、实践的理论，而不是坐而论道的说教。尽管我们的时代离陶行知生活的时代已有近一个世纪的历史间隔，但我们仍可从他的理论和实践中受到启迪。这说明无论在什么时代，教育总有共通的问题，而能够解决共通问题的思想和理论无论产生于什么时代，它的生命力都是永恒的。而要让陶行知的教育思想在我们的教育改革与发展中充分发挥作用，学习和了解陶行知的教育思

① 何荣汉：《陶行知——一位基督徒教育家的再发现》，基督教文艺出版社（香港）2004 年版。

想就是必不可少的。

20世纪80年代以来，国内出版了大量包括陶行知本人著作和与其教育思想有关的书籍和文献。如川版12卷本的《陶行知全集》，湘版8卷本的《陶行知全集》，还有《陶行知文集》（江苏省陶研会、晓庄师范陶研会），《陶行知教育文集》（胡晓风、金成林等）、《陶行知教育名篇》（方明）、《陶行知教育名著教师读本》（金林祥等）、《陶行知教育名著大学生读本》（陆建非）、《行知教育论著百篇》（姚文蔚）……这些书籍和文献对研究、宣传普及陶行知教育思想无疑起到了重要的推动作用。但对不同领域的基层教育工作者而言，要么卷帙浩繁，缺乏专题性、针对性、系统性，不可能在一般教师中普及；要么虽然是专门论及教育的，但它涉及教育的诸多领域，未必能够使人们通过阅读这些言论而真正理解陶行知的教育思想，也未必能够使人们看出陶行知教育思想发展的基本脉络。我们认为，要了解一个人的思想，就必须阅读他的原著，并将他的思想放到当时的时代背景去阅读、去了解，才有可能理出一个思想形成的大致脉络，否则就会误解甚至曲解一个人的思想，或者不看时间的变化而随意照搬某种思想。为了推动全国教育改革与发展，为了促进全国范围内学陶师陶的普遍开展，为了对陶行知的思想进行普及性的宣传，也为了更好地满足读者的需要，南京晓庄学院陶行知研究所整理、汇编了这套《陶行知教育文丛》。该文丛根据专题分类，尽量按照发表的年代顺序来编排，同时也对其中的重要篇目作了“导读”，以求对读者阅读原著和理解陶行知的教育思想有所帮助。我们期望这套丛书的编印能够在促进广大师生学陶师陶、弘扬行知精神方面发挥其应有的作用。

由衷感谢四川教育出版社为这套《陶行知教育文丛》的出版提供的无私帮助。

真心地希望读者对这套《陶行知教育文丛》中的错误批评指正。

徐志辉

2010年春于南京晓庄

目 录

徐莹晖

生活教育：走出现代教育困境的一次探索

——本册导读

教育和生活的关系是人类发展的永恒问题，历来为诸多教育家所关注，他们各自从不同的角度对其进行了阐释。陶行知的生活教育理论直接指向了生活和教育的关系，是陶行知思想的核心。作为一个完整的理论体系，它有一个形成和发展的历程。

一、陶行知其人

正如历史上每一位伟大的人物一般，他们特有的生活方式和生活经历同样值得人们研究和学习，其本身就构成了一种重要的教育力量。从陶行知一生几易其名及其生平、著作来看，他不是一个只坐而论道的人，而是知行合一、表里合一的教育家和思想家，正是这种特性造就了他非凡的人生价值和社会价值。

陶行知，原名文濬，后在金陵大学求学期间，潜心研究王阳明的知行学说，信奉其“知是行之始，行是知之成”，遂改名为知行。在美国留学时师从实用主义大师杜威，受其影响，继续研究知行关系，形成了实用主义的知行观。回国之后，他在从事中国教育事业的改造中，认识到行动对于知识的先在性，于是把王阳明的知行学说来了个颠倒，提出“行是知之始，知是行之成”，最终改名为行知。正如他自己在《中国教育改造》的序言里所说，“我所写的便是我所信的，也就是我所行的”。而他的易名也是他在倡导乡村教育、普及教育、国难教育、战时教育和民主教育运动的实践中形成“行知行”理论的过程，表明了以行动为先、知行合一的人生。

陶行知的一生以行知关系为基础，非常注重生活对教育的重要作用以及生活的教育意义。他极力提倡过真正的共同生活，因为只有通过共同生活，才有真正的交往和精神的沟通，从中丰富自身的生活经验，获得教育意义，实现教学相长，凝聚和生发力量为共同的目标而奋斗。实践证明，以共同生活为基础的共同体是有极大力量的。在晓庄时期，他提倡师生之间、师生与农人之间同甘苦、共休戚，共谋乡村社会之改造；山海工学团时期，他实行“工以养生、学以明生、团以保生”，以促普及教育之实现；战时教育时期，他创办育才，过集体生活，实行集体主义的自我教育，培养抗战建国人才，以争取建立自由、独立、平等的新中国。

所以，综观陶行知的一生，其本人就是弥合传统二元论所带来的生活和教育分离的最好的典范，而他所创建的生活教育理论则是直指教育和生活分离的问题，并致力于提供有益的解决方案。

在陶行知的人生经历中，还有一点尤其值得注意。在他的教育事业改造中，总显示出一种无私奉献、以身殉道的精神。这是一种人格力量，使得陶行知本人就是一种具有力量的品格教育。我们可以把这称为深刻的教育信仰，这也是他有别于同时代其他知识分子的地方。

这和陶行知的人生经历以及对基督教的认识和理解息息相关。他父亲是基督教徒，自己少年时就读教会学校，受传教士殷殷栽培，长大就读教会大学，在多年的求学生涯和人生经历中，开始了解基督教的人道、博爱以及悲悯情怀并开始信仰。“1913年，余成为一基督徒。”① 在《金陵大学学生陶文濬的信仰自述》中，陶说“使我追随他的是他那‘我们应当像爱自己一样爱世人’的教义”，即他信仰的是基督教的“爱人如己”、“为人服务”、“以身殉道的精神”。

这种教育信仰具体到实践中即“爱满天下”。正因为爱最大多数最不幸之农人，所以倡导乡村教育；因为爱那战争中苦难的儿童，所以创办育才；因为爱灾难深重的中华民族，所以倡导国难教育、战时教育、民主教育。正因为对教育怀有的这种深刻信仰，才使他始终坚定走教育救国之路，即使艰难险阻始终百折不回，屡战屡败却愈战愈勇，足见这种信仰的力量之巨大。

二、生活教育理论的形成

任何伟大的思想都不是凭空产生的，它总是立足于现实，为着解决问题而来，充满了对现实的关照；又通过对前人先进思想的传承和改造，在实践中逐渐形成自身的理论体系。生活教育理论不是一蹴而就的，作为一个完整的理论体系，它是在改造传统教育、传承和改造杜威教育哲学的基础上，在行动中形成的。

陶行知认为教育与生活的分离是中国教育的痼疾。传统的老八股教育和新式的洋八股教育共同造成了“中国的教育太重书本，和生活没有联系”②。这样的教育“为拉青年出社会，与实际生活分离，而非引青年入社会，以解决其本身及社会一切问题；为提高青年生活之欲望，走入奢靡无能无用之绝境，而非导青年走入生产与建设之途”③。所以，“中国教育的歧路在于抱着书本、抱着黄金、抱着标语而忘掉人生。如今已深陷于学历主义、拜金主义和形式主义混为一体的无底深渊，从而制造了一大堆泡沫教育体”④。把读书当成教育，把赶考当成教育，造就的是读死书、死读

① 《我的学历及终生志愿》
② 《生活教育的创立与成长》
③ 《今后教育上基本问题之讨论》
④ 《古庙敲钟录》

书、读书死的书呆子，这样的教育于社会何益？于民族何益？所以，陶行知才得出这样的结论：造成中国国难、生死存亡的就是那“山穷水尽的传统教育”①。针对传统教育的弊病，陶行知提出必须要把教育和生活、社会和大众相联系，提倡生活教育。

如果说改造传统教育是生活教育理论形成的现实原因，那么杜威的教育哲学无疑是其直接的理论来源。

陶行知留学美国时师从杜威，受到其实用主义的影响，首先形成了实用主义的知行观。而由杜威提出的“教育即生活”、“学校即社会”、“在做中学”则构成了生活教育理论核心命题的直接来源。杜威所主张的“教育即生活”，即教育要以儿童的生活为中心，遵循儿童的身心生长规律，注意儿童的生活环境，即什么是儿童真正的生活；教育是儿童当下生活的过程，而不是未来生活的预备。“社会即学校”强调，既然教育是一种生活过程，那么相应的学校就是社会生活的一种形式。学校应该成为一个小社会，教育必须把庞大复杂的现实社会简化缩小到学校里，学生在其中习得社会规范，与社会沟通。“在做中学”是杜威的知行观在教学中的应用，即教学过程必须在“做”中进行，要让儿童有“做”的机会，在那些真正有教育意义和兴趣的活动中学习，以此自己发现知识，获得经验。

陶行知带着杜威的学说回国后即投身中国教育的改造事业，以其为理论基础和有效的方法。然而，经历了新教育的试验和平民教育运动，陶行知认识到中国是个穷国，在这样一个穷国，传统教育是少数人才能享受的小众教育。在这样的背景下要使人人都能受教育，照搬杜威的学说是行不通的，“在山穷水尽的时候才悟到教学做合一的道理。所以教学做合一是实行‘教育即生活’碰到墙壁把头碰痛时所找出来的新路。‘教育即生活’的理论至此乃翻了半个筋斗。……没有‘教育即生活’的理论在前，决产生不出‘教学做合一’的理论。但到了‘教学做合一’的理论形成的时候，整个教育便根本改变了方向。这个新方向是‘生活即教育’”②。由此

① 《目前中国教育的两条路线——教劳心者劳力，教劳力者劳心》
② 《生活即教育》

可见，生活教育理论是陶行知对杜威教育哲学的传承和基于中国实际的改造。

就是在批判传统教育和洋化教育、传承和改造现代主流思潮的基础上，陶行知在行动中创立了生活教育理论。

1917 年秋，留美的陶行知怀着“要使全国人民都有受教育的机会”的强烈愿望回国，积极投身中国的教育救国运动，带着杜威的“教育即生活”的思潮开始了他的教育改革之路。他痛陈旧教育的五大流弊：“依赖天工”、“沿袭陈法”、“率人已意”、“仪型他国”、“偶尔尝试”，首先在南京高等师范学校实行新教育的试验。他改教授法为教学法，提倡教学合一，并认识到传统教育太重书本，和生活没有联系，应该“为生活需要而办教育，教育与生活是分不开的”，第一次发现“生活教育”；而后，他倡导平民教育，以此提高平民素质，并在此过程中注意到中国以农立国，所以乡村教育至关重要，故把眼光转向乡村，发起乡村教育运动。1927 年 3 月 15 日他创办晓庄试验乡村师范学校，这标志着生活教育从理论进入实践阶段，生活教育有了第一个实体，晓庄成为第一个试验基地，并通过不断试验，逐步成熟。

在创办和发展晓庄的过程中，陶行知逐步认识到杜威的“教育即生活”、“学校即社会”在改造中国教育上“行不通”，开始为中国教育探获新的生路。他在晓庄每天的寅会上发表演讲，如《从野人生活出发》、《生活工具主义之教育》、《教学做合一》、《在劳力上劳心》、《行是知之始》、《生活即教育》等，把杜威的理论“翻了半个筋斗”，“生活即教育”、“社会即学校”、“教学做合一”的核心命题逐步成立，初步形成了生活教育的基本理论体系。

1930 年，晓庄被封，陶行知被迫避难日本。1931 年他回国后，积极推行普及教育运动；创办工学团，开辟多种办学渠道和办学形式；创立“小先生制”，即知即传人，不断扩大教育的影响和作用。1935 年，随着抗战的爆发，陶行知认识到当时民众的“生活”就是共赴国难，继而积极推行国难教育，把生活教育理论推到了一个新的发展高度。1939 年到 1944 年，他投身抗战，推行战时教育运动，创办育才学校，为抗战建国储备人才。

在总结之前推行生活教育的经验和教训后，他从教育实践和理论两方面使生活教育理论体系更加丰富和完整。抗战胜利之后，陶行知又转向民主教育，提倡建立有形的和无形的社会大学，并创办重庆社会大学、夜大学、早晨大学、函授大学、新闻大学、电播大学等，提出大学之道在于“亲民、明民德、止于人民之幸福”。至此，生活教育理论更显成熟。

三、生活教育理论及其三原则

什么是生活教育？简而言之，“生活教育是以生活为中心之教育”①。从定义上说，“生活教育是生活所原有、生活所自营、生活所必需的教育。教育的根本意义是生活之变化。生活无时不变，即生活无时不含有教育的意义，因此我们可以说：‘生活即教育’”②，“生活教育是给生活以教育，用生活来教育，为生活向前向上的需要而教育”③。

尽管对定义的字面表述不同，但实质是相同的，即阐述了生活和教育之间的关系。这也是生活教育理论要完成的使命。生活和教育“是一个现象的两个名称，好比一个人的小名与学名”④，尽管具有同一性，但并不意味着生活等于教育，而是“生活决定教育，教育要通过自觉的生活才能踏进更高的境界”⑤。没有纯粹的教育，教育只有通过生活才有意义，才有效力。生活是教育的目的，教育要促使生活向上向前地变化。陶行知通过生活教育的三原则更详细而深入地阐述了两者的关系。

“生活即教育” 是整个理论的基本内核。其含义是“是生活就是教育，不是生活就不是教育；是好生活就是好教育，是坏生活就是坏教育”⑥，“过什么生活便是受什么教育：过好的生活，便是受好的教育；过坏的生活，便是受坏的教育；……我们要想受什么教育，便须过什么生活”⑦。它

① 《教学做合一下之教科书》
② 《什么是生活教育》
③ 《谈生活教育》
④ 《教学做合一下之教科书》
⑤ 《生活教育运动十三周年纪念告同胞书》
⑥ 《生活即教育》
⑦ 《什么是生活教育》

直接指向生活与教育的关系问题——生活决定教育，并揭示了什么是真正的教育。

1. 教育产生于人类的实际生活需要，包括物质的、精神的、文化的等等。即人生需要什么就教什么。所以从源头来讲，没有生活就没有教育，教育要依附于人的生活才能存在。没有纯粹的教育，不能为教育而教育，教育必须通过生活产生力去解决人生问题，改造社会和改造生活，这样才有存在的意义。所以，连带的，教育的目的、内容、方法、原则都要围绕生活而展开。

2. 陶行知认为“有生命的东西，在一个环境里生生不已的就是生活”①。生活的本质就是川流不息，生活无时不变，教育就要随之而动，人生的需要和发展在不同时期有不同变化，教育要不断地适应这种变化。这揭示了教育的动态目的，生活的目的就是教育的目的，要通过教育促进生活的不断生长、不断发展。所以，生活的过程就是教育的过程，教育就是一种生活，教育不是为某些外在于人的目的而服务，不能为这些目的所驾驭而把自身和受教育者都看成是手段。教育是为人的，是为人的生活的，受教育者受这样的教育才能真实地、自由地绽放生命的光彩，才能“生生不已”。

3. 生活决定了教育的范畴。从内容上说，“是生活就是教育”，“生活主义包含万状，凡人生一切所需皆属之。其范围之广，实与教育等”②。这扩大了教育的内容，把教育的范围从书本扩展到了整个社会生活，即“‘生活即教育’是叫教育从书本的到人生的，从狭隘的到广阔的，从字面的到手脑相长的，从耳目的到身心全顾的”③。这样的教育是“极其广阔自由的”，这为丰富的、整全的、统一的生活世界取代碎片化的生活提供了可能性，这样的教育才能增强改造生活的效力。

4. 生活决定了教育的目标和方向。“生活即教育”揭示了教育必须要引导人过好生活。陶行知在实践中为我们描绘了好生活的具体内容：“康

---

① 《生活即教育》
② 《生利主义之职业教育》
③ 《生活即教育》

健的生活”、“劳动的生活”、“科学的生活”、“艺术的生活”、“改造社会的生活”、“创造的生活”、“健康、科学、劳动、艺术及民主构成和谐的生活”①，并且这样的好生活应该是人人都能过的，所以教育必须成为大众的教育，引导大众过向上向前的生活。这也是陶行知创立生活教育理论的目标。这一教育目标对我们当前的教育不能不说是一个很好的指导。我们需要借助生活教育来为我们的现实教育寻找一种教育之道和教育理想，而不仅仅把教育定义为一种教人习得自我保存和获得欲望满足的活动。

这样的好生活即好教育不是天上掉下来的，也不是坐在书斋里空想出来的，更不是形式上受一种教育，实际上却过着与之相反的生活，“想受什么教育，便须过什么生活”②。生活的本义在参与，着重在“过”字上，那是一种生活的行动，要个体参与其中，用“过”的生活来教育，在“过生活”中受教育。所以，“生活即教育”以行动为先导，通过行动用好的生活来改造坏的生活，用现代的生活来改造落后的生活。只有积极地行动和参与，教育者才能想到要解放儿童的头脑、双手，儿童才能有创造，教育通过对人的改造才真正发挥了效力，同时教育的理想才不致成为空想，摆脱好逸恶劳的坏名声。

“社会即学校”是连带“生活即教育”而来的。既然“生活即教育”，那么“到处是生活，即到处是教育；整个的社会是生活的场所，亦即教育之场所。因此我们又可以说：‘社会即学校’”③。这一命题指向学校和社会的关系。它拆除了学校和社会间的藩篱和阻隔，主张学校向社会开放，学校可以自由地、有选择地吸纳社会中有益的成分，这样“教育的材料，教育的方法，教育的工具，教育的环境，都可以大大的增加”④。同时让学校和自然生活、社会生活联成一气，从而向受教育者展现了一个真实的、完整的、连续的生活世界，为学生的成长和发展提供了有益的条件。如此，用活的材料、在活的环境里自然就产生活的学校，培植有生活力的活的教

① 《全民教育》
② 《什么是生活教育》
③ 《什么是生活教育》
④ 《社会即学校》

师和活的学生。

同时陶行知提倡把整个社会作为一个大学校，提倡无形的社会大学，为大众提供学习的场所。“在社会的伟大学校里，人人可以做我们的先生，人人可以做我们的同学，人人可以做我们的学生。随手抓来都是活书，都是学问，都是本领。”“从大众的立场上看，社会是大众惟一的学校，生活是大众惟一的教育。大众必须正式承认他，并且运用他来增加自己的智识，增加自己的力量，增加自己的信仰。”① 这打破了老师、学生之间固有的界限，实现了充分地运用社会的力量、从社会的需求出发去办教育的目标。

“**教学做合一**”是生活教育理论的切入点。它既是对生活和教育关系的进一步阐述，又是生活教育理论的方法论。“教学做合一”是对生活现象和教育现象的说明，“在生活里，对事说是做，对己之长进说是学，对人之影响说是教。教学做是一种生活之三方面，而不是三个方面各不相谋的过程”②。同时，“教学做合一”是生活法和教育法，“教的方法根据学的方法；学的方法根据做的方法。事怎样做便怎样学，怎样学便怎样教。教与学都以做为中心。在做上教的是先生，在做上学的是学生”③。“做”即是行动，但不是盲目的行动，而是以实际生活为中心，在劳力上劳心。它以行动为先导，通过行动产生真知识，创造新价值，再以这真知识去指导行动，如此螺旋上升。这是有丰富的教育意义的。它打破了传统的二元论把人分成劳力者和劳心者的观点，主张解放人的头脑和双手。从另外一个角度讲，有益于形成新型的、积极的师生关系。师生共同进步，追求真理，教学相长，以这为基础的师生之间才真正有精神的沟通，这样的教学关系才有真正的教育意义，有利于共同体的形成。

综上所述，生活教育是以生活为中心的教育，生活是人类的中心问题，所以生活教育毫无疑问是以人为中心的理论，是以人为本的教育学说。它首先表现在对人的生命的敬畏。不论成为什么样的人，必须保证人

① 《什么是生活教育》

② 《教学做合一下之教科书》

③ 《教学做合一下之教科书》

的生命存在。陶行知对生命在当时社会中的悲惨境遇，发出了这样的疾呼："中国要到什么时候才能翻身？要等到人命贵于财富，人命贵于机器，人命贵于安乐，人命贵于权位，人命贵于一切。只有等到那时，中国才站得起来。"① 在此我们可以看到，陶行知把生命的尊严看成是至高无上的、神圣的，生命的价值高于一切世俗的、物欲的东西。其次，在培养什么样的人上，他认为必须否定和推翻"人上人"的教育价值目标，转而培养"人中人"。这样的"人中人"必须是自立、自主、自动的，能够自立立人、自觉觉人的，他能被平等地对待，在一定程度上能有行动与经验的自由，所以他能够运用自己的理性自主地进行选择和创造，能治理自己和参与公共事务的治理。而培养这样的人则对教育提出了更高的要求。我们的教育必须追求民主，能够尊重人的权利和尊严，能够唤醒人的理性、理智，能够为人的发展提供支持。这是生活教育一直努力的方向。

生活教育理论的这一价值追求实则为社会建立了新的价值体系，即以人为本。在这样的意义上，生活教育思想具有一种启蒙意义，"它实际上是一种价值重建和文明再造"②。

四、生活教育：走出现代教育困境的一次探索

陶行知的生活教育理论揭示了生活与教育的关系实质，即是生活就是教育，它使教育成为人生活的一部分，在人的发展中起重要的作用。用陶行知的理论来审视和对照我们当下的教育，人们不禁要发出这样的疑问：它是一种生活吗？它和生活、人本身还具有统一性吗？学校，那个无数人要度过人生四分之一岁月的地方和人的生活是息息相关、紧密相连的吗？

远离生活的教育没有了真正的教育之道，它不再引导人追求值得过的生活，成功的教育和好的教育被诠释为对社会各种需要的满足程度。远离生活的教育不再以培养人的完满和实现社会的福祉为目的，它被某种外在的目的所驾驭，并把自身及其他因素，包括人看成实现这些目的的手段。

---

① 《中国的人命》

② 胡晓风等：《陶行知与中国现代化》

脱离生活的教育不再以实际的整全的生活作为教育的内容，而是代之以断裂的、窄化为不同学科的教科书上的知识，不再和流动的生活共生共长，实则只是一堆远离学生真实生活的冰冷的概念体系；只教谋生的技能，造就出知行分离、表里不一的“知识人”，学无所用、读书无用论才会抬头。

陶行知所创立的生活教育体系揭示了教育乃至整个社会的根本性问题，并提出了自己独到的见解，因而尽管时过境迁但依然魅力无限：它为我们倡导了一种新的教育理想，为教育实践提供了新的教育哲学，为现代教育走出困境提供了有益的方案。然而生活教育是一项巨大的试验工程，陶行知在《生活即教育》中把生活教育的实现分成了三个阶段：一是生活与教育分离；二是教育即生活，学校社会化；三是生活即教育，社会即学校，这是生活教育发展的最高阶段。它的实现需要很多的条件和保障，还需要漫长的时间，但是我们不能坐等实现之日的到来，正如陶行知所说“……理想的社会，不是从天上掉下来的，而是人类依着社会历史发展的趋势努力创造出来的”①，同时也不能据此断定生活教育只是不合时宜的乌托邦而贬低其价值。即使是试验，何妨当成一次有意义的思想探索？

① 《谈生活教育》

生活即教育

今天我要讲的是“生活即教育”。中国从前有一个很流行的名词，我们也用得很多而且很熟的，就是“教育即生活”（Education of life）。教育即生活这句话，是从杜威（John Dewey）先生那里来的，我们在过去是常常用它，但是，从来没有问过这里边有什么用意。现在，我把它翻了半个筋斗，改为“生活即教育”。在这里，我们就要问：“什么是生活?”有生命的东西，在一个环境里生生不已的就是生活。譬如一粒种子一样，它能在不见不闻的地方而发芽开花。从动的方面看起来，好像晓庄剧社①在舞台演戏一样。“生活即教育”这个演讲，从前我已经讲了两套，现在重提我们的老套。

第一套就是：

是生活就是教育，不是生活就不是教育；

是好生活就是好教育，是坏生活就是坏教育；

---

① 晓庄学校师生组织的戏剧团体，成立于1929年初，陶行知任社长，是中国最早的话剧剧团之一，与南国剧社、复旦剧社齐名。

是认真的生活，就是认真的教育，是马虎的生活，就是马虎的教育；

是合理的生活，就是合理的教育，是不合理的生活，就是不合理的教育；

不是生活，就不是教育；

所谓之生活，未必是生活，就未必是教育。

第二套是第二次讲的时候包括进去的，是按着我们此地的五个目标加进去的，就是：

是康健的生活，就是康健的教育，是不康健的生活，就是不康健的教育；

是劳动的生活，就是劳动的教育，是不劳动的生活，就是不劳动的教育；

是科学的生活，就是科学的教育，是不科学的生活，就是不科学的教育；

是艺术的生活，就是艺术的教育，是不艺术的生活，就是不艺术的教育；

是改造社会的生活，就是改造社会的教育，是不改造社会的生活，就是不改造社会的教育。

近来，我们有一个主张，是每一个机关，每一个人在十九年度里都要有一个计划。这样，在十九年里，我们所过的生活，就是有计划的生活，也就是有计划的教育。于是，又加了这么一套：

是有计划的生活，就是有计划的教育，是没有计划的生活，就是没有计划的教育。

我今天要说的，就是我们此地的教育，是生活教育，是供给人生需要的教育，不是作假的教育。人生需要什么，我们就教什么。人生需要面包，我们就得受面包教育；人生需要恋爱，我们就得过恋爱生活，也就是受恋爱教育。准此类推，照加上去：是那样的生活，就是那样的教育。

与“生活即教育”有联带关系的就是“学校即社会”。“学校即社会”也就是跟着“教育即生活”而来的，现在我也把它翻了半个筋斗，变成“社会即学校”。整个的社会活动，就是我们的教育范围，不消谈什么联络，而它的血脉是自然流通的。不要说“学校社会化”。譬如现在说要某人革命化，就是某人本来不革命；假使某人本来是革命的，还要他“化”什么呢？讲“学校社会化”，也是犯同样的毛病。“社会即学校”，我们的学校就是社会，还要什么“化”呢？现在我还有一个比方：学校即社会，就好像把一只活泼泼的小鸟从天空里捉来关在笼里一样。它要以一个小的学校去把社会上所有的一切东西都吸收进来，所以容易弄假。社会即学校则不然，它是要把笼中的小鸟放到天空中去，使它能任意翱翔，是要把学校的一切伸张到大自然界里去。要先能做到“社会即学校”，然后才能讲“学校即社会”；要先能做到“生活即教育”，然后才能讲到“教育即生活”。要这样的学校才是学校，这样的教育才是教育。

杜威先生在美国为什么要主张教育即生活呢？我最近见着他的著作，他从俄国回来，他的主张又变了，已经不是教育即生活了。美国是一个资本主义的国家，他们是零零碎碎的实验，有好多教育家想达到的目的不能达到，想实现的不能实现。然而在俄国已经有人达到了，实现了。假使杜威先生是在晓庄，我想他也必主张“生活即教育”的。

杜威先生是没有到过晓庄来的。克伯屈先生是到过晓庄来的。克伯屈先生离了俄国而来中国，他说：“在离莫斯科不远的地方，有一个人名夏弗斯基[①]的，他在那里办了一所学校，主张有许多与晓庄相同的地方。”我见了杜威先生的书，他说现在俄国的教育很受这个地方的影响，很注重这个地方。他们也主张生活即教育，社会即学校。克伯屈先生问我们在文字上通过消息没有？我说没有。我又问他：“夏弗斯基这个人是不是共产党？”他说不是。我又问他：“他不是共产党，又怎么能在共产党政府之下办教育呢？”他说：“因为他是要实现一种教育的理想，要想用教育的力量来解决民生问题，所以俄政府许可他试验，他在俄政府之下也能生存。”我又对他说：“这一点倒又和我相合，我在国民党政府之下办教育，而我也不是一个国民党党员。”这是克伯屈先生参观晓庄后与我所谈的话。

现在我们这里的主张，已经终于到了实现的时期了，问题是在怎样实

---

① 通译沙茨基。

现。这一点，可以分作三个时期：

第一个时期，是生活是生活，教育是教育，两者是分离而没有关系的。

第二个时期，是教育即生活，两者沟通了，而学校社会化的议论也产生了。

第三个时期，是生活即教育，就是社会即学校了。这一期也可以说得是开倒车，而且一直开到最古时代去。因为太古的时代，社会就是学校，是无所谓社会自社会、学校自学校的。这一期也就是教育进步到最高度的时期。

其次，要讲生活即教育与社会即学校，有几方面是要开仗的，而且，是不痛快，是很烦恼，而与我们有极大的冲突的。

第一，在这个时期，是各种思潮在中国谋实现的时期，中国几千年来的传统教育所支配的许多传统思想都要在此时期谋取得它的地位。第二，是外来的各种文化，如德国以前是以文化为中心的。这种文化，胡适之先生曾说是一种 Jantade man 的文化，是充满着绅士气的。第二是英国的。

现在先说中国遗留下来的旧文化与我们的生活即教育是有冲突的。中国从前的旧文化，是上了脚镣手铐的。分析起来，就是天理与人欲，以天理压迫人欲，做的事无论怎样，总要以天理为第一要件。

他是以天理为一件事，人欲为一件事。人欲是不对的，是没有地位的。在生活即教育的原则之下，人欲是有地位的，我们不主张以天理来压迫人欲的。这里，我们还得与戴东原[①]先生的哲学打通一打通：他说，理不是欲外之理，不是高高的挂在天空的；欲并不是很坏的东西，而是要有条有理的。我们这里主张生活即教育，就是要用教育的力量，来达民之情，顺民之意，把天理与人欲打成一片，并且要和戴东原先生的哲学联合起来。

与此有联带关系的就是“礼教”。现在有许多人唱“礼教吃人”的论调，的确，礼教吃的人，骨可以堆成一个泰山，血可以合成一个鄱阳湖。

① 即戴震。

我们晓得，礼是什么？以前有人说，礼是养生的，那是与生活即教育相通的。这种礼，我们不惟不打倒，并且表示欢迎。假若是害生之礼，那就是要把人加上脚镣手铐，那是与我们有冲突的，我们非打倒不可。因为生活即教育，是要解放人类的。

再次，中国以前有一个很不好的观念，就是看不起小孩子。把小孩子看成小大人，以为大人能做的事小孩也能做，所以五六岁的小孩，就要他读《大学》《中庸》。换句话说，就是小孩子没有地位。我们主张生活即教育，要是儿童的生活才是儿童的教育，要从成人的残酷里把儿童解放出来。

还有一点要补充进去的就是书本教育。从前的书本教育，就是以书本为教育，学生只是读书，教师只是教书。在生活即教育的原则之下，书是有地位的，过什么生活就用什么书，书不过是一种工具罢了。书是不可以死读的，但是不能不用。从前有许多像这样的东西，是非推翻不可的，否则不能实现“生活即教育”。

现在外面传进来的思潮，也有许多与我们是冲突的。以文化做一个例吧，以文化做中心的教育，它的结果是造成洋八股。文化是人类创造出来的，固然是非常的宝贵，但它也不过是一种工具而已，不能拿作我们教育的中心。人为什么要用文化？是要满足我们人生的欲望，满足我们生活的需要。电灯是文化，我们用了它，可以把一切东西看得更明白。无线电是文化，我们用了它，可以更便利。千里镜是文化，我们用了它，可以钻进土星、木星里去。……所以文化是生活的工具，它是有它的地位的。我们不惟不反对，并且表示欢迎。欢迎它来做什么呢？就是满足我们生活的需要。有些人把它弄错了，认它做一种送人的礼物，这是不对的。文化要以参加做基础，有了这参加的最低限度的基础，才能了解，才能加上去。生活即教育与以文化为中心的教育的不同，就是如此。

还有训育①与生活即教育的理论怎么样？生活即教育与训育把训与教

---

① 德国赫尔巴特把教育工作分为管理、教育和训育三个部分。训育，一般指对学生行为、习惯的训练与控制。中国自清末兴办学堂以来，传统教育所实施的训育，是强化以统治阶级的思想意识来影响学生，对学生的思想行为，从精神上进行严格的控制。

分家的关系怎样？生活即教育与社会即学校如何实现？小学里如何把它实现出来？假使诸位以为是行得通的，最好是每一个人拟一个方案来交给我，那一部分可以实现，我们就拿那个地方当一个社会实现出来。

现在我举一个例说：去年因为天干，和平学园因为急于要水吃，就开了一个井。井是学校开的，但是献给全村公用，不久就发现了两个大问题：

（一）每天出水二百担，不敷全村之用。于是大家都起早取水，后到的取不到水。明天又比别人早，甚至于一夜到天亮，都有取夜水的。到天亮时，井里的水已将干了。群聚在井边候水，一勺一勺的取，费尽了气力，才打出一桶水。

（二）大家围着取水，争先恐后，有时甚至用武力解决。

这种现象，假使是学校即社会，就可以用学校的权力来解决，由学校出个命令，叫大家照着执行。社会即学校的办法就不然，他觉得这是与全村人的生活有关系的，要全村的人来设法解决，于是就开了一个村民大会，一共到了六七十个人，共同来做一个吃水问题的教学做。到会的人，有老太婆，也有十二三岁的小孩子，公推了一位十几岁的小学生做主席。我和许多师范生，就组织了一个诸葛亮团，插在群众当中，保护这位阿斗皇帝。老太婆说的话顶多，但同时有许多人说话，大家听不清楚，而阿斗皇帝又对付不下来。这回，诸葛亮用得着了，他就起来指导。结果，共同议决了几件事：

（一）水井每天休息十小时，自下午七时至上午五时不许取水。违者罚洋一元，充修井之用。

（二）每次取水，先到先取，后到后取。违者罚小洋六角，充修井之用。

（三）公推刘君世厚为监察员，负执行处分之责。

（四）公推雷老先生[①]为开井委员长，筹款加开一井，茶馆、豆腐店应多出款，富户劝其多出，于最短期内，由村民团结的力量，将井开成。

---

① 即雷万民。

这几个议案是由阿斗会议所通过的。这就是社会即学校的办法。由此，我有几个感触：

（一）民众运动，要以对于民众有切身的问题为中心，否则不能召集。

（二）社会运动，非以社会即学校，则不能彻底实行。而社会即学校，是有实现的可能的。

（三）不要以为老太婆、小孩不可训练，只要有法子，只要能从他们切迫的问题着手。

（四）公众的力量比学校发生的大，假使由学校发命令解决，则社会上了解的人少，而且感情将由此分离。

（五）阿斗离了诸葛亮是不行的，和平门吃水问题，倘无相当指导，可以再过四五千年还没有解决。

（六）做民众运动是要陪着民众干，不要替民众干。训政工作要想训练中华国民，非此不可。

这就是以小学所在地做学校的一个例，其余的例很多，不必多举。社会即学校要如何的实现，请大家一样一样的做个方案，二次开会的时候再谈。

这是证明“生活即教育”与“社会即学校”是相联的，是一个学理。

关于“生活即教育”，我现在再来补充一套。我们是现代的人，要过现代的生活，就是要受现代的教育。不要过从前的生活。也不要过未来的生活。若是过从前的生活，就是落伍；若要过未来的生活，就要与人群隔离。以前有一部书叫做《明日之学校》，大家以为很时髦的，讲得很熟的。我希望乡村教师，要办今日之学校，不要办明日之学校。办今日之学校，使小学生过今日之生活，受今日之教育。

本篇导读（徐莹晖）

本篇系陶行知在晓庄学校于1930年1月16日至2月7日举行的全国乡村教师讨论会上的演讲，由其学生戴自俺和孙铭勋记录，发表于1930年3月29

日的《乡村教师》第9期。

此篇是陶行知第一次系统地讲述生活教育的理论。生活教育有两个核心命题，即“生活即教育”和“社会即学校”，从理论上讲，这两个命题来源于杜威的“教育即生活”和“学校即社会”。杜威，美国著名的教育家、实用主义大师，因其批判传统教育脱离生活，继而提出“教育即生活”“学校即社会”“在做中学”的主张而被称为现代教育派的代表，其思想也成为现代教育的主要思潮，对整个教育产生了重要的影响。对于中国来说，杜威的思想最早由其几位中国学生传入中国并付诸实践，陶行知是其中之一。尤其随着1919年到1921年的杜威中国行，其思想和理论被越来越多的中国知识分子所知，并被奉为改造中国教育的经典，对中国现代教育的进程产生了重要的影响，很多人对其深信不疑，陶行知也不例外。陶行知最初用杜威的教育学说来作为改造中国教育的理论基础，但是历经了新教育的试验到平民教育运动的开展，他发现中国是一个穷国，教育是少数人享有的特权，要想人人受教育，只主张“教育即生活”是行不通的，从而逐渐悟到教学做合一的理论：事怎样做就怎样学，怎样学就怎样教，会的教人，不会的跟人学，由此把“教育即生活”翻了半个筋斗，成为了“生活即教育”“社会即学校”。

陶行知在文中指出“生活即教育”的含义是不断充实和发展的，从“是生活就是教育，不是生活就不是教育”到五个目标——康健的、劳动的、科学的、艺术的、社会革命的生活教育，再到“是那样的生活，就是那样的教育”；与“生活即教育”相关联的“社会即学校”的含义是“整个的社会活动，就是我们的教育范围”，“要把学校的一切伸张到大自然中去”。从整个人类历史和未来发展来看，生活教育的实现过程分为三个阶段：一是生活是生活，教育是教育，两者处于分离状态；二是教育即生活，学校即社会，实现学校社会化；三是生活即教育，社会即学校，这是生活教育的最高发展阶段。这样的主张会遇到以“存天理，灭人欲”为代表的中国旧文化和“文化中心论”的外来文化的阻挠；但生活教育的实现是有方法的，晓庄时期和平学园开井的实例就是一个好的说明。最后，陶行知着重指出生活教育必须是现代的生活教育，指出了生活教育现代化的特征和目标。

教学做合一下之教科书

教学做合一是生活教育之方法之理论。这理论同时叙述生活教育之现象与过程。所以要想讨论这个理论对于教科书之要求，先须说明什么是生活教育，什么是教学做合一。

什么是生活教育 生活教育是以生活为中心之教育。它不是要求教育与生活联络。一提到联络，便含有彼此相处的意思。倘使我们主张教育与生活联络，便不啻承认教育与生活是两个个体，好像一个是张三，一个是李四，平日不相识，现在要互递名片结为朋友。联络的本意原想使教育与生活发生更密切的关系，不知道一把它们看作两个个体，便使它们格外疏远了。生活与教育是一个东西，不是两个东西。在生活教育的观点看来，它们是一个现象的两个名称，好比一个人的小名与学名。先生用学名喊他，妈妈用小名喊他，毕竟他是他，不是她。生活即教育，是生活便是教育；不是生活便不是教育。分开来说，过什么生活便是受什么教育：过康健的生活便是受康健的教育；过科学的生活便是受科学的教育；过劳动的生活便是受劳动的教育；过艺术的生活便是受艺术的教育；过社会革命的生活便是受社会革命的教育。以此类推，我们可以说：好生活是好教育；坏生活是坏教育；高尚的生活是高尚的教育；下流的生活是下流的教育；合理的生活是合理的教育；不合理的生活是不合理的教育；有目的的生活是有目的的教育；无目的的生活是无目的的教育。反过来说，平日过的是少爷小姐的生活，便念尽了汗牛充栋的劳动书，也不算是劳动教育；平日过的是奴隶牛马的生活，便把《民权初步》念得透熟，熟得倒过来背，也算不了民权教育。没有生活做中心的教育是死教育。没有生活做中心的学校是死学校。没有生活做中心的书本是死书本。在死教育、死学校、死书本里鬼混的人是死人——先生是先死，学生是学死！先死与学死所造成的国是死国，所造成的世界是死世界。

什么是教学做合一　教学做合一是生活现象之说明，即是教育现象之说明。在生活里，对事说是做，对己之长进说是学，对人之影响说是教。教学做只是一种生活之三方面，而不是三个各不相谋的过程。同时，教学做合一是生活法，也就是教育法。它的涵义是：教的方法根据学的方法；学的方法根据做的方法。事怎样做便怎样学，怎样学便怎样教。教与学都以做为中心。在做上教的是先生，在做上学的是学生。在这个定义下，先生与学生失去了通常的严格的区别，在做上相教相学倒成了人生普遍的现象。做既成了教学之中心，便有特殊说明之必要。我们怕人用“做”当招牌而安于盲行盲动，所以下了一定义：“做”是在劳力上劳心。因此，“做”含有下列三种特征：

（一）行动；

（二）思想；

（三）新价值之产生。

一面行，一面想，必然产生新价值。鲁滨孙在失望之岛上缺少一个放水的小缸。一天烧饭，他看见一块泥土被火烧得像石头样的硬。他想，一块碎土既有如此变化，那么用这土造成一个东西，或者也能如此变化。他要试试看。他动手用土造成三个小缸的样子，架起火来把它们烧得通红，渐渐的冷下去，便成了三只坚固而不漏水的小缸。这里有行动，有思想，有新价值之产生——泥土变成水缸。这是做。这是教学做合一之做。

做是发明，是创造，是实验，是建设，是生产，是破坏，是奋斗，是探寻出路。

是活人必定做。活一天，做一天；活到老，做到老。如果我们承认小孩子也是活人，便须让他们做。小孩子的做是小发明，小创造，小实验，小建设，小生产，小破坏，小奋斗，探寻小出路。小孩子的做是小做，不是假做。“假做”不是生活教育所能允许的。

我也不是主张狭义的“做”，抹煞一切文艺。迎春姊妹和宝玉在荇叶渚上了船，跟着贾母的船撑向花溆去玩。宝玉说：“这些破荷叶可恨！怎么还不叫人来拔去？……”黛玉说：“我最不喜欢李义山的诗，只喜欢他这一句：‘留得残荷听雨声。’偏你们又不留着残荷了。”宝玉说：“果然好句！以后咱们别叫拔去了。”这里也有行动，有思想，有新价值之产生——破荷叶变成天然的乐器！领悟得这一点，才不至于误会教学做合一之根本意义。

既是这样，那么我们可以说：不做无学；不做无教；不能引导人做之教育，是假教育；不能引导人做之学校，是假学校；不能引导人做之书本，是假书本。在假教育、假学校、假书本里自骗骗人的人，是假人——先生是假先生，学生是假学生。假先生和假学生所造成的国是假国，所造成的世界是假世界。

生活教育与教学做合一对于书之根本态度 生活教育指示我们说：过什么生活用什么书。教学做合一指示我们说：做什么事用什么书。这两句话只是一句话的两样说法。我们对于书的根本态度是：书是一种工具，一种生活的工具，一种“做”的工具。工具是给人用的；书也是给人用的。我们对一本书的见面问，是：您有什么用处（当然是广义的用处）？为读书而读书，为讲书而讲书，为听书而听书，为看书而看书，再不应该夺取我们宝贵的光阴。用书必有目的。遇到一本书，我们必须问：您能帮助我把这件事做得好些吗？您能帮助我过一过更丰富的生活吗？我们用书，有时要读，有时要讲，有时要听，有时要看；但是读、讲、听、看都有一贯的目的，这目的便是它们对于“用”的贡献。在《诗的学校》里有一首诗，描写我们对于书的总态度：

用书如用刀，
不快便须磨。
呆磨不切菜，
何以见婆婆？

中国教科书之总批评 我们试把光绪年间出版的教科书和现在出版的教科书比较一下，可以看出一件惊人的事实，这事实便是三十年来，中国的教科书在枝节上虽有好些进步，但是在根本上是一点儿变化也没有。三十年前中国的教科书是以文字做中心，到现在中国的教科书还是以文字做中心。进步的地方：从前是一个一个字的认，现在是一句一句的认；从前是用文言文，现在是小学用白话文，中学参用白话文与文言文；从前所写的文字是依着忠君、尊孔、尚公、尚武、尚实的宗旨，现在所写的文字是依着三民主义的宗旨。但是教科书的根本意义毫未改变。现在和从前一样，教科书是认字的书，读文的书罢了。从农业文明渡到工业文明最重要的知识技能，无过于自然科学。没有真正可以驾驭自然势力的科学，则农业文明必然破产，工业文明建不起来，那是多么危险的事啊！但是把通行的小学常识与初中自然教科书拿来审查一番，您立刻发现它们只是科学的识字书，只是科学的论文书。这些书使您觉得读到胡子白也不能叫您得着丝毫驾驭自然的力量。这些教科书不教您在利用自然上认识自然。它们不教您试验，不教您创造。它们只能把您造成一个自然科学的书呆子。国民党以党义治国。党义，从国民党的观点看来，又是何等重大的一门功课呀！固然，党军既到南京之后，没有一家书店不赶着编辑党义教科书，党政府看了这些教科书也以为教育从此可以党化，小孩子个个都可以成为三民主义的信徒了。但是把这些书仔细看一看，不由您又要惊讶了，您立刻发现它们只是党义识字书，只是党义论文书。它们教您识民权的字，不教您拿民权；教您读民主的书，不教您干民主的事。在这些书里，您又可以看出编辑人引您开倒车，开到义和团时代以前。他们不教小朋友在家里、校里、村里、市里去干一点小建设、小生产以立建国之基础，却教小孩子去治国平天下，这不是像从前蒙童馆里的冬烘先生拿《大学》《中庸》把小朋友当小鸭子硬填吗？照这样干法，我可以断定，小孩子决不会成为三民主义有力量的信徒。至多，他们可以成为三民主义的书呆子。

中国的教科书虽然以文字做中心，但是所用的文字不是第一流的文字。山德孙①先生在昂多学校里就不用教科书。他批评英国的教科书为最坏的书。中国初中以下的教科书不比英国的好。我读了中国出版的教科书之后，我的感想和山德孙先生差不多。我不能恭维中国初中以下的教科书是小孩子值得读的书。在我的《中国自然科学教科书之解剖》一篇论文中，我将毫不避讳的罗列各家教科书之病菌，放在显微镜下，请大家自己去看。我现在只想举一个普通的例子来做个证明。诸位读了下面三节教科书，作何感想？

甲家书馆：大狗叫，小狗跳。叫一叫，跳两跳。
乙家书馆：小小猫，快快跑。小小猫，快快跑。
丙家书馆：小小猫，小小猫。快快跑，快快跑。

若不是因为每个小学生必得有一本教科书，每本教科书必得有书馆编好由教育部审定，谁愿意买这种有字有音而没有意义的东西呀？请诸位再看刘姥姥赴贾母宴会在席上低着头引得大家哄堂大笑的几句话：

老刘，老刘，
食量大如牛，
吃个老母猪，
不抬头。

---

① 通译桑德森。

这样现成的好文学在以文字为中心的教科书中竟找不着一个地位，而“大狗叫，小狗跳”的无意义的文字，居然几百万部的推销出去。所以中国教科书虽以文字为中心，却没有把最好的文字收进去。这是编书人之过，不是文字中心之过。

中国的教科书，不但用不好的文字做中心，并且用零碎的文字做中心，每课教几个字，传授一点零碎的知识。学生读了一课，便以为完了，再也没有进一步追求之引导。我们读《水浒》《红楼梦》《鲁滨孙飘流记》一类小说的时候，读了第一节便想读第二节，甚至于从早晨读到夜晚，从夜晚读到天亮，要把它一口气读完了才觉得痛快。中国的教科书是以零碎文字做中心，没有这种力量。有人说，中国文人是蛀书虫。可是教科书连培养蛀书虫的力量也没有。蛀书虫为什么蛀书？因为书中有好吃的东西，使它吃了又要吃。吃教科书如同吃蜡，吃了一回，再不想吃第二回，连蛀书虫也养不成！可是，这也是编书人不会运用文字之过，不是文字中心之过。

文字中心之过在以文字当教育，以为文字之外别无教育。以文字做中心之教科书，实便于先生讲解，学生静听。于是讲书、听书、读书便等于正式教育而占领了几乎全部之时间。它使人坐而言，不使人起而行。教育好比是菜蔬，文字好比是纤维，生活好比是各种维他命（Vitamin）。以文字为中心而忽略生活的教科书，好比是有纤维而无维他命之菜蔬，吃了不能滋养体力。中国的教科书，是没有维他命的书。它是上海上等白米，吃了叫人害脚气病，寸步难行。它是中国小孩子的手铐，害得他们双手无能。它是死的、假的、静止的。它没有生命的力量。它是创造、建设、生产的最大的障碍物。它叫中国站在那儿望着农业文明破产而跳不到工业文明的对岸去。请看中国火车行了几十年而第一个火车头今年才造起来，这是中国科学八股无能之铁证！而这位制造中国第一个火车头之工程师，十分之九没有吃过上海白米式的科学教科书。或者也吃过，后来又吃了些糠秕，才把脚气病医好，造了这部特别难产的火车头。以文字做中心的教科书，在二十世纪里是产生不出力量，最多，如果用好的文字好好的编，也不过能够产生一些小小书呆子，小小蛀书虫。

假使再来一个秦始皇，把一切的教科书烧掉，世界上会失去什么？

大书呆子没有书教，小书呆子没有书读，书呆头儿出个条子：“本校找不到教科书，暂时停课。”

于是，有的出去飘洋游历，也许会成达尔文；有的在火车上去卖报，做化学实验，也许会成爱迪生；有的带着小朋友们上山游玩，也许会成柯斯忒；有的回去放牛、砍柴、捞鱼、种田、缫丝，多赚几口饭儿吃。少几个吃饭不做事的书呆子，多几个生产者、建设者、创造者、发明者，大概是这位秦始皇第二的贡献吧。

生活教育与教学做合一之总要求　我们要活的书，不要死的书；要真的书，不要假的书；要动的书，不要静的书；要用的书，不要读的书。总起来说，我们要以生活为中心的教学做指导，不要以文字为中心的教科书。我要声明在先，我并不拘泥于文字之改变。倘使真的拿生活为中心使文字退到工具的地位，从死的、假的、静的、读的，一变而为活的、真的、动的、用的，那末就称它为教科书，我也不反对；倘使名字改为生活用书或教学做指导，还是以文字为中心，便利先生讲解，学生静呼，而不引人去做，我也不能赞成。但是，如果能够做到名实相符，那就格外的好了。

生活用书或教学做指导，是怎样编法呢？最先须将一个现代社会的生活或该有的力量，一样一样的列举，归类组成一个整个的生活系统，即组成一个用书系统。例如：

要培养的生活力	要用的书
（一）防备霍乱	（一）防备霍乱指导
（二）防备伤寒	（二）防备伤寒指导
（三）防备天花	（三）防备天花指导
（四）防备感冒	（四）防备感冒指导
（五）防备肺痨	（五）防备肺痨指导

（六）防备梅毒	（六）防备梅毒指导
（七）打篮球	（七）打篮球指导
（八）踢球	（八）踢球指导
（九）选择食物	（九）选择食物指导
（一〇）选择衣料	（一〇）选择衣料指导
（一一）种菜	（一一）种菜指导
（一二）种麦	（一二）种麦指导
（一三）种树	（一三）种树指导
（一四）养蚕	（一四）养蚕指导
（一五）养鸡	（一五）养鸡指导
（一六）养鱼	（一六）养鱼指导
（一七）养鸟	（一七）养鸟指导
（一八）纺纱	（一八）纺纱指导
（一九）织布	（一九）织布指导
（二〇）扫地	（二〇）扫地指导
（二一）调换新鲜空气	（二一）调换新鲜空气指导
（二二）用风车水	（二二）用风车水指导
（二三）制造抽气唧筒	（二三）制造抽气唧筒指导
（二四）制造气压表	（二四）制造气压表指导
（二五）用空气压力钻钢	（二五）用空气压力钻钢指导
（二六）用淡气做肥料	（二六）用淡气做肥料指导
（二七）用太阳光烧饭	（二七）用太阳光烧饭指导
（二八）用太阳光杀菌	（二八）用太阳光杀菌指导
（二九）用太阳光照相	（二九）用太阳光照相指导
（三〇）用水推磨	（三〇）用水推磨指导

（三一）用水发电	（三一）用水发电指导
（三二）用水化铁	（三二）用水化铁指导
（三三）用磁石发电	（三三）用磁石发电指导
（三四）造罗盘	（三四）造罗盘指导
（三五）用电磁举钢铁	（三五）用电磁举钢铁指导
（三六）用煤黑油取颜料	（三六）用煤黑油取颜料指导
（三七）造汽车	（三七）造汽车指导
（三八）造蒸汽机	（三八）造蒸汽机指导
（三九）用电发光	（三九）用电发光指导
（四〇）用电推车	（四〇）用电推车指导
（四一）用电谈话	（四一）用电谈话指导
（四二）用电相见	（四二）用电相见指导
（四三）用泥造瓷器	（四三）用泥造瓷器指导
（四四）造屋	（四四）造屋指导
（四五）造桥	（四五）造桥指导
（四六）造船	（四六）造船指导
（四七）造纸	（四七）造纸指导
（四八）造飞机	（四八）造飞机指导
（四九）用显微镜看细菌	（四九）用显微镜看细菌指导
（五〇）用望远镜看天象	（五〇）用望远镜看天象指导
（五一）编剧	（五一）编剧指导
（五二）演戏	（五二）演戏指导
（五三）布景	（五三）布景指导
（五四）唱歌	（五四）唱歌指导
（五五）画水彩画	（五五）画水彩画指导

（五六）画油画	（五六）画油画指导
（五七）写诗文	（五七）写诗文指导
（五八）雕刻	（五八）雕刻指导
（五九）弹琴	（五九）弹琴指导
（六〇）说话	（六〇）说话指导
（六一）恋爱	（六一）恋爱指导
（六二）治家	（六二）治家指导
（六三）生育	（六三）生育指导
（六四）限制教育	（六四）限制教育指导
（六五）团体自治	（六五）团体自治指导
（六六）掌民权	（六六）掌民权指导
（六七）师生创校	（六七）师生创校指导
（六八）创造富的社会	（六八）创造富的社会指导
（六九）人类互助	（六九）人类互助指导
（七〇）创造五生世界①	（七〇）创造五生世界指导

以上七十种生活力和教学做指导，不过是我个人随手所举的例子。把它们归起类来，（一）至（一〇）属于康健生活；（一一）至（二〇）属于劳动生活；（二一）至（五〇）属于科学生活；（五一）至（六〇）属于艺术生活；（六一）至（七〇）属于社会改造生活。我想这些例子不过是全部生活力之少数，内中之概括的还应该细分。如养鱼，便可分为养金鱼，养青鱼、制造相生水族池等等。统统算起来，重要的总在三千种以上。我们姑且可以普通的说，我们有三千种生活力要培养，即有三千种教学做指导要编辑。这些生活力，有些是很小的小孩子便应当有，有些是很成熟的人才可以得；有些是学了就可以变换，有些是要继续不断的干；有

① 即少生、好生、贵生、厚生、共生之世界。

些是一人能做，有些非多人合作不办；有些是现代人共同所需，有些是各有所好，听人选择。专家依性质、学力把他们一一编起来，并编一些建在具体经验上面融会贯通的理论，便造成整个的用书的系统，帮助着实现那丰富的现代生活。我们还要随着学术进步，继续修改扩充，使用书继长增高的进步，帮助着生活继长增高的向前向上进。

照这样看来，教学做合一的理论不是不要书；它要用的书的数目之大，比现在的教科书要多得多。它只是不要纯粹以文字做中心的教科书，因为这些书是木头刀，切不下菜来。过什么生活用什么书，做什么事用什么书。不用书，即用书而用得不够，用得不当，都非教学做合一的理论所允许的。

教学做指导编得对不对，好不好，可以下列三种标准判断它。

（一）看它有没有引导人动作的力量，看它有没有引导人干了一个动作又要干一个动作的力量。中国人的手中了旧文化的毒是已经瘫了，看它能否给他打一针，使一双废手变成一双开天辟地的手。我们要看它能否把双料少爷的长指甲剪掉，能否把双料小姐的手镯戒指脱掉，能否把活活泼泼的小孩们的传统的几十斤重的手铐卸掉，使八万万只无能的手都变成万能的手。

（二）看它有没有引导人思想的力量，看它有没有引导人想了又想的力量。中国文人的头脑做了几千年的字纸篓；中国农人女人的头脑做了几千年的真空管。我们现在要请大家的头脑出来做双手的司令官。我们要头脑出来监工。我们不但是要做，并且要做得好。如何可以做得好，做得比昨天好，这是头脑的天职。我们遇了一本书，便要问它是否给人的头脑全权指导一切要做的事。

（三）看它有没有引导人产生新价值的力量，看它有没有引导人产生新益求新的新价值的力量。我在《乡村教师》上曾经写过十几首诗，描写一位乡村教师的生活，内中有一首是：

人生两个宝，双手与大脑。
宁做鲁滨孙，单刀辟荒岛。

中国教育之通病是教用脑的人不用手，不教用手的人用脑，所以一无所能。中国教育革命的对策是使手脑联盟，结果是手与脑的力量都可以大到不可思议。手脑联盟，则污秽的垃圾可以用来点灯烧饭，窒人的淡气可以用做养人的肥田粉，煤黑油里可以取出几千种的颜料，一粒种子可以长成几百粒谷，无饭大家饿的穷国可以变成有饭大家吃的富社会。只要头脑子命令双手拿起锄头、锯子、玻璃管、电动机去生产、建设、试验、创造，自然是别有天地了。

生活用书的体裁内容也不可一律，大致说起来，我有下列的建议：

（一）做的目标。

（二）做的材料。

（三）做的方法。

（四）做的工具。

（五）做的理论。

（六）从做这事引导人想到做那事。

（七）如做的事与时令有关便要有做的时令。

（八）如做的事与经济有关便要有做的预算。

（九）如做的事须有途径之指示便要有做的图。

（十）如做的事须多人合作便要有做的人的组织。

（十一）如做的事须多方参考便要有做的参考书籍。

（十二）如做的事与别的事有多方的关系便要有做的种种关系上的说明。

（十三）在做上学的人可引导他记载做的过程，做的结果，做上发生的问题与心得。

（十四）在做上教的人可引导他指示进行考核成绩。

这十四条不是像从前五段教授样要人家刻印板的遵守的。如果您能把它们一齐打破，天衣无缝的写成一本可用的书也未为不可，或者竟是更为可贵。《鲁滨孙飘流记》是一部小说，也是一部探险与开创的教学做指导。歌德失恋，写《少年维特之烦恼》，创造一个维特去替死，那末歌德的恋爱史与《少年维特之烦恼》，当作一部恋爱指导用也很合宜。同样，《水浒》是一部打抱不平之指导。自然科学教学做指导，能写到法布尔的几部顶好著作那样好，减少一些闲话，增加一点小孩子自己做的机会也就很好了。最要紧的是著书人独出心裁，若求一律，反而呆板了。

初进学校的学生，要他自用教学做指导，当然是不可能。但是他虽然认不得字，话语听得懂，先生不能教他吗？年长的同学不能助他吗？初年级的学生，多数的生活力不能从文字上去取得，若受文字的限制，生活便枯燥无味。故初年级的教学做指导，除说话（即国语）一门外，都可编为先生用书，先生在做上教时所用的书，那末，这个困难便没有了。即就说话一门说，也不必太拘于生字之多少。只要是小孩子爱说的话，便多几个字也不要紧。若是头一课只限于四五个字，编不成好听的话，那末，比十几个字还难认。认字与写字也不必同时兼顾。若认的字一定要写，那末，又只好限于几个字，而流于枯燥了。

我想要使这个用书的计划实现，必须有下列六种条件：

（一）各门专家须有几位去接近小孩子，或竟毅然去当几年中小学教员，一面实验，一面编辑几部教学做指导。

（二）现在接近小孩子的中小学教师，须有许多位，各人开始研究一门科学，待研究有得，可以编辑几部教学做指导。

（三）现在教科书的编辑者有志编辑生活用书，如缺少某种准备、专科学术或儿童经验，亦宜设法补足，然后动手编辑。

（四）现在商务印书馆、中华书局、世界书局每年大部分收入是从小朋友那里来的，应该多下点本钱，搜罗各国儿童、成人用书（不是教科书）和工具，聘请上列三种人才，为小朋友多编几部可用的好书。

（五）教育行政当局，从中央以下直到校长，该给教员们以试验或选择书本之自由。现在行政方面之趋势是太一律，太呆板。若不改弦更张，实无创造之可能。

（六）全民族对于中国现代的无能的教育，该有觉悟；对于教学做合一之理论，该使之普遍实现。若再因循苟且，则可以救国之教育，将变成亡国之催命符。到了那时，虽悔也来不及了。如果大家从此下一个决心，在头脑指挥之下，把双手从长袖里伸出来，左手拿着科学，右手开着机器生产、建设、创造，必定能开辟出一个新天地来。荣枯、安危、存亡之故，只在念头之一转和双手之一动，用不着到远处去求啊！

本篇导读（徐莹晖）

本篇原载于1931年10月的《中华教育界》，系教科书专号上的文章，陶行知以“何日平”署名。本篇是陶行知对教学做合一理论的一个小结：教学做合一是生活教育的方法论，既是生活现象之说明，又是教育现象之说明。

陶行知在文中又一次阐释了生活教育的含义，指出生活与教育的密切关系，生活和教育是“一个现象的两个名称”——生活即教育，是生活便是教育，不是生活便不是教育。继而对教学做合一理论作了小结：“教学做合一”是生活现象和教育现象的说明，即它是一种生活的三个方面，对事说是做，对己说是学，对人说是教，只有立足于“做”，教师才是真教，学生才是真学。它又是生活法和教育法：教的方法必须根据学的方法，学的方法必须根据做的方法，事怎样做便怎样学，怎样学便怎样教。其理论以“做”为中心，“做”是在劳力上劳心，特征是一面行，一面想，必然产生新价值。我们的教育、学校、书本必须有引导人做的力量。由此，他批判中国现有的教科书只是“以零碎的文字做中心”，而造成书呆子和书呆子国。所以，生活教育和教学做合一理念指导下的教科书的编制必须依照这样三个标准：看它有没有引导人动作的力量；看它有没有引导人思想的力量；看它有没有引导人产生新价值的力量。

生利主义之职业教育

自本社[1]标解决生计问题为进行之方针，一般学者往往以文害辞，以辞害意，误会提倡者之本旨。推其原因，多由于不明生计二字之界说所致。惟其不明乎此，故或广之而训作生活，或狭之而训作衣食；驯至彼一是非，此一是非，议论纷纭，莫衷一是。不徒反对者得所藉口，即办学者亦无所适从。其隐为职业教育前途之障碍，良非浅鲜。孔子曰："名不正则言不顺；言不顺则事不成。"故欲职业教育之卓著成效，必自确定一正当之主义始。

夫职业教育之成效既有赖于正当之主义，则问何谓正当之主义，生活乎？衣食乎？抑生活衣食之外别有正当之主义乎？

生活主义包含万状，凡人生一切所需皆属之。其范围之广，实与教育等。有关于职业之生活，即有关于职业之教育；有关于消闲之生活，即有关于消闲之教育；有关于社交之生活，即有关于社交之教育；有关于天然界之生活，即有关于天然界之教育。人之生活四，职业其一；人之教育

① 指中华职业教育社。1917 年成立于上海，主要负责人为黄炎培。

四，职业教育其一。故生活为全体，职业为部分；教育为全体，职业教育为部分。以教育全体之生活目的视为职业教育之特别目的，则职业教育之目的何以示别于教育全体之目的，又何以示别于他种教育之目的乎？故生活之不能为职业教育独专之主义者，以其泛也。

生活主义固不适于职业教育之采用矣，衣食主义则何如？大凡衣食之来源有四：职业、祖遗、乞丐、盗窃是也。职业教育若以衣食为主义，彼之习赖子、乞丐、盗窃者，不亦同具一主义乎？而彼养成赖子、乞丐、盗窃者，亦得自命为职业教育家乎？此衣食主义之不适于职业教育者一也。不宁惟是，职业教育苟以衣食为主义，则衣食充足者不必他求，可以不受职业教育矣。此衣食主义之不适于职业教育者二也。且以衣食主义为职业教育之正的，则一切计划将趋于温饱之一途。此犹施舍也。夫邑号朝歌，墨翟回车①；里名胜母，曾子不入②。学校以施舍为主旨，则束身自好者行将见而却步矣。此衣食主义之不适于职业教育者三也。凡主义之作用，所以指导进行之方法。若标一主义不能作方法之指针，则奚以贵？故衣食之可否为职业教育之主义，亦视其有无补助于职业方法之规定耳。夫学校必有师资，吾辈选择职业教员，能以衣食为其资格乎？学校必有设备，吾人布置职业教具，能以衣食为其标准乎？又试问，职业学校收录学生，可否以衣食为去取？支配课程，可否以衣食为根据？衣食主义之于职业教育方法，实无丝毫之指导性质。有之，则吾不知也。衣食既不能为职业教育方法施行之指导，则其不宜为职业教育之主义，又明矣。此衣食主义之不适于职业教育者四也。不特此也，吾人作事之目的，有内外之分。衣食者，事外之目的也；乐业者，事内之目的也。足衣足食而不乐于业，则事外虽无冻馁之虞，事内不免劳碌之患。彼持衣食以为职业教育主义者，是忽乐业之道也。此衣食主义之不适于职业教育者五也。且职业教育苟以衣食主义相号召，则教师为衣食教，学生为衣食学，无声无臭之中隐然养成一副

---

① 朝歌是商朝都城，纣王歌舞作乐之地。墨翟非乐，所以一见朝歌就回车。事见《史记·鲁仲连邹阳传》。

② 胜母是鲁国地名。曾参事母至孝，听说鲁国有个胜母里，他就不到那里去。事见《史记·鲁仲连邹阳传》。

自私之精神。美国人士视职业教育与学赚钱（learning to earn）为一途，有识者如杜威（Dewey）先生辈，咸以其近于自私，尝为词以辟之。吾国当兹民生穷蹙之际，国人已以衣食为口头禅，兴学者又从而助长其焰，吾深惧国人自私之念，将一发难餍矣。此衣食主义之不适于职业教育者六也。是故衣食主义为众弊之渊薮，欲职业教育之有利无弊，非革除衣食主义不为功。

衣食主义既多弊窦，生活主义又太宽泛，二者皆不适用于职业教育，然则果应以何者为正当之主义乎？曰，职业作用之所在，即职业教育主义之所在。职业以生利为作用，故职业教育应以生利为主义。生利有二种：一曰生有利之物，如农产谷，工制器是；二曰生有利之事，如商通有无，医生治病是。前者以物利群，后者以事利群。生产虽有事物之不同，然其有利于群则一。故凡生利之人，皆谓之职业界中人，不能生利之人，皆不得谓之职业界中人。凡养成生利人物之教育，皆得谓之职业教育，凡不能养成生利人物之教育，皆不得谓之职业教育。生利主义既限于职业之作用，自是职业教育之特别目的，非复如生活主义之宽泛矣，此其一。以生利主义比较衣食主义尤无弊窦之可指，故以生利主义为准绳，则不能生利之赖子、乞丐、盗窃与养成之者，皆摈于职业教育之外矣，此其二。学校既以生利为主义，则足于衣食而不能生利者无所施其遁避，此其三。父母莫不欲其子女之能生利，职业教育苟以生利为主义，自能免于施舍之性质，自好者方将督促子女入学之不暇，又何暇反加阻力乎？此其四。职业既以生利为作用，吾人果采用生利主义以办职业教育，则生利之方法，即可为职业教育方法之指针，此其五。职业教育既以养成生利人物为主义，则其注重之点在生利时之各种手续，势必使人人于生利之时能安乐其业，故无劳碌之弊，此其六。生利主义侧重发舒内力以应群需，所呈现象正与衣食主义相反。生产一事一物时，必自审曰："吾能生产乎？吾所生产之事物于群有利乎？"教师学生于不知不觉中自具一种利群之精神，此其七。不特此也，能生利之人即能得生活上一部分之幸福；而一衣一食亦自能措置裕如。不能生利之人，则虽有安富尊荣亦难长守。故惟患不能生利，不患不得生活之幸福与温饱。然则生利主义既无生活主义之宽泛，复无衣食主义之丛弊，又几兼二者之益而有之，岂非职业教育之正当主义乎？

生利主义之职业师资

职业教育既以养成生利人物为其主要之目的，则其直接教授职业之师资，自必以能生利之人为限。盖己立而后能立人，己达而后能达人，天下未有无生利经验之人而能教育人生利者。昔樊迟请学稼，子曰："吾不如老农。"请学为圃，曰："吾不如老圃。"孔子岂故为拒绝哉？亦以业有专精，事有专习，孔子之不知农圃，亦犹老农老圃之不知六艺耳。由是以推，无治病之经验者，不可以教医；无贸易之经验者，不可以教商。凡百职业，莫不皆然。故职业教师之第一要事，即在生利之经验。无生利之经验，则以书生教书生，虽冒职业教师之名，非吾之所谓职业教师也。

然职业教师不徒负养成生利人物之责，且负有改良所产事物之责。欲求事物之改良，则非于经验之外别具生利之学识不可。无学识以为经验之指导，则势必故步自封，不求进取。吾国农业数千年来所以少改良者，亦以徒有经验而无学识以操纵之耳。故职业教师之第二要事，是为生利之学识。

兼有生利之经验、学识，尚不足以尽职业教师之能事。盖教授生利之法，随业而异。有宜先理想而后实习者，有宜先实习而后理想者，有宜理想、实习同时并进者。为职业教师者自宜熟悉学者之心理，教材之性质，使所教所学皆能浃洽生利之方法，而奏事半功倍之效。故职业教师之第三要事，为生利之教授法。

准如前说，则健全之职业教师，自必以经验、学术、教法三者皆具为标准。三者不可得兼，则宁舍教法学术而取经验。盖无学术教法而有经验，则教师尚不失为生利之人物，纵无进取良法，然学生自能仪型教师所为，以生产事物。既能生产事物，即不失职业教育之本旨。如无经验，则教授法无由精密，纵学术高尚，断不能教学生之生利。既不能生利，则失职业教育之本旨矣。是故经验学术教法三者皆为职业教师所必具之要事，然三者之中，经验尤为根本焉。

职业教师既以生利经验为根本之资格，则养成职业师资自当取材于职业界之杰出者。彼自职业中来，既富有经验，又安于其事，再加以学术教法，当可蔚为良材，概之收录普通学子，为事当较易，收效亦当较良且速也。

职业教师既以生利之经验、学术、教法三者为资格，则如何养成此种教师之方法，亦在吾人必须研究之列。大概养成职业师资之法有三：（一）收录普通学子教以经验学术与教法；（二）收录职业界之杰出人物，教以学术与教法；（三）延聘专门学问家与职业中之有经验者同室试教，使其互相砥砺补益，蔚为职业教师。夫经验所需之多少，随职业而异；其需经验较少之职业，利用第一法。如普通师范学校之教师有二三年之经验者，即可作教授之基础。故收录普通学子而养成之，为事甚易。其次，则商业学校教员，似亦可以利用此法。但农工等职业之教师，性质迥异，非富有经验，不足以教生利。舍难就易，似不如采用第二法，精选职业界之杰出者养成之。彼既从职业中来，自必有相当之经验，再教以实用之学术教法，为事自顺。然此法效力之大小，常视国中教育普及之程度为差。其在欧美教育普及之邦，职业中人，大半受过八年之公共教育，既有普通知能以植其基，则于学术、教法自易领悟。中国则不然，教育未普及，农工多数不识文字；既不识文字，则欲授以学术教法，自有种种困难。然而职业界之杰出者，终不乏粗识文字之人。当事者苟能精选而罗致之，则有用之职业师资，或能济济而出也。此外则有延聘学问家与经验家同室试教一法。当今职业师资缺乏，为其备选者，或有学术而无经验，或有经验而无学术，速成之计，莫如合学问家与经验家于一炉而共冶之；既可使之共同试教，又可使之互相补益，则今日之偏材，经数年磨练之后，或能蔚成相当之师资，岂非一举两得哉？然一班二师，所费实巨，况学术、经验贵能合一，若分附二人之身，终难免于隔膜。故此计虽有优点，不过为过渡时代权宜之策耳。总之，职业教师最重生利之经验，则养成之法，自宜提其要领，因已有之经验而增长之，方能事半功倍也。

生利主义之职业设备

孔子曰："工欲善其事，必先利其器。"无利器而能善其事者，吾未之前闻。职业教育又何独不然?必先有种种设备，以应所攻各业之需求，然后师生乃能从事于生利；否则虽有良师贤弟子，奈巧妇不能为无米之炊何！故无农器不可以教农，无工器不可以教工。医家之教必赖刀圭。画家之教必赖丹青。易言之，有生利之设备，方可以教职业；无生利之设备，则不可以教职业。然职业学校之生利设备可分二种：一、自有之设备；二、利用职业界之设备。但无论设备之为已有，为利用，学生教师莫不可因以生利。故设备虽有己有利用之分，而同为学生教师生利之资则一。余尝游美之麻撒朱赛州（Massachusetts）视其乡村中学校附设之农业科，多利用学生家中之田园设备，使各生在家实习，命之曰家课（home projects）。教员则自御汽车，循环视察，当场施教。农隙则令学生来校习通用之学术。故校中自有之设备，除课堂点缀以外，实属寥寥无几；校外则凡学生足迹所至，皆其所利用之设备。论其成效则不特设备之经费可省，而各家之农业皆藉学生而间接改良之。此盖利用他人生利设备以施职业教育之彰明较著者也。

生利主义之职业课程

职业学校之课程，应以一事之始终为一课。例如种豆，则种豆始终一切应行之手续为一课。每课有学理，有实习，二者联络无间，然后完一课即成一事。成一事再学一事，是谓升课。自易至难，从简入繁。所定诸课，皆以次学毕，是谓毕课。定课程者必使每课为一生利单位，俾学生毕一课，即生一利；毕百课则生百利，然后方无愧于职业之课程。职业课程既以生利为主，则不得不按事施教，欲按事施教，则不得不采用小班制。故欧美之职业实习班至多不满十五人，凡以便生利课程之教授也。不特每课为然，即各课之联络，亦莫不以充分生利为枢机。客有学蚕桑者，学成执蚕桑业，终岁生利之期两三月而已，余则闲居坐食，不数年而家计渐困，卒改他业。此能生利而不能充分生利之过也。故职业课程之配置，须以充分生利为标准，事之可附者附教之，事之可兼者兼教之。正业之外，苟能兼附相当之业，则年无废月，月无废日，日无废时矣。此之谓充分之生利。根据此旨以联络各课，是为充分生利之课程。

生利主义之职业学生

有生利之师资、设备、课程，遂足以尽职业教育之能事乎？曰，未也。学生择事不慎，则在校之时，学不能专；出校之后，行非所学。其弊也：学农者不归农，学商者不归商。吾国实业教育之所以鲜成效，固由于师资、设备、课程之不宜于生利，然其学生择业之法之不当，亦其一因也。大凡选择职业科目之标准，不在适与不适，而在最适与非最适。所谓最适者有二：一曰才能；二曰兴味。吾人对于一业，才能、兴味皆最高，则此业为最适；因其最适而选之，则才能足以成事。兴味足以乐业，将见学当其性，用当其学，群与我皆食无穷之益矣。故能选最适之业而学者，生大利不难，岂仅生利已哉！择业不当，则虽居学习生利之名，而究其将来之生利与否，仍未可必。故欲求学业者归业，必先有精选职业之方法。方法维何？曰，职业试习科是也。职业试习科，包含农工商及其他业之要事于一课程，凡学生皆使躬亲历试之。试习时期可随遇伸缩，多至半载，少至数星期皆可。但试习之种种情形，必与真职业无异，始可试验学生之真才能真兴味。一参假面具则试验科之本旨失矣。试习之后，诸生于各业之大概既已备尝，再择其最有才能最有兴味之一科专习之。彼其选择既根本于才能兴味，则学而安焉，行而乐焉，其生利之器量，安有不大者哉？

结　论

职业学校有生利之师资、设备、课程，则教之事备；学生有最适之生利才能兴味，则学之事备。前者足以教生利，后者足以学生利：教与学咸得其宜，则国家造就一生利人物，即得一生利人物之用，将见国无游民，民无废才，群需可济，个性可舒。然后辅以相当分利之法，则富可均而民自足矣。故职业教育之主义在是，职业教育之责任在是，余之希望于教育家之采择试行者，亦莫不在是。谨贡一得，聊献刍荛，幸垂教焉。

本篇导读（徐莹晖）

本篇系陶行知任教南京高等师范学校时期，受中华职业教育社之邀，担任该社义务撰述员，于1918年1月15日在该社杂志《教育与职业》上发表的论文，从职业教育的角度第一次阐发了教育与生活的关系。

陶行知认为“生活主义包含万状，凡人生一切所需皆属之”，生活的范围和教育一样广。所以，有什么样的生活，就有什么样的教育，这初步显示了生活教育的核心思想——“生活即教育”。而对于职业教育来说，有职业的生活，就有职业的教育。陶行知指出，职业的教育必须是生利主义的教育，所以必须有能生利的职业师资、职业设备、职业课程、职业学生。

尽管陶行知并非专攻职业教育，但他从生活教育的角度把生利作为职业教育的目标，值得从事职教研究和实践的人去反省和思考。职业教育不应该是变相的普通教育，也不是单纯的生存技能教育，而是为了生活的教育。

智育大纲

本校以诚为训育之本，亦以诚为智育之本。盖诚合成已成物而言，故格物所以致知，即所以致诚。《中庸》曰："自明诚谓之教。"又曰："诚之者，择善而固执之者也。"曰明，曰择，皆智育所有事，而皆所以致其诚也。故本校智育，亦以诚为本。依据诚训以养成学生思想及应用能力，则本校智育之标准也。深望诸生能思想以探知识之本源，能应用以求知识之归宿。盖明知识之本源，然后乃能取之无尽；明知识之归宿，然后乃能用之无穷。若徒以灌输知识为务，而不求所以得其源流，则枯寂之弊所不能免，又安能尽物之性哉？故本校智育以养成思想及应用能力为标准。标准既立，方法乃生。

本校智育方法，有一贯之精神，曰：试验。盖徒事思想而无试验，则蹈于空虚；徒知应用而无试验，则封于故步，皆不足以尽智育之能事也。荀子曰："大天而思之，孰与物畜而制之！从天而颂之，孰与制天命而用之！望时而待之，孰与应时而使之！因物而多之，孰与骋能而化之！思物而物之，孰与理物而勿失之也！"此数语，可谓中试验精神之窍要矣。盖凡天下之物，莫不有赖于其所处之境况，境况不同，象征自异。故欲致知穷理，必先约束其境况，而号召其象征，然后效用乃能发现。若其待天垂象，俟物示征，则以有限之时间，逐不可必得之因果，是役于物而制于天也，安得不为所困哉？况既得矣，或出于偶然；即有常矣，或所示者吝，吾又安能穷其极处无不到哉？

昔王阳明格竹七日而病，及在夷中，乃恍然以为“天下之物本无可格，其格物之功，只在身心上”。呜呼！此皆不能约束境况，号召象征有以致之也。彼善知致知者，役物而不为物所役，制天而不为天所制。设统系，立方法，举凡欲格之物，尽纳之于轨范之中：远者近之，微者大之，繁者简之，杂者纯之，合者析之，分者通之，多方以试之，屡试以验之，更校其异同，审其消长，观其动静，察其变化，然后因果可明，而理可穷也。故试验者，发明之利器也。试验虽不必皆有发明，然发明必资乎试验。人禽之分，在试验之有无。文野之分，在试验之深浅。试验之法，造端于物理、生物、生理，浸假而侵入人群之诸学，今则哲理亦受其影响矣。盖自培根用以格客观之物，笛①用以致主观之知，试验精神遂举形而上、形而下学而贯彻之。究其结果，则思想日精，发明日盛，欧美之世界，几变其形。

吾国数千年来相传不绝之方法，惟有“致知在格物”一语。然格物之方法何在？晦庵与王阳明各持一说。晦庵以即物穷理释之，近矣。然而即物穷理又当用何法乎？无法以即物穷理，则物仍不可格，知仍不可致。阳明固尝使用即物穷理者也，然未得其法，格物不成，归而格心。使阳明更进一步，不责物之无可格，只责格之不得法，兢兢然以改良方法自任，则近世发明史中，吾国人何至迄今无所贡献？故欧美之进步敏捷者，以有试验方法故。中国之所以瞠乎人后者，亦以无试验方法故。

柏林大学保尔生②曰：“德国中世纪以前，狉狉榛榛，等于化外之民。及拉丁文输自罗马，民情一变。既而文艺北渐，蕴成宗教变革，而民德又一进，是德人再得力拉丁民族也。”当十七世纪，法国礼乐艺术最盛，德

① 指笛卡儿。

② 通译包尔生。

人见异而迁，其贵族咸以能说法语为荣。及十八世纪，大风烈铁骑帝又定法文为学校必修科，并聘法人为高级教师，其学于法人也，可谓勤矣。而于希腊及英吉利之文化，亦皆无所不吸收，此德人师天下之期也。迨至十八世纪之初，哈里大学与郭听斯堡大学相继而兴，皆以宣扬试验精神为务。其后，学者先后辈出，凡所建树，皆本于试验。至十八世纪末叶，复与国家主义会合，以国家主义定目的，试验主义定方法，相演相成，用著大效。此后言科学者多宗德人。故十九世纪以前，德人师天下；十九世纪以后，天下师德人。试验主义实与有力焉。

吾国维新二十载，形式上虽不无可观，而智识进化之根本方法，则无人过问。故拘于古法而徒仍旧贯者有之；慕于新奇而专事仪型者有之。否则思而不学，悬空构想，一知半解，武断从事。即不然，则朝行夕罢，偶尔尝试而已。孔子曰："温故而知新，可以为师矣。"仍旧贯，只是温故。仪型他国，则吾人以为新，他人以为旧矣。空想无新可见，武断绝自新之路，尝试则新未出而已中途废矣，何怪乎智识之不进也！故欲智识之刷新，非实行试验不为功。盖能试验，则能自树立，能自树立，则能发古人所未发，明今人所未明，人将师我，岂惟进步已哉？然能试验，岂易言哉？知其要而无其才，不足以言试验；有其才而无百折不回之气概，犹不足以言试验也。故试验者，当内有其才，外度其势，视阻力为当然，失败为难免，复贯以再接再厉之精神，然后功可成也。诸生宜急起直追，以试验自矢，则所思者皆有所用，所用者皆本所思，当不难自明以至于诚也。勉之！勉之！

本篇导读（徐莹晖）

陶行知在1946年5月初回顾生活教育的创立与成长时说："'生活教育'第一次的发现，是民国七年在南京高等师范演讲。"这个演讲即1918年9月17日的《智育大纲》，原载于1918年9月20日的《南京高等师范日刊》。

陶行知首先引用《中庸》之言来指出应该以"明诚"、"择善"作为教育的根本，同时这也是南京高等师范学校的智育标准。依据这个标准，培养学生

“能思想以探知识之本源”，“能应用以求知识之归宿”。为达到这个目标，必须有合适有效的方法，这个方法就是试验。什么是试验？试验就是“做”，就是“行动”。所以概括起来说，就是通过试验使学生获得知识，再用这知识去指导行动，这正初步显示了陶行知“行以求知知更行”的观点。对于中国的教育来说，长期以来奉行的是传统的“格物致知”，但是因为没有找到格物的方法，转而格心，结果无法获得真知识。尽管新学已经实行二十多年，但因为没有找到恰当的方法，只是徒有其表。国人不是因循守旧，就是仪型他国，无法推动社会的进步。相较之下，德国因信仰和实践试验精神，兴试验方法而从中世纪以前的“德人师天下”成为“天下师德人”，由此而显示了试验主义的效力。因此陶行知勉励国人要以百折不回的精神把试验主义和“格物致知”相结合，以求知识的进化，实现“明诚”、“择善”的教育目的。

教学合一

现在的人叫在学校里做先生的为教员，叫他所做的事体为教书，叫他所用的法子为教授法，好像先生是专门教学生些书本知识的人。他似乎除了教以外，便没有别的本领；除书之外，便没有别的事教。而在这种学校里的学生除了受教之外，也没有别的功课。先生只管教，学生只管受教，好像是学的事体，都被教的事体打消掉了。论起名字来，居然是学校；讲起实在来，却又像教校。这都是因为重教太过，所以不知不觉的就将他和学分离了。然而教学两者，实在是不能分离的，实在是应当合一的。依我看来，教学要合一，有三个理由：

第一，先生的责任不在教，而在教学，而在教学生学。大凡世界上的先生可分三种：第一种只会教书，只会拿一本书要儿童来读他，记他，把那活泼的小孩子做个书架子、字纸篓。先生好像是书架子字纸篓之制造家，学校好像是书架子字纸篓的制造厂。第二种的先生不是教书，乃是教学生；他所注意的中心点，从书本上移在学生身上来了。不像从前拿学生来配书本，现在他拿书本来配学生了。他不但是要拿书本来配学生，凡是学生需要的，他都拿来给他们。这种办法，固然比第一种好得多，然而学生还是在被动的地位，因为先生不能一生一世跟着学生。热心的先生，固想将他所有的传给学生，然而世界上新理无穷，先生安能尽把天地间的奥妙为学生一齐发明？既然不能为学生一齐发明，那他所能给学生的，也是有限的，其余还是要学生自己去找出来的。况且事事要先生传授，既有先生，何必又要学生呢？所以专拿现成的材料来教学生，总归还是不妥当的。那末，先生究竟应该怎样子才好？我以为好的先生不是教书，不是教学生，乃是教学生学。教学生学有什么意思呢？就是把教和学联络起来：一方面要先生负指导的责任，一方面要学生负学习的责任。对于一个问题，不是要先生拿现成的解决方法来传授学生，乃是要把这个解决方法如何找来的手续程序，安排停当，指导他，使他以最短的时间，经过相类的经验，发生相类的理想，自己将这个方法找出来，并且能够利用这种经验理想来找别的方法，解决别的问题。得了这种经验理想，然后学生才能探知识的本源，求知识的归宿，对于世间一切真理，不难取之无尽，用之无穷了。这就是孟子所说的“自得”，也就是现今教育家所主张的“自动”。所以要想学生自得自动，必先有教学生学的先生。这是教学应该合一的第一个理由。

第二，教的法子必须根据于学的法子。从前的先生，只管照自己的意思去教学生；凡是学生的才能兴味，一概不顾，专门勉强拿学生来凑他的教法，配他的教材。一来先生收效很少，二来学生苦恼太多，这都是教学不合一的流弊。如果让教的法子自然根据学的法子，那时先生就费力少而成功多，学生一方面也就能够乐学了。所以怎样学就须怎样教；学得多教得多，学得少教得少；学得快教得快，学得慢教得慢。这是教学应该合一的第二个理由。

第三，先生不但要拿他教的法子和学生学的法子联络，并须和他自己的学问联络起来。做先生的，应该一面教一面学，并不是贩买些知识来，就可以终身卖不尽的。现在教育界的通病，就是各人拿从前所学的抄袭过来，传给学生。看他书房里书架上所摆设的，无非是从前读过的几本旧教科书；就是这几本书，也还未必去温习的，何况乎研究新的学问，求新的进步呢？先生既没有进步，学生也就难有进步了。这也是教学分离的流弊。那好的先生就不是这样，他必定是一方面指导学生，一方面研究学问。如同柏林大学包尔孙先生（Fr. Paulsen）[①] 说："德国大学的教员就是科学家。科学家就是教员。"德国学术发达，大半靠着这教学相长的精神。因为时常研究学问，就能时常找到新理。这不但是教诲丰富，学生能多得些益处，而且时常有新的材料发表，也是做先生的一件畅快的事体。因为教育界无限枯寂的生活，都是因为当事的人，封于故步，不能自新所致。孔子说："学而不厌，诲人不倦。"真是过来人阅历之谈。因为必定要学而不厌，然后才能诲人不倦；否则年年照样画葫芦，我却觉得有十分的枯燥。所以要想得教育英才的快乐，似乎要把教学合而为一。这是教学应该合一的第三个理由。

总之：一、先生的责任在教学生学；二、先生教的法子必须根据学的法子；三、先生须一面教一面学。这是教学合一的三种理由。第一种和第二种理由是说先生的教应该和学生的学联络；第三种理由是说先生的教应该和先生的学联络。有了这样的联络，然后先生学生都能自得自动，都有机会方法找那无价的新理了。

本篇导读（徐莹晖）

陶行知于1917年留美回国，即积极投身中国的教育改造事业，并发表了一系列关于教育改造的论文。他应聘至南京高等师范学校，全面介绍新教育。鉴于当时的学校有一个很大的弊端，即重教太过，导致教学分离，于是他提出要把教授法改成教学法，主张教学合一。但这一主张并未被校方接受，直到五四运动爆发，校内老师无暇顾及和坚持教授法，教学法才得以实行。本篇是陶行知应时任《时报·教育新思潮》主编的蒋梦麟之邀而撰写的论文，主张教学合一，后收入自编集《中国教育改造》。

陶行知在文中主要阐述了教学合一的三点理由：一是"先生的责任在教学

① 通译包尔生。

生学”。他批判了当前教育中只知道教书和教学生的两种教师，提出教师必须把教和学联系起来，即把学生置于主动的地位，教师起指导作用，教学生掌握学习的方法，培养学生自得自动，从而能探知识之本源，求知识之归宿。二是“教的法子必须根据学的法子”。他批判从前的教学以教师、教材为中心，学生处于附属地位；提倡教师的教要依据学生的兴趣和能力，以学生为中心。三是“先生须一面教一面学”。他指出当前的教育中教师只是拿现成的书本知识教给学生，不求新学问，不思进取，进而提出教师必须在教的同时，研究新的学问，以教人者教己，不是故步自封，而是教学相长。总之，教学合一不仅是教师教学生学，也是自己学的过程，这样师生都能养成自动的精神去探寻真知。

活的教育

教育可分为三部：

A. 死的教育；

B. 不死不活的教育；

C. 活的教育。

死的教育，我们就索性把它埋下去，没有指望了！不死不活的教育，我们希望他渐渐地趋于活。活的教育，我们希望他更活！

我今天且讲这活的教育。什么叫做活的教育？活的教育是什么？这个问题本来是很大的，我不容易下定义，我也不能定概观。不过我总觉得活的一字，比一切什么字都要好。活的教育，更是教育中最不可少的现象。比譬：鱼在岸上，你若把他陡然放下水去，他的尾和鳍，都能得其所哉，行动不已。鸟关在笼里，你若把他放到树林里去，他一定会尽其所能，前进不已。活的教育，正像鱼到水里鸟到树林里一样。再比譬：花草到了春天受了春光、太阳光的同化和雨露的滋养，于是生长日速。活的教育，好像在春光之下，受了滋养料似的，也就能一天进步似一天。换言之，就是一天新似一天。

我现在把这活的教育，再分做三段讲：

我们教育儿童，第一步就要承认儿童是活的，要按照儿童的心理进行。比方：儿童性爱合群，有时他一个人住在那地方，觉得有点寂寞的样子，在那儿发闷！我们就要找个别的小孩子同他在一块儿玩玩。普通儿童之特性，大多都富于好奇心。当他还不知道说话和走路的时候，他时常手舞足蹈的，跃跃欲有所试的样儿，忙个不歇。这可就是他的好奇心了。假若我们要弄些什么东西给他玩，他一定玩那好看的，不玩坏的。他起初间或也还可以拉杂的玩一路，后来知道好，他就只专玩好的了。在这里拿一点，在那里拿一点，只要与他合意，他一定非要不可。有时我们要是给他一个表，他必定将他翻来覆去的仔细观看，他并且还要探知里面的秘密，就打破沙锅问到底。我们同小孩子玩的时候，假以木筷搭个架子，小孩子看着，必定以为很好玩。后来我们忽然把他推倒，那小孩子就更以为好玩了，欢喜了。假若我们再进一步，以这架子，不由我们推倒，让小孩子自己去推，那末，这时小孩子的欢喜，我敢断定更比从前要欢喜得多了。诸如此例，我不能细举。还有一件最紧要的，就是：我们如果承认教育是活的，我们教育儿童，就要根据儿童的需要的力量为转移。有的儿童天资很高，他的需要力就大些；有的儿童天资很钝，他的需要力就小些。我们教育儿童，就能按他们的需要的力量若何，不能拉得一样。比方：吃饭，有的人饭量大些，他要吃五碗或六碗；有的饭量小些，他只能吃一两碗。我们对于他，就只能听其所需，不能定下死规。要是我们若规定了，比如吃两碗的定要逼他吃五碗才及格，那末，这一定就要使人生病了！学校里教育儿童，也像这样，不能下死规强迫一律，不但学校是要如此，就是社会上的工作亦莫不要像这样。我们人的需要力，有大有小，我们只求其能够满足他的需要就是了。所以教育儿童和承认儿童是活的，首先就要能揣摩儿童的心理。

儿童不但有需要，并且还有能力。他对于种种事体的需要有大小，他的能力亦有各种不同。男女遗传下来的生理不能一样，他们的能力亦不能一样。我并不是说女子比男子差些，我是说男女各有各的优点。就是男子与男子两相比较，亦有许多相异的能力，有因年龄不同的，有因环境不同的，有因天性不同的。由这许多的不同，所以其结果的能力，就大有差别。我们教育儿童，就要顺导其能力去做去。比如：赛跑，这就是一件凭能力的事。我们认定几个人同时同地立在一块，听指挥者发号令，就一齐出发，让他们各凭充分的能力自由前进，不加限制，然后谁远谁近，自可显见。而他们的能力的大小，也就由此可以证明了。设使我们要是下个定规，规定三人赛跑，跑一百二十码或二百四十码，快慢都要一样，不许谁先谁后，那末，那个能力充足能跑二百四十码，他自然是很舒畅，不甚为难；而那只能跑得六十码或一百二十码的，他一定是很苦的了，甚至还要受伤呢！这是从运动方面着想的。至于教授方面，亦多类此。设有许多儿童，同在一堂，当教授的人，就要按照各个儿童的能力去教授。要是规定了今天讲一课，明天讲一课，每课虽是都一字一句的分析解释，在那天资聪颖的小孩子咧，他固然能够领受到他的脑袋里去，并且还有闲空；若在那秉性鲁笨的小孩子，那就等于对牛弹琴了，一些儿也不懂得。这种教育，正像规定三人赛跑一般，还能算得是活的教育吗？我们现在既是想讲活的教育，就要知道儿童的能力是不相同的，我们要设法去辅助他，使他能力发展，有如我们看见某处一个学校园，那里内的花卉长得非常整齐好看，我们心下羡慕他，我们也就可以仿照他，将我们自家的学校园也培植得像那一样。这是培植花园的方法，办教育也是如此。我们大家设若不相信，恐怕做不到，我们可再看。譬如有一块草地，那地上所生长的草，都是参差不齐的，我们若任他自然去生长，那就越长越不齐了，假若我们要用机器把他逐次地推铲，那末，这一定要不了多少功夫，就会使他平坦了。我们办教育也就像推草一样，也要用方法去使之平，这是对于草是这样——对于普通的儿童是这样；若对于树木——对于天资特敏的小孩子，那就不行了。树木的生长力强些，他的性子也猛些，我们对于他，也要按其能力去支配他，使其生长适度。若任其自然生殖，则其枝干必日渐伸张，后来越长越高，甚至把屋棚都要捣破了！学校里起风潮，就像大树捣毁屋棚，是一样的，都是由于办教育的人，平日对于这教育的趋向没有注意，对于那天资高尚的儿童，没有按得其能力去教育。这就是我们没有承认儿童有活的能力。

活的小孩子与死的小孩子有不同的特点。小孩子他所吃下去的滋养料不同，他们所受的利益也就不能一致。活的小孩子，他秉性活泼些，他对于一切的事实上，也就进步得快些。死的小孩子，他的脑筋滞钝些，并不是说小孩子的确是死的。是言其能力不能有多大的发展，虽活也等于死的一般。我们办教育的人，总要把小孩子当作活的，莫要当作死的。地球看起来，好像是个不动的东西，其实他每天每时都在旋转不已。小孩子也像这样。表面上看起来，也好像是很平常的，没有什么进益，其实他的能力知识，没有一天不在进行中求活。我们就要顺着他这种天然的特性，加以极相当的辅助和引导，使他一天进步似一天，万不能从中有所阻碍或停滞，不使前进，把他束缚了起来。束了若干时，然后又陡然把他解放掉，这一定要受危险的。这好像人家有个小孩子，他把他在今年做了一件衣服，等到五年后，他还拿给这小孩子穿，那小孩子体干长大了，衣服小了，以这小的衣服去给大的孩子穿，那衣是一定要破裂的。纵或可以勉强穿得上，而小孩子的身体，也就束缚得紧紧的了，血脉也就不能调和，就要生病了！由此可知小孩子的衣服，是年年要换的；小孩子的知识学问，也是年年天天要换的。现在设有一个人，忽然妙想天开，他说："我有个小孩子，我不要他年年换衣，当他还只有五岁的时候，我就把他做件十六岁时候的衣服，周身都把他绉起来，年年穿，年年放，一直放到十六岁的时候，都还可以穿。"这个法子，勉强一看，觉得也还不大坏，并且又很经济的。但是仔细看来，那就觉得不像了，就是精神上也有点不好看。古时的衣服，不能适合于现在；现在的衣服，未必又能适合于将来！时势的变迁，是有进无已的。办教育的，就要按着时势而进行，依合着儿童的本能去支配。有许多教科书，在从前要算是很新很适用的，在现在却变成了腐败不堪了。我们讲活的教育，就要本着这世界潮流的趋向，朝着最新最活的方面做去。中国教育最大的毛病，就是不能普及。从前俄国的西伯利亚也是这样，但比较中国要好些。中国社会上失学的人，也不知有多少，就以普通人民计算，总有三分之一不识字的。我们现在要想将这些人重新给以教育，那除非要从国民一年级教起。但是他们都是壮年的居多，要是都放在国民（小学）一年级教，那又好像十六岁的孩子穿五岁时候的衣服了。这种教育，可算得是死的教育。活的教育就不能这样了。活的小孩子，他生长快，他的进步也快。他一时有一时的需要，一时有一时的能力。当教育家的，就要设法子去满足他的需要，就要搜罗相当的材料去培植他。这就是我们所讲的活的教育第二件。

我现在再讲活的教育要些什么材料。这材料也可以分做三段说：

一、要用活的人去教活的人。我们要想草木长得茂盛，就要天天去培植他，灌溉他；我们要想交结个很活泼的朋友，就要我们自己也是活泼的。我的影响，要能感到他的身上；他的影响，也要在我身上，这才可以的。比如：我俩起先是不相识的，后来遇到了好几回，在一块儿谈了一次，于是两下的脑筋里都受了很深的影响，两下的交情，也就日渐浓厚了。当教员的对于学生也要这样，也要两下都是活的，总要两下都能发生的密切的关系。教员的一切，要影响到学生身上去；学生的一切，要影响到教员身上去。一个会场有的人好谈话，有的人好笑，我们看了心下一定也会生了一种影响。比如，我一人在台上讲演，大家都坐在下面听，我的脑筋中已经印象了许多听讲演的人；想大家的脑袋中，也会印象到了我讲演的人，这也就是一种活的表现。活的教员与活的学生，好像汽车一样，学生比譬是车，教员比譬是车上司机器的。机器不开，车自然不动。教员对学生，若不以活的教材去教他，他自然也就不能进步。现在的教员，不像从前了。他像把汽车上机子开了，车子在跑了。但是还有些教员，他的性子未免太急，他把车上的机器开猛了一点，车子行得太快，刚刚要想收机，忽然前面碰到了石头或其他的人，这时就要发生很大的危险了。活的教员，正同司汽车的一般，要把眼睛向前看准了。若闭着眼睛乱开机，那就要危险极了！学生向前进，教员也要向前进，都要一同并进。若徒以学生前进，而教员不动，或者学生要进而教员反加以阻碍，这可谓之死的人教活的人，不能谓之活的人教活的人。

二、拿活的东西去教活的学生。我们就比如拿一件花草来教授儿童，将这花草把他解剖开，研究其中的奥妙，看他是如何构造的。小孩子对于这事，觉得是很有趣味的。我们能以这种种东西去教他，不但能引起他活泼的精神，并且还可以引起他的快乐。我们还可以拿活的环境去教他，比方沙漠本是干燥的，我们可以设法使他出水；大海有时候变成陆地；太平洋里航船到美洲，本不大便利，于是就有人开了巴拿马运河；火车行山路不便，就会把山打个洞。这就是拿活的环境去作教育上材料的。文化进步，是没有止境的；世界环境和物质的变化，也是没有一定的。活的教育，就是要与时俱进。我们讲活的教育，就要随时随地的拿些活的东西去教那活的学生，养成活的人材。

三、要拿活的书籍去教小孩子。书籍也有死的有活的。怎样是活的书籍？我觉得书籍所记载的，无非是人的思想和经验，那个人的思想、经验要是很高尚的，与人生很有关系的，那就可算是活的书籍。若是那著书的人思想、经验都没有什么价值，与人生没有关系，那就是死的书籍。我们教授小孩子，对于书籍的死活，就不能不慎重；所教授的书籍，要有统系的，前后都能连贯得起来，不是杂乱无章的，这才是活的教育。若只知道闭着眼睛教死书，也不顾那书适用不适用，这样我敢说就是死的教育。我们教授儿童的书籍，好像人家传财产样，普通有两个常法子：（甲）是传财的法子。比譬一家，他的家主不愿管事（或临死时）了，要把家事完全推及小家主，将所有存蓄的银钱，都要对小家主说个明白，叫他慎重。（乙）是传产的法子。就是有本账簿子，说我所有的产业，都登在这账上面。那天那家主把他的后人带到各田庄上去看，说是某田是租给某人的，某庄子是某人承租的，那块山场是由某人保承的，某处房屋是谁租着做什么事的。这样一件一件地指示给他看了，又与他那账簿子再对照一下，那末，这个财产的根本，他那小家主已经明白了。这笔家私，就没有人能够会糊倒他占得去了。我们办教育的传文化的人，也是这样，也要把书籍像传财产一样，要把所教授的东西，都能使他领会得到，能连贯得起来，使小孩子的脑筋有个统系，不致混乱，这种教育才配说是活的。从前有许多讲教育的，没有统系。所以使一般学生听了，只是囫囵吞枣，一点不能受益。这也就是死的教育，不是活的。活的教育要拿活的书籍去教。现在还有许多教员先生们，他对书籍还不十分注意。当他初当教员的时候，也还肯买一两本书看看，到了后来，他不但不买，连从前所有的几本书，都借给人去了。这样教员，教育界中也不知道有多少。他既不能多买书看，对于一切新知识，他自然是不知道的。他既不能有新的知识，那一定没有新的教材能供给学生，只是年年爬起来卖旧货！这种教育中的败类，真不知害了多少青年。我们现要希望教育成活的，当教员的就要多看书——多看些活的书，好去供给学生的需要，养成新而且活的学生。这就是我讲的Education of life。

现在要讲到活的教育的方法，我可提出两个最时髦的法子就是：

（1）设计教授法。活的教育，最好而且最时髦、最紧要的，就是总要有个目的。这我在上面也曾说到了一点。我们教授儿童，先要设定一个计划，然后一步一步地向着所计划的路上去做。若是没有个计划，那就等于一只船放到了江中没有舵，进退左右，都没有把握！倘不幸遇了一阵大风，那一定逃不了危险的！办教育的人，要能会设计，预知学生将有风潮，就先要设一方法，使那风潮却从无形中消灭，不致使他发泄。知道学生程度不齐，就要设一种计策，使之能齐，总期各方面都无损，且能获益。这种设计，各学校的情形，各有各的不同，各地方亦有各地不同，这可听大家因时制宜，我不能断定。

（2）依计划去找实现法。这个方法大致是根据上面来的。我们订了一个计划，不能就算了事的，必定还要依照这计划去实行去。我现在可拿个浅近的事作个比譬：就如农人种豆子，他先也要订个计划，以几亩田能要几多种子，要多少肥料，又要多少人工去做，要经多少时期才能完工；什么地方种绿豆适宜些，什么地方种黄豆适宜些；还有甚地不适于种豆子，适于种山芋。这样计划了一番，然后兴工动作，按这所计划的进行，这必定是有条有理，不致乱忙；而所收的结果，也一定是很丰厚了。由此类推，办教育亦莫不是这样。一个学校，也先要订个计划，然后去依计划实行。例如那级学生，今年应当注意什么功课，某级学生今年应当添什么功课和减什么功课，某教授教授法不好应当怎样。能这么一样一样的计划好了，然后又按照这个进行，那个学校没有办不好的道理。推之修桥修路和其他种种建设，都能依着这样进行，求到所希望的目的，那末，天下事绝没有不可能的。现在我看有许多地方，他一开个什么会，他预先没有计划。到了临时开会了，不是招待员左右乱跑，就是会场上布置得不周全，往往令来宾有兴而来，败兴而归，这都是由于预先没有一定的计划。俗语所谓："平时不烧香，急时抱佛脚。"这事决不会办得好的。我们谈教育的，就是在这上面注意注意。无论是办大学也好，中学也好，国民小学也好，总要预先有个计划，然后依着计划去找实现。有时计划定得不好，应随时变更。比如：我们讲化学，今天就要计划明天化学堂上要些什么东西试验，我们预先就要预备好着，省得临时仓皇失措。诸如此类我也不必多举，我总觉得设计教授法是活的教育上最不可少的，依计划去找实现法，那更是一件要紧的事了。这就是我所讲的 Education by life。

我现在又要讲我们为什么要讲活的教育。因为活的教育，能使我们有种种活的能力。我们人生有高尚的，有低微的；有暂时的，有永久的；有完全的，有片面的。我们要使暂时的生活，能够叫他永久；片面的生活，要使他能完全；低微的要使他高尚。怎样叫做完全？我们在国家是公民，在社会上有朋友亲戚，在家庭里有父母兄弟姊妹，在学校里有同学，有师长。我们一身，对于自己，对于各方面都要顾到。如果一方面不能顾到，这还是片面的。怎么叫做高尚的？我觉得人们的身体和精神是两样的，各有各的生活。身体上的生活固然要紧，精神上的生活也是要紧的。设使两者要去其一，那就是我们最不幸的一件。我们总要使得我们的身体、精神，都是很健全的、愉快的。这可就算是高尚的生活，反之就是低微的生活，都是有关系于教育上的。再，怎样谓之永久和暂时的生活？我们人的寿命有长短不一，有二三十岁就死的，有七八十岁才死的，有十几岁就死的，也有八九十多岁才死的。说者多谓生死有定，但这可不能为凭。我想人的生命的长短，大致是关系于人的操作和卫生上的。从来人的死，多是由病的。考病之由来，不外两种：（一）是由人的操动过度致伤身体而殒命；（二）是由人的卫生上没有讲求，以致生出了许多毛病，终至因而送命。决没有无病无灾而好好就会死的。纵有，也是很少很少的，但亦必定有其他原因。要说人的生死有定，何以人不好好的就死，而偏要生病才死咧？这种无稽之谈，我是不盲目崇拜的。我觉得人的生活，所以有暂时和永久的，都是根据于卫生和操作的关系。我们现在讲活的教育，就要明白这种关系，然后好去预防他，保护他，谋永久的生活。我在上海、南通参观各工厂，有许多六七岁的小孩子，都跟在他的母亲父亲身边做工，我看他们那些小孩子，都是很瘦的，精神也很衰败的。这都是那些贫民没有钱给儿童受教育，国家亦没有钱能办这种义务教育。有些资本家倒是很有钱的，但他只知道营业获利，不肯拿钱来办这可怜的教育，所以那些小孩子就没有机会受教育，只得附随其阿父阿母作工以度日。五六岁的小孩子，尚有许多生理器官还没有长完全，现在竟居然要他工作，这种不适宜的使用，一定会使那小孩子身体不得强健，甚至还要早死的。譬如树上的果子，还没有成熟，你就把他摘下去吃，那是一定吃不得的。小孩子还没有成人，就要使用他，他的前途一定是很有限的，将来一定要发生危险的。像这样只顾眼前不顾后来，就可谓之暂时生活，不是永久的生活。现在讲活的教育，就不能不注意这一层。

活的教育，有属于抽象的，叫做精神上活的教育。比方一个人死了，他的机能死了，他的躯干倒了，他的精神是没有死，还存在空中，能使我们还受到他的影响。这也似乎是种渺茫之谈，我本不敢怎么样的贡献于大家，因为各个人的观念不同。但是，有时我觉得大家也可以公认这话有点的确。例如：孔子是死了，他的精神还没有死，其影响存在我们大家身上。我们大家的脑袋中都还印象了有个孔子。历来许多大英雄、大豪杰，他的身子虽已腐化了，但他的勇气、毅气，还是贯传着，在我们大家的脑海中。这也就是精神上还没有死。他的精神可以一代一代的向下传，可以传许多人，不只传一人。一个活泼学生的精神，可以传应到许多学生。比如，我的精神传应着在大家身上，也可以传应到社会上去。这种传应，并是很快的。我们讲活的教育，对于这精神上的传应，也要注意，也要求活的精神。精神也有死有活的，活的精神，就是能使人感受了他，可以得到许多的教训。社会一日不死，各方面的精神传应，也是不死的。我觉得社会上受了这种精神的教育，也不知道有多少。这精神上的教育，最易感动人的，能联络一切。我从前有许多朋友住在一块，后来别了好多年，没有见过面，形式上要算疏忽了，但是精神上还是没有分离。这就是一种活的精神的表现。我希望讲活的教育，也要把这活的精神当作活的教育里一件材料。这就是我讲的 Education for life。

本篇导读（徐莹晖）

本篇是陶行知1921年在金陵大学暑期学校的演讲，用夹叙夹议的办法提出生活教育的英文定义：Education of life，Education by life，Education for life。原载于1922年1月18日和1月19日的《时事新报·学灯》。

陶行知首先讲述了什么是活的教育：活的教育应该承认儿童是活的，即要按照儿童的需要、揣摩儿童的心理来教育；能识别不同儿童的能力大小，因材施教；教育儿童还需要与时俱进，教给他们符合世界潮流趋向的新知识。

那么这种活的教育如何实现呢？首先需要有活的材料，即Education of life。包括有能和学生共同进步的活的教员，以此相互影响，共同前进；有与时俱进的材料来教给学生；以系统的、对人生有意义和价值的书籍作为教科书。第二，活的教育需要活的方法来实现，即Education by life。教育需要先拟订计划，并依照计划去实行，在实行的过程中依据环境加以变化和调整。最后，要清楚为什么需要活的教育，即Education for life。活的教育使我们有活的能力来过高尚的、完全的、永久的生活。文末，陶行知特意指出活的教育更是精神上的，活的精神的力量是伟大的，所以这活的精神必须成为“活的教育里的一件材料”。

总之，活的教育必须首先承认儿童是活的，然后拿活的材料，用活的方法引导人过好生活，如此即实现了活的教育，即Education of life，Education by life，Education for life。

南京安徽公学办学旨趣

南京在前清为两江之都会，和安徽有密切的历史关系；就地理说，又和安徽十分接近。中国兴学以来，南京即为全国教育中心之一。安徽的学者和学子来此传道受业的，素来很多。前清即有上江公学之设，民国成立后因故停办，殊为憾事。五四以后，安徽学潮屡起，学生不能安心肄业，纷纷投到南京求学的，源源不绝。但南京学校格于种种限制，有志有才的学生不免向隅。安徽旅宁同乡会和旅宁同学会，看此景况，深表同情，就联合起来共谋上江公学之恢复，于十二年秋季开学，改名为南京安徽公学。所以，安徽公学的设立，是迫于一种不能自已的同情心。因为安徽旅宁前一辈的人，对于后一辈的少年，发生了一种学问上的同情心，才有安徽公学的产生。

有了这种同情的基础，所以我们最注重师生接近，最注重以人教人。教职员和学生愿意共生活，共甘苦。要学生做的事，教职员躬亲共做；要学生学的知识，教职员躬亲共学；要学生守的规矩，教职员躬亲共守。我们深信这种共学、共事、共修养的方法，是真正的教育。师生有了共甘苦的生活，就能渐渐的发生相亲相爱的关系。教师对学生，学生对教师，教师对教师，学生对学生，精神都要融洽，都要知无不言，言无不尽。一校之中，人与人的隔阂完全打通，才算是真正的精神交通，才算是真正的人格教育。

在共同生活中，教师必须力求长进。好的学生在学问和修养上，每每欢喜和教师赛跑。后生可畏，正是此意。我们极愿意学生能有一天跑在我们前头，这是我们对于后辈应有之希望。学术的进化在此。但我们确不能懈怠，不能放松，一定要鞭策自己，努力跑在学生前头引导学生，这是我们应有的责任。师道之可敬在此。所以我们要一面教，一面学。我们要虚心，尽量接受选择与本职本科及修养有关系之学术经验来帮助我们研究。要教学生向前进、向上进，非自己努力向前进、向上进不可。

安徽公学是个贫穷的学校。办贫穷的学校如同管贫穷的家事一样。用一文钱，必问："这一文钱该用吗?"费一分光阴，必问："这一分光阴该费吗?"光明与钱都有限，该用才用，不该用必不用；用必尽其效，爱惜光阴，就是不为无益害有益；将无益的时间腾出，则从事有益的时间有余裕了。然后学生可从容问学，怡然修养，既不匆忙劳碌，那身心也就自然渐渐的有润泽了。节省经费，不是因陋就简，乃是移无用为有用。我们既不甘于简陋，来源又不易开，要想收相当的效果，自非革除浪费不为功。用最少的经费，办理相当的教育，是我们很想彻底努力的一个小试验。

现今办学的人，每存新旧宽严之见。我们只问是非好坏，不问新旧宽严。是的、好的，虽旧必存；非的、坏的，虽新必除。应宽则宽，应严则严。随时、随地、随人而施教育，初无丝毫之成见。我们承认欲望的力量，我们不应放纵他们，也不应闭塞他们。我们不应让他们陷溺，也不应让他们枯槁。欲望有遂达的必要，也有整理的必要。如何可以使学生的欲望在群己相益的途径上行走，是我们最关心的一个问题。总之，必使学生得学之乐而耐学之苦，才是正轨。若一任学生趋乐避苦，这是哄骗小孩的糖果子，决不是造就人才的教育。

最后，我们要谈谈我们心中所共悬而藉以引导我们进行的目标。

一、我们都是学生，教师的一部分生活也是学生，就要负学问的责任。做学问最忌的是玄想，武断，尽信书，以差不多自足，以一家言自封。我们要极力的锻炼学生，使他们得到观察，知疑，假设，试验，实证，推想，会通，分析，正确，种种能力和态度，去探求真理的泉源。简单些说，我们研究学问，要有科学的精神。

二、我们是物质环境当中的人。我们对于四周的环境，最忌是苟安，同流合污，听天由命，不了了之。有进取性的人，对于环境总想加以改造。但是驱着乌合之众，叫嚣乱斫，何能算得改造呢。我们应该秉着美术的精神，去运用科学发明的结果，来支配环境，使他们现出和谐的气象。我们要有欣赏性的改造，不要有恐怖性鬼脸式的改造。换句话说，我们改造环境，要有美术的精神。

三、我们不但是物质环境当中的人，并且是人中人。做人中人的道理很多，最要紧的是要有“富贵不能淫，贫贱不能移，威武不能屈”的精神。这种精神，必须有独立的意志，独立的思想，独立的生计和耐劳的筋骨，耐饿的体肤，耐困乏的身，去做那摇不动的基础。近今国人气节，消磨殆尽，最堪痛心。倘不赶早在本身和后辈身上培植一种不可屈挠的精神，将何以为国呢？至于今日，少数具有刚性的领袖，又因缺少容量，自取失败，并以此丧失国家的元气，至为可惜。那末推己及人的恕道，和大公无我的容量，也是做人中人的最重要的精神。把这几种精神合起来，我找不到一个更好的名词，就称他为大丈夫的精神罢。我们处世应变，要有大丈夫的精神。

科学的精神，美术的精神，大丈夫的精神，都不是凭空所能得来的。我们要在“必有事焉”上下手。我们要以“事”为我们活动的中心。研究学问要以事为中心，改造环境要以事为中心，处世应变也要以事为中心。我们要用科学的精神在事上去求学问，用美术的精神在事上去谋改造，用大丈夫的精神在事上去锻炼应变。我们愿意一同努力朝这三个目标行走。活一天，走一天；活到老，走到老。

本篇导读（徐莹晖）

南京安徽公学的前身是前清安徽学者和学子在南京所办的上江公学，后因故停办。五四运动之后，为使至南京的安徽学子能有求学之所，安徽公学在旅宁同乡会和同学会的努力下于1923年9月得以恢复，所以，陶行知称其复校缘由为“一种学问上的同情心”。该校由陶行知、姚文采先后任校长。现为南京市第六中学。本篇原载1924年12月8日申报馆《教育与人生》第60期，题名《南京安徽公学创学旨趣》，现用名为作者把其收入《中国教育改造》时所改。

陶行知指出安徽公学是“用最少的经费，办理相当的教育”的一个试验。因为它建立在同情的基础上，所以师生能共同生活，同甘共苦，实现精神上的沟通，这是一种真正的教育；它尊重学生的兴趣和需要，实行因时、因地制宜，因材施教；在方法上采用教学合一，教师一面教，一面学，以教人者教己，以期教学相长。安徽公学能有如此成绩和办学之道，陶行知认为是因为全校师生有共同的奋斗目标，即用科学的精神研究学问，用美术的精神改造社会，用大丈夫的精神来为人处事。实现这三个目标要以实际生活为中心，不断地试验，不断地前进。“活一天，走一天；活到老，走到老。”

中国师范教育建设论

教什么？怎样教？教谁？谁教？这是师范学校的几个基本问题。要想把师范学校办得好，必须把这些问题先弄明白。

师范学校首先要问的是“教什么”，这是教材问题。施教的人不能无中生有，他必得要运用环境所已有的事物去引起学生之活动。所以遇了“教什么”这个问题，我们暂时可以下一句答语：有什么，学什么；学什么，教什么；教什么，就拿什么来训练教师。但是世界上有的东西，无计其数；所有的未必是所需要的。因此，我们姑且又要加上一句答语：要什么，学什么；学什么，教什么；教什么，就拿什么来训练教师。

所有和所要都知道了，我们立刻发生教法问题。我们要接着问一问“怎样教”，教的法子要根据学的法子，学的法子要根据做的法子。教法、学法、做法是应当合一的。我们对于这个问题所建议的答语是：事怎样做就怎样学；怎样学就怎样做；怎样教就怎样训练教师。

教什么和怎样教，决不是凌空可以规定的。他们都包含“人”的问题。这问题就是“教谁?”人不同，则教的东西、教的方法、教的分量、教的次序都跟着不同了。我们要晓得受教的人在生长历程中之能力需要，然后才晓得要教他什么和怎样教他；晓得了要教他什么和怎样教他，然后才晓得如何去训练那教他的先生。

预备要做先生的是那种人？他对于教师职业的兴味、才能如何？他充当某种教师是否可以胜任愉快？现在实际在那儿当教师的是谁？师范学校所期望于他所训练的人才有多少能做适当的教师？这也是师范学校要考虑的问题。我们的建议是：谁在那儿教，谁欢喜教，谁能教得好，就应当训练谁。

就上面所说的，总起来看，我们知道，师范学校是要运用环境所有所需的事物，归纳于他所要传布的那种学校里面，依据做学教合一原则，实地训练有特殊兴味才干的人，使他们可以按着学生能力需要，指导学生享受环境之所有并应济环境之所需。这个定义包含三大部分：一是师范学校本身的工作，二是中心学校的工作，三是环境里的幼年人生活。这三大部分应当发生有机体的关系，使得他们的血脉可以流通，精神可以一贯。他们中间不当有丝毫的隔膜。一看这个定义，我们立刻晓得师范学校的出发点就是他所要传布的中心学校，中心学校的出发点就是环境里的幼年人生活。由此我们也就可以明白建设师范教育之历程。

环境里的幼年人生活既是中心学校的中心，我们首先就要把他弄个明白。我们要晓得幼年人在生长历程中有什么能力，有什么需要。我们虽不能完全知道，但是学者已经研究出来的，我们必须充分明了。幼年人不是孤立的，他是环境当中的一个人。环境对于幼年人的生活有两种大的力量：一是助力。自然界的光线、空气、食物、饮料，在常态之下，都是扶助人类生长的东西。社会里的语言文字、真知灼见以及别人的互相提携，也都有扶助我们生长的作用。二是阻力。例如狂风、暴雨、水患、旱灾、虫害种种，都是自然界与人为难的东西。社会方面的贪官、污吏、劣绅、土棍、盗贼以及一切不良的制度风俗，也是我们生长的挡路物。可是阻力倘不太大，可以化为助力。逆境令人奋斗，生长历程中发生了困难才能触动思想，引起进步。人的脑袋就是这样长大的，文明也是这样进化的。我们应当运用自然界和社会界的助力、阻力去培植幼年人的生活力，使他可以做个健全分子去征服自然，改造社会。因此，我们又要问自然界与社会界对于幼年人的生长有什么助力，有什么阻力，他们对于幼年人生长的贡献是什么？他们有什么缺憾要人力补天工之不足？一个环境对于幼年人生长之助力、阻力、贡献、缺憾，要具体的分析开来，才能指导教育的实施。倘使囫囵吞枣，似乎没有多大用处。分析出来的具体事实必定是整千整万，学校自然不能完全采纳进去。所以进一步的工作就是估量每件事实的价值。价值估量之后再作选择的工夫，把价值最低的除开，需要可缓的除开，学校不必教不能教的除开，留下来的容纳到学校里去，编成教材，制为课程，佐以相当设备，配以相当程序，使教师指导学生脚踏实地的去做去学。这样一来，中心学校就可以办成了。这种学校是有根的。他的根安在环境里，吸收环境的肥料、阳光，化作自己的生命，所以他能长大，抽条，发叶，开花，结果。这种学校是与自然生活、社会生活联为一气的。他能适应环境的生活，也能改造环境的生活。他是本地的土壤里产生出来的，他自能在相类的环境里传布。我们可以祝他说："恭喜你多福，多寿，多儿子，儿子又生孙，孙又生儿子，子子孙孙生到无穷期，个个都像你，个个胜过你。"中心学校有了办法，再办师范学校。师范学校的使命，是要运用中心学校之精神及方法去培养师资。他与中心学校的关系也是有机体的，也是要一贯的。中心学校是他的中心而不是他的附属品。中心学校也不应以附属品看待自己。正名定义，附属学校这个名字要不得。实习学校的名字好得多，但是这个名字包含了"思想与实习分家"的意味，也不是最好的。师范学校的各门功课都有专业的中心目的，大部分都应当与中心学校联串起来。例如教育学、心理学等等功课若是附加的性质，决不能发生很大的效力。这种功课应当与实地教学熔为一炉，大部分应当采取理科实验指南的体裁以课教学做三者之合一。我们进行时对于师范生本身之能力与需要，当然要同时顾到。因为师范生将来出去办学的环境与中心学校的环境必定不能一模一样；要想师范生对于新环境有所贡献，必得要同时给他们一种因地制宜的本领。

师范毕业生得了中心学校的有效办法和因地制宜的本领，就能到别的环境里去办一个学校。这个学校的精神与中心学校是一贯的，但不是刻印板的，不是照样画葫芦的。他要适应他的特殊环境，也要改造他的特殊环境。

这个学校对于学生所要培植的也是生活力。他的目的是要造就有生活力的学生，使得个个人的生活力更加润泽、丰富、强健，更能抵御病痛，胜过困难，解决问题，担当责任。学校必须给学生一种生活力，使他们可以单独或共同去征服自然，改造社会。

我们这里所建议的步骤是一气呵成的：自然社会里的生活产生活的中心学校，活的中心学校产生活的师范学校，活的师范学校产生活的教师，活的教师产生有生活力的国民。

这个建设历程，从头到尾都是息息相通的，倘使发现不衔接、不联络、不适应的地方，到处可以互相参考纠正，随改随进。所以中心学校随着自然社会生活继续不断的改进，师范学校随着中心学校继续不断的改进，地方学校随着师范学校继续不断的改进，自然、社会生活又随着地方学校继续不断的改进。

上述师范教育的建设历程，倘用下图表示，更能一目了然：

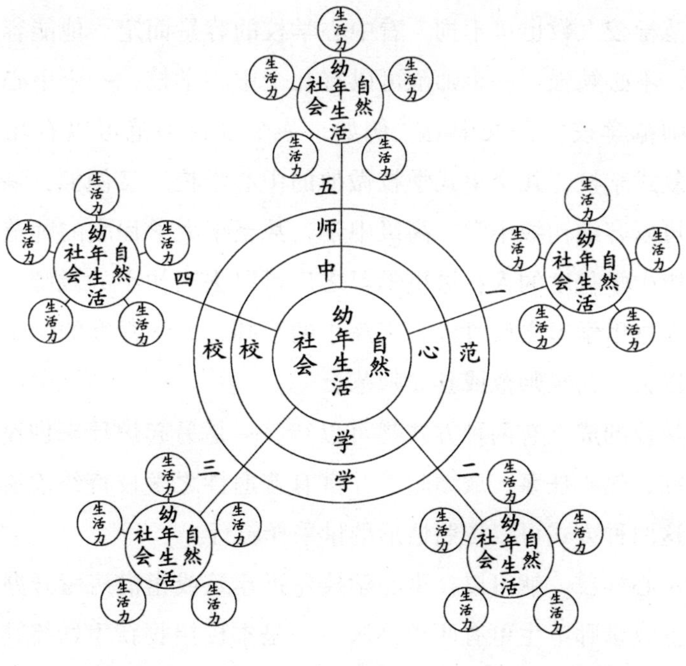

说明：

自然、社会里的幼年生活是中心学校之中心。

中心学校是师范学校之中心。

一、二、三、四、五是师范毕业生办的学校。

生活力代表师范毕业生所办学校培养之学生。

训练初级师范教员之高等师范或师范大学，可于师范学校外加一圈，并类推。

师范学校既以中心学校为中心，那末，有那一种的中心学校就有那一种的师范学校：有幼稚园为中心学校，就可以办幼稚师范；有小学为中心学校，就可以办初级师范；有中学或师范为中心学校，就可以办高等师范或师范大学；有各种职业机关或学校做中心学校，就可以办各种职业师范。

师范学校既以中心学校为中心，就得跟着中心学校跑。凡有好的中心学校的地方，都可以办个师范；凡是没有好的中心学校的地方，都可以取消师范的招牌。否则就应当根本改造中心学校和各方面的关系，使他名实相符。师范学校人数也可不拘，看中心学校的容量而定。他能容几个人就是几个人，不必勉强。一个师范可以有几个中心学校，一个中心学校也可以做几个师范学校的公共中心。例如，一个乡村师范可以有几个单式学校，几个复式学校，几个单式学校做他的中心学校。又例如，一个好的中心小学里可以容纳初级中学、高级中学、甚至于大学程度的师范生在这里学习。初级中学程度的人在这里学习之后可以去当初小的教师，高级中学程度的人在这里学习之后可以去当高小的教师，大学程度的学生在这里学习之后可以去办初级师范或县立师范。

中心学校的成立有两种方式都可以行：一是另起炉灶来创设；二是找那虚心研究、热心任事、成绩昭著并富有普遍性之学校特约改造，立为中心学校。这两种方式可以按照情形酌量采择施行。

有了中心学校，就可以在中心学校左近建筑或租借房屋开办师范班或师范学校。收录师范生可有两种办法。一是本校招收新生始终其事，予以完全训练。这种办法规模较大，需用人才、设备、经费也较多。二是招收他校将毕业而有志充当教师之学生或有相当程度之在职之教职员，加以相当时期之训练。照这种办法，师范部只须准备宿舍、图书、讨论室、指导人才及所需之其他设备，就可开办。这是比较轻而易举的。毕业后发给修业证书，俟办成有生活力之学校始发给正式毕业证书。原肄业学校如因本校没有师范训练，亦得依照规定手续保送相当学生来此学习。毕业证书可由两校合发。这种种办法各级师范都可适用。

上面所说的是建设中国师范教育的根本原理与实施概要。中国师范教育前清办理失策，以致师范学校与附属学校隔阂，附属学校与实际生活隔阂。我们所以有这种隔阂，是因为我们的师范教育或是从主观的头脑里空想出来的，或是间接从外国运输进来的，不是从自己的亲切经验里长上来的。这种师范教育倘不根本改造，直接可以造成不死不活的教师，间接可以造成不死不活的国民。有生活力的国民是要靠着有生活力的教师培养的；有生活力的教师又是要靠着有生活力的师范学校训练的。中国今日教育最急切的问题，是旧师范教育之如何改造，新师范教育之如何建设。国家所托命之师范教育是决不容我们轻松放过的。我们很希望全国同志会精聚神的来对付这个问题。

本篇导读（徐莹晖）

本篇原载于1926年12月3日《新教育评论》第3卷第1期，是陶行知用生活教育的理论作指导来建设中国师范教育的构想，阐述了新的师范教育的根本原理和实施概要。他其后所创办的晓庄试验乡村师范学校就是对这个构想的实践。

陶行知认为已有的师范学校要么是主观臆想的产物，要么就是照搬国外的模式，导致师范学校与实际生活相隔阂，培养的是“不死不活”的教师和国民，阻碍这个国家和民族的进步，这样的师范学校必须予以改造，以建设适合国情需要的新师范。他提出师范学校要办得好，需要弄明白四个问题，即教什么、怎样教、教谁和谁教，也就是要清楚教的内容、方法、受教育者和教育者的问题。陶行知对此的说明是，师范学校必须摒弃附属学校的传统观念，以自然社会里的生活产生的中心学校为中心，以环境中儿童的实际生活为中心学校的中心，依据做学教合一的原则，实地训练有特殊才能、兴趣的活的教师，能够按照儿童的能力和需要，培养有生活力的活的学生，使他们具有征服自然、改造社会的能力。师范生不仅负有培养活的学生的责任，还必须能够以所学的本领因地制宜地创办新的活学校，培养更多的活的国民。陶行知在文中用图例的形式形象地说明了新师范的建设步骤，整个过程从头到尾是息息相通的，它随着实际生活不断改进和发展。最后，他进一步介绍了举办中心学校和招收师范生的具体办法，这些都在后来中心学校和晓庄师范的创办中得以实践。

我之学校观

学校的势力不小。他能教坏的变好，也能教好的变坏。他能叫人做龙，也能叫人做蛇。他能叫人多活几岁，也能叫人早死几年。

学校以生活为中心。一天之内，从早到晚莫非生活，即莫非教育之所在。一人之身，从心到手莫非生活，即莫非教育之所在。一校之内，从厨房到厕所莫非生活，即莫非教育之所在。学校有死的有活的，那以学生全人、全校、全天的生活为中心的，才算是活学校。死学校只专在书本上做工夫。间于二者之间的，可算是不死不活的学校。

学校是师生共同生活的处所。他们必须共甘苦。甘苦共尝才能得到精神的沟通，感情的融洽。国家大事，世界大势，亦必须师生共同关心。学校里师生应当相依为命，不能生隔阂，更不能分阶级。人格要互相感化，习惯要互相锻炼。人只晓得先生感化学生，锻炼学生，而不知学生彼此感化锻炼和感化锻炼先生力量之大。先生与青年相处，不知不觉的，精神要年轻几岁，这是先生受学生的感化。学生质疑问难，先生学业片刻不能懈怠，是先生受学生的锻炼。这是不可避免的，也是好现象。总之，师生共同生活到什么程度，学校生气也发扬到什么地步，这是丝毫不可以假借的。李白诗说："黄河之水天上来，奔流到海不复回。"这好比是学生的精神。办学如治水，我们必须以导河的办法把学生的精神宣导出去，使他们能在有益人生的事上去活动。倘不能因势利导，反而强事压制，那末决堤泛滥之祸不能幸免了。

康健是生活的出发点，亦就是学校教育的出发点。学问、道德应当有一个活泼稳固的基础，这基础就是康健。俗话说"百病从口入"，同志们务必注意，办学校是要从厨房、饭厅办起的。

生活之发荣滋长须有吸收滋养料的容量。学校教职员必须虚心，学而不厌。我以为不但教师要学而不厌，就是职员也要学而不厌，因为既以生活为学校的中心，那末各种事务都要含有教育的意义。从校长起一直到厨司、校工，各有各的职务，即各有各的学问要增进。增进之法有二：一是各有应读之书必须读；二是各有应联之专家同志必须联。一个学校要想有美满的生活，必须和知识的泉源通根水管，使得新知识可以源源而来。

学校生活只是社会生活一部分。学校不是道士观、和尚庙，必须与社会生活息息相通。要有化社会的能力，先要情愿社会化。

学校生活是社会生活的起点。远处着眼，近处着手，改造社会环境要从改造学校环境做起。全校师生应当以美术的精神共同改造学校环境。凡应当改造的，一丝一毫都不肯轻松放过，才能表现真精神。师生不能共同改造学校环境而侈谈社会改造，未免自欺欺人。

高尚的生活精神不用钱买，不靠钱振作，也不能以没有钱推诿。用钱可以买来的东西，没有钱自然买不来；用钱买不来的东西，没有钱也是可以得到的。高尚的精神如同山间明月、江上清风一样，是取之无尽，用之无穷的。没有钱是一事，没有精神又是一事。有钱而无精神和无钱而有精神的学校，我都见识过。精神是不靠钱买的。精神是在我们身上，我们肯放几分精神，就有几分精神。不关有没有钱，只问我肯不肯把精神放出来。

我们要学校生活长得敏捷圆满，就得要把他放在光天化日之下。太阳光底下可以滋长，黑暗里面免不掉微生物。所以我主张学校要给人看。做父母的、管学务的，以及纳教育税的人，都要看学校。要学校改良，做校长的、做教员的，都要欢迎人参观批评，以补自己之不足。学校放在太阳光里必能生长，必能继续不断的生长。

我对于学校悬格并不要高，只希望大家把学校办到一个地步——情愿送亲子弟入校求学，就算好了。前清往往有办学的人不令子弟入学，时论以为不恕。现今主持省县教育者，亦颇有以子弟无好学校进为虑，甚至送入外人设立学校肄业，真正令人不解。我要有一句话奉劝办学同志，这句话就是："待学生如亲子弟。"

十五、九、二十

本篇导读（徐莹晖）

本篇发表于1926年11月5日的《徽音》月刊，是陶行知关于一个活学校的宣言书。他以这样的活学校作为改造传统学校和传统教育、改造社会生活的有力武器。他一生所创办的晓庄、工学团、育才、社会大学等都是这种活学校的典范。

陶行知开篇即提出学校对社会和人的发展的重要性，但只有活的学校才能够为个人和社会谋福祉。这样的学校应该具有什么样的特征呢？陶行知指出，活的学校应该以生活为中心，全部的生活就是教育的内容，生活的场所就是教育的场所；在活的学校里，教师必须"待学生如亲子弟"，这是最基本的，如此师生才能真正的共生活，同甘苦，感情融洽，心灵沟通，共同培养优秀的人格；学校生活教育要以康健作为基础目标；学校教员须以实际生活作为探求知识的根，不断进步；学校教育的责任不仅是教学生读书，更应该以改造社会为其使命，办学和改造社会是一回事，所以学校就不能为教育而教育，不能隔绝于社会，必须打通学校和社会的隔阂，向社会开放，根据现实的需要不断改善，利用社会的力量发荣滋长；通过学校改造社会是一项巨大的工程，所以必须从远处着眼，从近处着手，首先从改造学校自身的环境开始；办学者需有高尚的精神作为动力才不致遇挫退缩，才有信心用最少的钱办最好的学校。

陶行知提出理想学校的设想已经过去80多年了，无人能够否认我们的学校教育这80多年来的发展和成就。然而看看学校的现状，又有谁敢说已经实现了那个理想中的学校呢？我们的学校离那个理想是近了还是远了？这值得每一个人去深思和反省。

行是知之始

阳明先生说："知是行之始，行是知之成。"我以为不对，应该是"行是知之始，知是行之成"。我们先从小孩子说起，他起初必定是烫了手才知道火是热的，冰了手才知道雪是冷的，吃过糖才知道糖是甜的，碰过石头才知道石头是硬的。太阳地里晒过几回，厨房里烧饭时去过几回，夏天的生活尝过几回，才知道抽象的热。雪菩萨做过几次，霜风吹过几次，冰淇淋吃过几杯，才知道抽象的冷。白糖、红糖、芝麻糖、甘蔗、甘草吃过几回，才知道抽象的甜。碰着铁、碰着铜、碰着木头，经过好几回，才知道抽象的硬。才烫了手又冰了脸，那末，冷与热更能知道明白了。尝过甘草接着吃了黄连，那末，甜与苦更能知道明白了。碰着石头之后就去拍棉花球，那末，硬与软更能知道明白了。凡此种种，我们都看得清楚"行是知之始，知是行之成"。佛兰克林[①]放了风筝，才知道电气可以由一根线从天空引到地下。瓦特烧水，看见蒸汽推动壶盖，便知道蒸汽也能推动机

① 通译富兰克林。

器。加利里翁[①]在毕撒斜塔[②]上将轻重不同的球落下，便知道不同轻重之球是同时落地的。在这些科学发明上，我们又可以看得出“行是知之始，知是行之成”。

《墨辩》[③] 提出三种知识：一是亲知，二是闻知，三是说知。亲知是亲身得来的，就是从“行”中得来的。闻知是从旁人那儿得来的，或由师友口传，或由书本传达，都可以归为这一类。说知是推想出来的知识。现在一般学校里所注重的知识只是闻知，几乎以闻知概括一切知识。亲知是几乎完全被挥于门外。说知也被忽略，最多也不过是些从闻知里推想出来的罢了。我们拿“行是知之始”来说明知识之来源，并不是否认闻知和说知，乃是承认亲知为一切知识之根本。闻知与说知必须安根于亲知里面方能发生效力。

试取演讲“三八主义”[④] 来做个例子。我们对一群毫无机器工厂劳动经验的青年演讲八小时工作的道理，无异耳边风。没有亲知做基础，闻知实在接不上去。假使内中有一位青年曾在上海纱厂做过几天工作或一整天工作，他对于这八小时工作的运动的意义，必有亲切的了解。有人说：“为了要明白八小时工作就要这样费力的去求经验，未免小题大做，太不经济。”我以为天下最经济的事无过这种亲知之取得。近代的政治经济问题便是集中在这种生活上。从过这种生活上得来的亲知，无异于取得近代政治经济问题的钥匙。

亲知为了解闻知之必要条件已如上述。现再举一例，证明说知也是要安根在亲知里面的。

白鼻福尔摩斯[⑤]里面有一个奇怪的案子。一位放高利的被人打死后，他的房里白墙上有一个血手印，大得奇怪，从手腕到中指尖有二尺八寸

① 通译伽利略。

② 通译比萨斜塔。

③ 指《墨子》中的《经》上、下和《经说》上、下四篇。

④ 即“三八制”：工作 8 小时，学习 8 小时，休息 8 小时。美国无产阶级为反对资产阶级的残酷剥削，1886 年 5 月 1 日，芝加哥 20 万工人为争取 8 小时工作制举行大罢工，遭到警察的武装镇压。

⑤ 英国作家柯南道尔（1859—1930）所著侦探小说《福尔摩斯探案》中的主要人物。

长。白鼻福尔摩斯一看这个奇怪手印便断定凶手是没有手掌的，并且与手套铺是有关系的。他依据这个推想，果然找出住在一个手套铺楼上的科尔斯人就是这案的凶手，所用的凶器便是挂在门口做招牌的大铁手。他的推想力不能算小，但是假使他没有铁手招牌的亲知，又如何推想得出来呢？

这可见闻知、说知都是要安根在亲知里面，便可见“行是知之始，知是行之成”。

十六年六月三日

本篇导读（徐莹晖）

本篇是陶行知于1927年6月3日在晓庄学校寅会上的演讲。第一段原载于1928年1月15日《乡教丛讯》第2卷第1期，题为《行是知之始，知是行之终》。开头引用王阳明的话，原为“知是行之始，行是知之终”。1929年7月30日《乡教丛讯》第3卷第12期全文刊载，是陶行知论述知行关系的重要篇目。陶行知的知行观有一个发展历程。他在金陵大学读书期间研究王阳明的知行学说，信仰其“知是行之始，行是知之成”的观点；后留学美国，认定新教育的根本在于试验，即是行动；回国后在改造中国教育的实践中，确立了“行是知之始，知是行之成”的知行观，并最终形成“行以求知知更行”的知行合一学说。

陶行知在文中首先以生活中的实例来论证“行是知之始，知是行之成”，继而引用《墨辩》中的三种知识，即亲知、闻知、说知的关系来说明。亲知是从行动、生活中得来；闻知是从别人那里得来，比如师友口传、书本知识；说知是推演出来的。这三类知识构成了知识的来源，但亲知是一切知识的根本，闻知和说知必须把根安在亲知里，才能发生知识的效用。

生活工具主义之教育

“教育以生活为中心。”这句话已经成为今日学校里的口头禅。但是细考实际，教育自教育，生活自生活，依然渺不相关。这是因为什么缘故？我们先前以“老八股”不适用，所以废科举，兴学堂；但是新学办了三十年，依然换汤不换药，卖尽气力，不过把“老八股”变成“洋八股”罢了。“老八股”与民众生活无关，“洋八股”依然与民众生活无关。但是新学校何以变成“洋八股”，何以与民众生活无关？这其中必有道理。

人的生活，必须有相当工具，才能表现出来。工具充分，才有充分的表现；工具优美，才有优美的表现；工具伟大，才有伟大的表现。“老八股”与“洋八股”虽有新旧之不同，但都是靠着片面的工具来表现的，这片面的工具就是文字与书本。文字与书本只是人生工具之一种，“老八股”与“洋八股”教育拿他当作人生的唯一工具看待，把整个的生活都从这个小孔里表现出去，岂不要把生活剥削得黄皮骨瘦吗？文字、书本，倘能用的得当，还不失为人生工具之一；但是“老八股”与“洋八股”的学生们却不用他们来学“生”，偏偏要用他们来学“死”。中国教育所以弄到山穷水尽，没得路走，是因为大家专靠文字、书本做惟一无二的工具，并且把文字、书本这个工具用错了。我们要想纠正中国教育，使他适应于中国国民全部生活之需要，第一就须承认文字、书本只是人生工具的一种，此外还有许多工具要运用来透达人生之欲望；第二就须承认我们从前运用文字、书本的方法是错的，以后要把他们用的更加得当些。

现在有一班人，开口就说：西方的物质文明比东方好，东方的精神文明比西方高。这句话初听似乎有理，我实在是百索不得其解。精神与物质接触必定要靠着工具。工具愈巧则精神愈能向着物质发挥。工具能达到什么地方即精神能达到什么地方。动物以四肢百体为工具，所以他的精神活动亦以四肢百体的力量所能达到的地方为限。人的特别本领就是不专靠自己的身体为工具。人能发明非身体的工具，制造非身体的工具，应用非身体的工具。文明人与野蛮人的最大分别就是文明人能把这些非身体的工具发明得格外多，制造得格外精巧，运用得格外普遍。有了望远镜，人的精神就能到火星里去游览；有了显微镜，人的精神就能认识那叫人生痨病的不是痨病鬼乃是痨病虫。今年五月七日第一次飞渡大西洋的飞行家林白从德国柏林通电话到美国和他的老母谈话，是精神交通破天荒的成功，也是物质文明破天荒的成功。精神文明与物质文明是合而为一的。这合而为一的媒介就是工具。教育是什么？教育是教人发明工具，制造工具，运用工具。生活教育教人发明生活工具，制造生活工具，运用生活工具。空谈生活教育是没有用的。真正的生活教育必以生活工具为出发点。没有工具则精神不能发挥，生活无由表现。观察一个国家或一个学校的教育是否合乎实际生活，只须看他有无生活工具。倘使有了，再进一步看他是否充分运用所有的生活工具。教育有无创造力，也只须看他能否发明人生新工具或新人生工具。中国教育已到绝境，千万不要空谈教育，千万不要空谈生活；只有发明工具，制造工具，运用工具是真教育，是真生活。

本篇导读（徐莹晖）

本篇是陶行知1927年6月15日在晓庄寅会上的演讲，原载于1927年7月1日《乡教丛讯》第1卷第13期。这是他在晓庄学校首次提到“生活教育”这一名词。

陶行知指出尽管新学已经办了三十年，尤其随着杜威的来华讲学，其教育的核心主张“教育即生活”成为当时非常流行的观点，然而所谓的新教育并没有带来新气象，依然是教育是教育，生活是生活，两者相分离。陶行知从生活教育出发，把原因归结为洋化教育和传统教育一样，都是以书本和文字为唯一的人生工具，并且只是教人读死书、死读书，所以实质都是脱离实际生活的八股教育。而生活教育是以生活为中心，以工具为中介。人生工具有很多种，要认识到书本和文字只是其中之一，并且要能运用得当，即要教人读活书、活读书，才能读书活。除此之外，生活教育必须能教人发明工具、制造工具、运用工具，如此才能沟通物质和精神，沟通教育与生活，真正实现“教育以生活为中心”。

晓庄试验乡村师范学校创校旨趣[①]

我们中国现在正是国民革命的势力高涨之秋。惟既有国民政治上的革命，同时还须有教育上的革命。政治与教育原是不能分离的，二者能同时并进，同时革新，国民革命才有基础和成功的希望。

本校是于本年三月开学，当时宁地战事风云正急，三路交通，俱已断绝。而各同学冒危险，自上海、镇江、安徽、浙江、江西相继前来，本校遂得于枪林弹雨中如期开学。自开校迄今，屡经战事及其他变故，故现在设备及其他一切，俱觉不很完备。

本校的办法，是主张在劳力上劳心。本校全部生活，是“教学做”。教的法子根据学的法子，学的法子根据做的法子。我们的实际生活，就是我们全部的课程；我们的课程，就是我们的实际生活。我们每天早晨五时有一个十分钟至十五分钟的寅会，筹划每天应进行的工作，是取一日之计在于寅的意义。寅会毕，即武术。本校无体操课，即以武术代。上午大部分时间阅书。所阅之书，一为学校规定者；一为随各个人自己性之所好

① 本篇原载于1927年9月1日《乡教丛讯》第1卷第17期。

者。下午工作有农事及简单仪器制造、到民间去等。晚上有平民夜校及做笔记、日记等。这是本校全部大概的生活。

现在有一点我们应当注意的，就是以前的教育，都是像拉东洋车一样。自各国回来的留学生，都把他们在外国学来的教育制度拉到中国来，不问适合国情与否，只以为这是文明国里的时髦物品，都装在东洋车里拉过来，再硬灌在天真烂漫的儿童的心坎里，这样儿童们都给他弄得不死不活了，中国也就给他做得奄奄一息了！我从前也是把外国教育制度拉到中国来的东洋车夫之一，不过我现在觉到这是害国害民的事，是万万做不得的。我们现在要在中国实际生活上面找问题，在此问题上，一面实行工作，一面极力谋改进和解决。本校全体指导员及同学，都是抱有这样一个目标，所以毅然决然的跑到这个荒僻的乡下来。我们认定必须这样，将来中国的新教育才能产生呢！

以上是报告本校大概情况。敝校创办伊始，有许多不对的地方，现在请各位来宾先生们详细的批评和指导。

以教人者教己

“以教人者教己”是本校根本方法之一，我们也必须说得明白，方知他效用之大。昨天邵先生教纳税计算法，就是“以教人者教己”的例证。邵先生因为要教大家计算纳税，所以就去搜集种种材料，并把这些材料融会贯通起来，然后和盘托出，教大家计算。他因为要教大家，所以先教自己。他是用教大家的材料教自己。他年年纳税，但是总没有明白其中的内幕，今年为什么就弄得这样彻底明白呢？因为要教你们，所以他自己便不得不格外明白了。他从教纳税上学得的益处怕比学生要多得多哩。近来韩先生教武术，不是要一位同学发口令吗？这便是以教人者教己。这位同学发口令时便是以同学教同学。因为要他发口令，所以他对于这套武术的步骤就格外明了。他在发口令上学，便是以教人者教己。第三中心小学潘先生是素来没有学过园艺的。但是他第三中心小学有园艺一门功课，他必得教。既然要教园艺，他对于园艺便要格外学得清楚些。他拿园艺教小学生的时候便是拿园艺来教他自己。我们从昨天起开始交际教学做。第一次轮流到的便是孙从贞女士，今天有客来，便须由她招待。来宾到校必定要问许多问题，孙女士必须一一答复。但她是一位新学生，对于学校的经过历史、现在状况及未来计划都是没有充分明了。因为要答复来宾的问题，她必须预先把这些事情弄得十分明白，才不致给来宾问倒。她答复来宾的问题时，从广义的教育看来，她便是在那儿教，来宾便是在那儿学。为了要答复来宾的问题，她自己就不得不先去弄得十分明白，这便是以教人者教己。我们平常看报，多半是随随便便的。假使我们要教小学生回家报告国家大事，那末，我们看报的时候，便不得不会精聚神了。我们这样看报，比起寻常的效率不知道要大得几多倍哩。这便是借着小孩讲国家大事来教自己明了国家大事。这便是以教人者教己。又比如锄头舞的歌词是我做的，对于这套歌词，诸位总以为我做了之后便是十分明了了，其实不然。我拿这歌词教燕子矶小学生时，方把他弄得十分明白。以前或可以说只有七八分明白，没有十分明白。自己做的歌词还要等到教人之后才能十分明白，由此可见“以教人者教己”的效力之宏。从这些例证上，我们可以归纳出一条最重要的学理，这学理就是“为学而学”不如“为教而学”之亲切。“为教而学”必须设身处地，努力使人明白；既要努力使人明白，自己便自然而然的格外明白了。

十一月五日

本篇导读（王文岭）

本篇是陶行知1927年11月3日在晓庄学校寅会上的演讲，原载于1928年2月12日《乡教丛讯》第2卷第3期，是对教学做合一的进一步解释。

教学做合一是晓庄试验师范学校的校训，也是生活教育理论的方法论，以教人者教己是其具体的实践方法，也是对它的进一步解释。教和学以做为中心，那在实践中如何教？如何学呢？陶行知指出，应该为教而学，即要教别人，先教自己。从广义的教育来说，即对别人来说是教，对自己来说就是学，如此实现教学相长。

这个方法对于现代的教师具有重大的借鉴作用，它告诫我们不能故步自封，必须时时求进步，才能发挥教学的力量。

“伪知识” 阶级

自从俄国革命以来，“知识阶级”（Intelligentsia）[①] 这个名词忽然引起了世人之注意。在打倒知识阶级呼声之下，我们不得不问一问：什么是知识阶级？知识阶级是怎样造成的？应当不应当把他打倒？这些问题曾经盘旋于我们心中，继续不断的要求我们解答。近来的方向又转过来了，打倒知识阶级的呼声一变而为拥护知识阶级的呼声。我们又不得不问一问：什么是知识阶级？知识阶级是怎样造成的？应当不应当将他拥护？在这两种相反的呼声里面，我都曾平心静气的把这些问题研究了一番，我所得的答案是一致的。我现在要把我一年来对于这些问题考虑的结果写出来，与有同样兴趣的朋友们交换意见。

我们要想把知识阶级研究得明白，首先便须分别“知识”与“智慧”。智慧是生成的，知识是学来的。孟子说：“由射于百步之外也：其至，尔力也；其中，非尔力也。”会射箭的人能百步穿杨。射到一百步的力量是生成的限度；到了一百步还能穿过杨树的一片叶子，那便是学来的技巧

① 即知识界或知识分子的总称。把知识分子称为“知识阶级”是五四运动时期的叫法。

了。这就是智慧与知识的分别。又比如言语：说话的能力是生成的，属于智慧；说中国话、日本话、柏林话、拉萨话，便是学成的，属于知识。人的禀赋各不相同，生成的智慧至为不齐。有的是最聪明的，有的是最愚笨的。但从最愚笨的人到最聪明的人，种种差别都是渐渐的推上去的。假使我们把一千个人按着聪明的大小排列成行，我们就晓得最聪明的是少数，最愚笨的也是少数，而各人和靠近的人比起来都差不了几多。我们只觉得各个不同，并找不出聪明人和愚笨人中间有什么鸿沟。我们可以用一个最浅近的比方把这个道理说出来。人的长矮也是生成的。我们可以把一千个人依着他们的长矮顺序排列：从长子看到矮子，只见各人渐渐的一个比一个矮；从矮子看到长子，只见各人也是渐渐的一个比一个长。在寻常状态之下，我们找不出一大群的长子，叫做长子阶级；也找不出一大群的矮子，叫做矮子阶级。我们在上海的大马路上或是在燕子矶关帝庙会里仔细一望，就可以明白这个道理。从人之长矮推论到人之智愚，我们更可明白生成之智慧只有渐渐的差别，没有对垒的阶级。智慧既无阶级，自然谈不到打倒、拥护的问题。

其次，我们要考察知识的本身。知识有真有伪。思想与行为结合而产生的知识是真知识，真知识的根是安在经验里的。从经验里发芽抽条开花结果的是真知灼见，真知灼见是跟着智慧走的。同处一个环境，同等的智慧可得同等的真知灼见。智慧是渐渐的相差，所以真知灼见也是渐渐相差。智慧既无阶级，真知识也就没有阶级。俗语说“三百六十行，行行出状元”。真知识只有直行的类别，没有横截的阶级。各行的人有绝顶聪明的，也有绝不中用的。但在他们中间的人，智力上的差别和运用智力取得之真知识的差别都是渐渐的，都是没有阶级可言。倘使要把三百六十行的“上智”联合起来，称为知识阶级，再把三百六十行的“下愚”联合起来，称为无知识阶级，那就是一件很勉强很不自然的事了。

照这样说来，世界上不是没有知识阶级了吗？不，伪知识能成阶级！什么是伪知识？不是从经验里发生出来的知识便是伪知识。比如知道冰是冷的，火是热的是知识。小孩儿用手摸着冰便觉得冷，从摸着冰而得到“冰是冷的”的知识是真知识。小孩儿单用耳听见妈妈说冰是冷的而得到

“冰是冷的”的知识是伪知识。小孩儿用身靠近火便觉得热，从靠近火而得到“火是热的”的知识是真知识。小孩子单用耳听妈妈说火是热的而得到“火是热的”的知识是伪知识。有人在这里便起疑问：“如果样样知识都要从自己经验里得来，岂不是麻烦得很？人生经验有限，若以经验范围知识，那末所谓知识岂不是也很有限了吗？没有到过热带的人，就不能了解热带是热的吗？没有到过北冰洋的人，就不能了解北冰洋是冷的吗？”这些疑问是很重要的，我们必须把他们解答清楚，方能明了真知识与伪知识的分别。我只说真知识的根是要安在经验里，没有说样样知识都要从自己的经验上得来。假使我们抹煞别人经验里所发生的知识而不去运用，那真可算是世界第一个大呆子。我们的问题是要如何运用别人经验里所发生的知识使他成为我们的真知识，而不要成为我们的伪知识。比如接树：一种树枝可以接到别一种树枝上去使他格外发荣滋长，开更美丽之花，结更好吃之果。如果把别人从经验发生之知识接到我们从自己经验发生之知识之上去，那末，我们的知识必可格外扩充，生活必可格外丰富。我们要有自己的经验做根，以这经验所发生的知识做枝，然后别人的知识方才可以接得上去，别人的知识方才成为我们知识的一个有机体部分。这样一来，别人的知识在我们的经验里活着，我们的经验也就生长到别人知识里去开花结果。至此，别人的知识便成了我们的真知识。其实，他已经不是别人的知识而是自己的知识了。倘若对于某种知识，自己的经验上无根可找，那末无论如何勉强，也是接不活的。比如在厨房里烧过火的人，或是在火炉边烤过火的人，或是把手给火烫过的人，便可以懂得热带是热的；在冰房里呆过的人，或是在冰窖里呆过的人，或是做过雪罗汉的人，便可以懂得北冰洋是冷的。对于这些人，“热带是热的，北冰洋是冷的”虽从书本上看来，或别人演讲时听来，也是真知识。倘自己对于冷热的经验丝毫没有，那末，这些知识虽是学而时习之，背得熟透了，也是于他无关的伪知识。

知识的一部分是藏在文字里，我们的问题又成为：“什么文字是真知识？什么文字是伪知识？”经验比如准备金，文字比如钞票。钞票是准备金的代表，好一比文字是经验的代表。银行要想正经生意必须根据准备金去发行钞票，钞票是不可滥发的。学者不愿自欺欺人，必须根据经验去发表文字。文字是不可滥写的。滥发钞票，钞票便不值钱；滥写文字，文字也不值钱。欧战后，德国马克一落千丈，当时有句笑话，说是“请得一席客，汽车载马克”。这句话的意思是马克纸币价格跌的太低，寻常请一席酒要用汽车装马克去付账。这是德国不根据准备金而滥发纸币之过。滥发钞票，则虽名为钞票，几是假钞票。吾国文人写出了汗牛充栋的文字，青年学子把他们在脑袋子里都装满了，拿出来，换不得一肚饱。这些文字和德国纸马克是一样的不值钱，因为他们是在经验以外滥发的文字，是不值钱的伪知识。

我国先秦诸子如老子、孔子、孟子、庄子、墨子、杨子、荀子等都能凭着自己的经验发表文字，故有独到的议论。他们好比是根据自己的准备金发可靠的钞票。孔子很谦虚，只说“述而不作，信而好古”，自居为根据古人的准备金为古人清理钞票；他只承认删诗书，定礼乐，为取缔滥发钞票的工作。孟子虽是孔家的忠实行员，但心眼稍窄，只许孔家一家银行存在，拼命的要打倒杨家、墨家的钞票。汉朝以后，学者多数靠着孔子的信用，继续不断的滥发钞票，甚至于又以所滥发的钞票做准备库，滥上加滥的发个不已，以至于汗牛充栋。韩文公[①]的脾气有些像孟子，他眼看佛家银行渐渐的兴旺，气愤不过，恨不得要拼命将他封闭，把佛家银行的行员杀得干干净净。他至今享了“文起八代之衰”的盛名，但据我看来，所谓“文起八代之衰”只是把孔家银行历代经理所滥发的钞票换些新票而已，他又乘换印新票的时候顺带滥发了些新钞票。程、朱、陆、王纵有许多贡献及不同的地方，但是他们四个人大部分的工作还是根据孔、孟合办银行的招牌，和从前滥发的钞票去滥发钞票。他们此时正与佛家银行做点汇兑，所以又根据佛家银行的钞票，去滥发了些钞票。颜习斋[②]看不过眼，谨慎的守着孔家银行的准备库，一方面大声疾呼的要严格按着准备金额发行钞票，一方面要感化佛家银行行员使他无形解体。他是孔家银行里一位

① 即韩愈。
② 即颜元。

最忠实的行员，可是他所谨守的金库里面有许多金子已经上锈了。等到八股①发达到极点，朱注的“四书”② 被拥护上天的时候，全国的人乃是以朱子所发的钞票当为准备金而大滥特滥的去发钞票了。至此，中国的知识真正濒于破产了。吴稚晖先生劝胡适之先生不要迷信整理国故，自有道理。但我觉得整理国故如同清理银行账目一样，是有他的位置的。我们希望整理国故的先生们经过很缜密的工作之后，能够给我们一本报告，使我们知道国故银行究有几多准备金，究能发行多少钞票，那些钞票是滥发的。不过他们要谨慎些，千万不可一踏进银行门，也去滥发钞票。如果这样，那这笔账更要糊涂了。总括一句：只有从经验里发生出来的文字才是真的文字知识，凡不是从经验里发生出来的文字都是伪的文字知识。伪的文字知识比没有准备金的钞票还要害人，还要不值钱。

伪的知识、伪的文字知识既是害人又不值钱，那末，他如何能够存在呢？产生伪知识的人，应当连饭都弄不到吃，他们又如何能成阶级呢？伪知识和伪钞票一样，必须得到特殊势力之保障拥护才能存在。“伪知识”阶级是特殊势力造成的，这特殊势力在中国便是皇帝。

创业的皇帝大都是天才。天才忌天才是很自然的一件事。天下最厉害的无过于天才得了真知识。如果政治的天才从经验上得了关于政治的真知灼见，谁的江山也坐不稳。做皇帝的人，特别是创业之主，是十分明了此中关系的，并且是一百分的不愿意把江山给人夺去。他要把江山当作子孙万世之业，必得要收拾这些天才。收拾的法子是使天才离开真知识去取伪知识。天才如何就他的范围、进他的圈套呢？说来倒很简单。皇帝引诱天才进伪知识的圈套有几个法子。一、照他的意旨在伪知识上用功，便有吃好饭的希望。俗话说“只有穷秀才，没有穷举人”，伪知识的功夫做得愈高愈深，便愈能解决吃饭问题。二、照他的意旨在伪知识上用功，便有做大官的希望。世上之安富尊荣，尽他享受。中了状元还可以做驸马爷，娶皇帝的女儿为妻。穿破布烂棉花去赴朝考的人，个个都有衣锦回乡的可

---

① 明清科举考试制度所规定的文体。

② 指朱熹所注的《四书章句集注》。朱熹在书中按其唯心主义理学的观点，对四书作了系统的注释。宋以后被历代封建统治者规定为必读的教科书。

能。三、照他的意旨在伪知识上用功，便有荣宗耀祖的希望。这样一来，全家全族的人都在那儿拿着鞭子代皇帝使劲赶他进圈套了。倘使他没有旅费，亲族必定要为他凑个会，或是借钱给他去应试。倘使他不去，又必定要用“不长进”一类的话来羞辱他，使他觉得不去应试是可耻的。全家全族的力量都做皇帝的后盾，把天才的儿孙像赶驴子样一个个的赶进皇帝的圈套，天下的天才乃没有能幸免的了。

“伪知识”阶级不是少数人可以组织成功的。有了皇帝做大批的收买，全社会做这大批生意的买办，个人为名利权位所诱而不能抵抗出卖，“伪知识”阶级乃完全告成。依皇帝的目光看来，这便是“天下英雄，尽入我彀中”。雄才大略的帝王个个有此野心，不过唐太宗口快，无意中把他说破罢了。最可叹的是皇帝手段太辣：一方面是积极的推重伪知识，所谓“满朝朱紫贵，尽是读书人”一类的话，连小孩都背熟了；一方面是消极的贱视伪知识以外的人，所谓“万般皆下品，惟有读书高”，又是从娘胎里就受迷的。所以不但政治天才入了彀，七十二行，行行的天才都入了他的圈套了。天才是遗传的，有其父必有其子。老子进了圈套，儿子、孙子都不得不进圈套。只要“书香之家”四个大字，便可把全家世世代代的天才圈入“伪知识”阶级。等到八股取士的制度开始，“伪知识”阶级的形成乃更进一步。以前帝王所收买的知识还夹了几分真，等到八股发明以后，全国士人三更灯火五更鸡去钻取的知识，乃是彻底不值钱的伪知识了。这种知识除了帝王别有用意之外，再也没有一人肯用钱买的了；就是帝王买去也是丝毫无用，也是一堆一堆的烧去不要的。帝王是醉翁之意不在酒，他那里是收买伪知识，他只是用名利、权位的手段引诱全国天才进入“伪知识”的圈套，成为废人，不能与他的儿孙争雄罢了。

这些废人只是为“惜字炉”继续不断的制造燃料，他们对于知识的全体是毫无贡献的。从大的方面看，他们是居于必败之地。但从他们个人方面看，却也有幸而成的与不幸而败的之分别。他们成则为达官贵人，败则为土豪、劣绅、讼棍、刀笔吏、教书先生。最可痛心的，就是这些废人应考不中，只有做土豪、劣绅、讼棍、刀笔吏、教书先生的几条出路。他们没有真本领赚饭吃，只得拿假知识去抢饭吃，骗饭吃。土豪、劣绅、讼棍、刀笔吏之害人，我们是容易知道的；教书先生之害人更广、更深、更切。我们是不知道的。教书先生直接为父兄教子弟，间接就是代帝王训练“伪知识”阶级。他们的知识，出卖给别人吧，嫌他太假；出卖给皇帝吧，又嫌他假得不彻底。不得已，只好拿来哄骗小孩子。这样一来，非同小可，大书呆子教小书呆子，几乎把全国中才以上的人都变成书呆子了，都勾引进伪知识阶级了。伪知识阶级的势力于是乎雄厚，于是乎牢不可破，于是乎继长增高，层出无穷。

皇帝与民争，用伪知识来消磨民间的天才，确是一个很妙的计策。等到民间的天才消磨已尽，忽然发生了国与国争，以伪知识的国与真知识的国抗衡，好一比是拿鸡蛋碰石头，那有不破碎的道理！鸦片之战，英法联军之战，甲午之战，没有一次幸免，皇帝及大臣才明白伪知识靠不住。于是废八股，兴学堂，这未始不是一个转机。但是政权都操在“伪知识”阶级手中，他们那会培养真知识？他们走不得几步路，就把狐狸尾巴拖出来了。他们自作聪明的把外国的教育制度整个的抄了一个来。他们曾用眼睛、耳朵、笔从外国贩来了些与国情接不上的伪知识。他们把书院变成学堂，把山长改为堂长[①]。“四书”用不着了，一律换为各种科学的教科书。标本、仪器很好看，姑且拣那最好看的买他一套，在玻璃柜里陈列着，可以给客人参观参观。射箭很不时髦，要讲尚武精神，自须学习兵操。好，他们很信他们的木头枪真能捍国卫民咧！这就算是变法！这就算是维新！这就算是自强！一般社会对于这些换汤不换药的学堂却是大惊小怪，称他们为洋学堂，又称学堂里的学生为洋学生。办学的苦于得不到学生，于是除供饭食发零用外，还是依旧的按着学堂等级给功名：小学堂毕业给秀才；中学堂毕业给贡生；高等学堂毕业给举人；大学堂学生给进士；外国留学回来的，赴朝考及第给翰林点状元。社会就称他们为洋秀才、洋贡生、洋举人、洋进士、洋翰林、洋状元。后来废除功名，改称学士、硕士、博士等名目，社会莫名其妙了。得到这些头衔的人还是仍旧用旧功名

① 元代书院设山长，除讲学之外，并总领院务。清乾隆时改名院长，清末仍名山长。堂长，清末创设各级各类学堂后，设堂长总理校务、教务。

翻译新功名，说是学士等于秀才，硕士等于举人，博士等于翰林，第一名的博士便是从前的状元。说的人自以为得意，听的人由羡慕而称道不止，其实这还不是穿洋装的老八股吗？穿洋装的老八股就是洋八股。老八股好比是根据本国钞票发行的钞票，洋八股好比是根据外国钞票去发行的钞票，他们都是没有准备金的假钞票。洋八股和老八股虽有新旧之不同，但同不是从经验里发生的真知识，同是不值钱的伪知识。从中国现在的情形看来，科学与玄学[①]之争，只可说是洋八股与老八股之争。书本的科学，陈列的实验，岂能当科学实验之名？他和老八股是同样无用的东西。请看三十年来的科学，发明在哪里？制造在哪里？科学客倒遇见不少，真正的科学家在哪里？青年的学子：书本的科学是洋版的八股，在讲堂上高谈阔论的科学客，与蒙童馆里的冬烘先生[②]是同胞兄弟，别给他们骗走了啊！

所以中国是有“伪知识”阶级。构成中国之伪知识阶级有两种成分：一是老八股派，二是洋八股派。这个阶级既靠伪知识骗饭吃，不靠真本领赚饭吃，便没有存在的理由。

这个阶级在中国现状之下已经是山穷水尽了。收买伪知识的帝王已经消灭，再也找不出第二个特殊势力能养这许多无聊的人。但因为惰性关系，青年们还是整千整万的向着这条死路出发，他们的亲友仍旧是拿着鞭儿在后面使劲的赶。可怜得很，这些青年个个弄得焦头烂额，等到觉悟回来，不能抢饭的便须讨饭。伪知识阶级的末路已经是很明显了，还用得着打倒吗？又值得拥护吗？

但是一班狡猾的“伪知识”者找着一个护身符，这护身符便是“读书”两个字。他们向我们反驳说：“书也不应当读了吗？”社会不明白他们葫芦里卖的是什么药，也就随声附和的说：“是啊！书何能不读呢！”于是“读书不忘救国，救国不忘读书”，便成了保障伪知识阶级的盾牌。所以不把读书这两个字说破，伪知识阶级的微生物便能在里面苟延残喘。我们应

---

① 指魏晋时期主要的哲学思潮。它以宣传《老子》的“玄而又玄，众妙之门”而得名。玄学主张“以无为本”，认为世界的本原是“无”，万事万物都是“无”所派生的，宣扬“无为而治”。

② 指思想迂腐、学识浅陋的教师。

当明白，书只是一种工具，和锯子、锄头是一样的性质，都是给人用的。我们与其说“读书”，不如说“用书”。书里有真知识和伪知识，读他一辈子，不能辨别他的真伪；可是用他一下，书的本来面目便显了出来，真的便用得出去，伪的便用不出去。也如同真的锯子才能锯木头，真的锄头才能锄泥土，假的锯子、锄头一用到木头、泥土上去就知道他不行了。所以提到书便应说“用书”，不应说“读书”，那“伪知识”阶级便没得地方躲了。与“读书”联成一气的有“读书人”一个名词。这个名词，更要不得。假使书是应当读的，便应使人人有书读。决不能单使一部分的人有书读，叫做读书人；又一部分的人无书读，叫做不读书人。比如饭是应当吃的，应使人人有饭吃。决不能使一部分的人有饭吃，叫做吃饭的人；又一部分的人无饭吃，叫做不吃饭的人。从另一方面看，只知道吃饭，不成饭桶了吗？只知道读书，不成为有脚可以走路的活书架子了吗？我们为避免堕入伪知识阶级的诡计起见，主张用书不主张读书。农人要用书，工人要用书，商人要用书，兵士要用书，医生要用书，律师要用书，画家要用书，教师要用书，音乐家要用书，戏剧家要用书，三百六十行，行行都要用书。行行都成了用书的人，真知识才愈益普及，愈能发现了。书是三百六十行的公物，不是读书人所能据为私有的。等到三百六十行都是用书人，读书的专利营业便完全打破，读书人除非改行，便不能混饭吃了。这个日子已经来到，大家还不觉悟，只有死路一条。凡受过中国新旧教育的人，都免不了有些“伪知识”的成分和倾向。为今之计，我们应当痛下四个决心：

一、从今以后，我们应当放弃一切固有的伪知识；

二、从今以后，我们应当拒绝承受一切新来的伪知识；

三、从今以后，我们应当制止自己不要再把伪知识传与后辈；

四、从今以后，我们应当陪着后起的青年共同努力去探真知识的泉源。

最后，我要郑重的说：二十世纪以后的世界，属于努力探获真知识的民族。凡是崇拜伪知识的民族，都要渐就衰弱以至于灭亡。三百六十行中决没有教书匠、读书人的地位，东西两半球上面也没有中华书呆国的立足点。我们个人与民族的生存都要以真知识为基础。伪知识是流沙，千万不可在他上面流连忘返。早一点觉悟，便是早一点离开死路，也就是早一点走向生路。这种生死关头，十分显明，绝无徘徊迟疑之余地。起个取真去伪的念头，是走向生路的第一步。明白伪知识的买主已经死了永不复生并且绝了种，是走向生路的第二步。以做“读书”人或“读书”先生为最可耻，是走向生路的第三步。凡事手到心到——在劳力上劳心，便是骑着千里驹在生路上飞跑了。

本篇导读（徐莹晖）

本篇的最后两段曾以《读书人》为题刊载于1928年1月31日《乡教丛讯》第2卷第2期。

这是陶行知从认识论的角度来谈论的知行关系，分析了真伪知识的根本区别、“伪知识”阶级的形成原因及其危害，是对传统教育的批判和改造。

陶行知认为知识有真伪之分。“思想与行为结合而产生的知识是真知识”，反之就是伪知识。获得真知识有两种途径：一种来自于自己的行动，另一种是以自己的经验作根，连接他人的经验使之成为自己的真知。所以，真知识的根安在经验里，但并不否定他人经验，只是必须以从自己的经验里发生的知识为基础。真知识可以通过文字的形式表现出来，这样文字也有真伪，他用准备金和钞票的关系作比喻，来说明只有从经验里发生出来的文字才是真的文字知识，反之就是伪的。陶行知分析在中国生产“伪知识”的人得到特殊势力——皇帝的保护并以阶级的形式存在，这个阶级从封建时代到近代由老八股和洋八股共同构成，他们滥发文字，不仅毫无益处，更是祸国殃民。随着帝制被推翻，“伪知识”阶级并没有随之消亡，而是以“读书”的名义依旧存在。由此，陶行知提出只有明确书本只是人生的工具之一，读书不如说是用书，“伪知识”阶级才能无所遁形。个人和民族要想求生存和发展，必须以行动为先，在劳力上劳心，去获取真知识。

湘湖教学做讨论会记[①]

——罗谦笔记

问："道尔顿制"[②] 与教学做合一之异同如何？——唐文粹

答：按"道尔顿制"，学生有一个时间的预算，依着进程表工作，不过它太看重了书本！它每门功课，都有实验室，其实只是图书室。在里面，学生根据先生做好的问题，各人按照各人程度去找答案。它的好处，便是能够按照各人的程度工作——聪明一点的可以做得快些，愚笨一点的可以做得慢些。所以在这制度下的学生比较旧式学校里要自由的多。可惜它太看重了书本，而且须初中以上的程度才能行。

"教学做合一"是以生活为中心——怎样做，就怎样学；怎样学，就怎样教。所有的问题，都是从生活中发生出来的。从生活中发生出来的困难和疑问，才是实际的问题；用这种实际的问题来求解决，才是实际的学

① 本篇是1928年10月10日、11日，陶行知对湘湖师范全体师生参加的教学做讨论会上提出的问题的回答。

② 即1920年由美国教育家柏克赫斯特在马萨诸塞州道尔顿中学所创行的一种教学组织形式和方法。

问。它的实验室是大自然和大社会，不像“道尔顿制”那样专在书本上做工夫了。虽然书中也有一部分可以解决生活问题，不过书仅能用为生活的工具罢了。

问：什么是“教学做合一”？——叶纶恕

答：教学做合一有两种涵义：一是方法，二是生活的说明。

在方法方面，它主张教的法子根据学的法子，学的法子根据做的法子。不然，便要学非所用，用非所学了。

在又一方面，它是生活的说明：在做上教的是先生，在做上学的是学生。从先生对学生的关系说，做便是教；从学生对先生的关系说，做便是学。先生拿做来教，乃是真教；学生拿做来学，乃是实学。不在做上用工夫，教不成教，学也不成学。一个活动对事说是做，对己说是学，对人说是教。我们不能说种稻是做，看书是学，讲解是教。为种稻而讲解，讲解也是做；为种稻而看书，看书也是做。

例如烧饭是做，烧了一次饭得到一种经验而进步便是学；你的进步影响到别人，使得别人也进步，便是教。

又例如孙中山先生革命，也是教学做合一的。先生领导同志革命是做；愈革愈进步，像组织兴中会①，改组同盟会②，民国成立，改组国民党，后又改为中华革命党，以至于十三年改组的中国国民党，这便是学；他一面革命，一面人家受了他的影响，也同起而参加革命，这不是教吗？

西洋教育最好的是“研究所”和小学，其余的中大学都不大好。我有一次在美国参观一所研究所，觉得它的办法的确是教学做合一。一个六七十岁的老先生，带着几位助理，就是徒弟，在那儿共同研究。他自己研究蚊虫——看它是怎样产生，什么方法才能灭它，这便是做。他愈研究愈进步便是学。徒弟在旁边有研究蛇的，也有研究苍蝇的，都受他的影响而进步，便是教了。

连上海的绑匪，也是教学做合一。不然，一定利市没有发，包管被人

① 中国最早的革命团体。1894 年 11 月孙中山在檀香山创立，次年设总会于香港。

② 即中国革命同盟会，中国资产阶级革命政党。1905 年 8 月在日本东京成立。它以孙中山领导的兴中会为基础，与华兴会、光复会等团体联合组成。

捉了！冯玉祥练兵也是教学做合一的。他的军队之好连张作霖也承认。所以最好的教育，要想它有效，须是教学做合一；最坏的训练，要想它有效，也要教学做合一。教学做合一，是最有效力的法子。不过教学做合一，有死的教学做，有活的教学做。比方从前用嘴舌为教，用耳目为学，用手为做，那便是机械了，把教学做三个字都看死了。我们的耳、目、口、舌、四肢百体，统统是脑筋发号施令的器官。做一事，用得着什么器官，便用什么器官，这才是把做字看活呢！

有有意义的做与无意义的做。

人家怎样做，我也怎样做，而不求其所以然，便是无意义的做。在劳力上劳心，手到心到才是有意义的做。比方烧饭，便要用心想："如何使饭烧得好?""如何用烧饭的书，用别人烧饭的经验，使自己所烧的饭，既合口味，又合卫生?"这样烧饭才算是有意义的。

做有意义，即学有意义，教有意义。

做什么事，便看什么书，问什么人，用什么工具，那末才做得好，学得好，教得好。不然，"饱食终日，无所用心，难矣哉"！

问：教学做的目的是什么？——翁衍桢

答：教育的目的要先看所教的是什么人。各校有各校特殊的目的。像我们乡村师范学校，总目标是：培养乡村人民儿童所敬爱的导师。从总目标又析为五个分目标，如下图：

培养乡村人民儿童所敬爱的导师
- 康健的体魄
- 农人的身手
- 科学的头脑
- 艺术的兴味
- 改造社会的精神

问：社会改造教学做宜如何去干？——翁衍桢

答：我们是培养小学教员，便以小学教员对于社会改造来做例子。大凡小学教员，没有改造社会的精神，便是很枯燥无味的。乡村教师与未来的乡村教师，心里都应当有一个“理想的社会”。比方这里定山已是一个社会，我们要把这个原有社会的恶习惯、坏事情，统统把它革除，把我们心中理想的新社会实现出来。虽然时间不许我立刻完全成功，但是我们干一段去了，可以把未完工作交给第二届同学，以至于第三届、第四届、第十届……同学去干。不过这里建设好了，对于你们将来出去做教员有什么关系呢？因为“以一知万”或“一隅三反”——定山会改造了，别处也就可以推想了。

教员的天职是变化，自化化人。虽然不容易学孙悟空的七十二变，但是至少要看重变化。普通许多做教员的，都是不得已而为之，这种心思我们应该着实革除！无论什么人，一说到当教员，必得有个理想的社会悬在心中。国民党员做教员的时候自然抱着三民主义的理想社会，去努力做下层建设的工作。假使他是个无政府党员，他便以一种无政府社会理想做根据，想以教育的力量来替代政府。我们对于自然的环境和人为的环境，都该要有理想的安排。教育是实现理想社会的历程，假使理想社会里有不好的东西，我们就要运用教育力量去变化它。至于优良的，虽在这社会之外，也要把它吸进来。

问：小学教员一个人单枪匹马，那里有闲工夫去干社会工作？——项采林

答：小学教员是不是一个人？学校中许多小学生都是我们的小同志；而且来往的成人，个个都能受我们的同化。比方叫孙中山先生来做小学教员，那他一定把许多小学生都变成小革命党了。小学生中大的能教小的，智的能教愚的。成人的朋友们也可一面感化一面协力去干的。穷乡僻壤的小学教师，决不是唱独角戏。

问：赵叔愚先生对于农民的训练——（一）基本的训练，（二）生产的训练，（三）政治的训练，应否同时并进，或那一步先干？——徐耀士

答：这个问题要看社会的情形而转移：或先干基本训练，或先干政治或生产，或同时并进都可。总之要看地方情形，那一种容易着手，就先干那一种。

我们干民众训练，一时不能达到，万不可性急！性急了，非但精神上

感觉很大的痛苦，而且事实上要发生障碍。要把我们理想的社会，慢慢一步步地进行。赵叔愚先生的农民训练，是整个的；要想训练整个的国民，就非整个的训练不可！①

问：照先生的《“伪知识”阶级》一篇看，或许是不要文章了？其于发表理论何？——罗谦

答：要发表理论，便要文章来做工具。你们的日记，便是学做文章的一个最好方法。日记是我们一天心灵的写真。每天不同的生活要我们写出来，我们要应付这种要求，便自然的产生出活的文章。我们做小学教员的人，将来是要做些儿童文学给儿童看，做些民众文学给民众看，都是要此时练习成功的。所以每天日记，要把亲耳所听、亲目所见、亲手所做的发表出来。每天的生活不同，就能够使每天的文字不同。要有活的日记，就要有活的文字记载。进步一定比以前死的“作文”当然好得多。

问：“书本”是人生工具的一种，我们生在世上，就随时随地要用工具。我们要工作就要有工具的准备。要有好的工作，就要有好的工具，所谓“工欲善其事，必先利其器”。那末书是准备做的利器，何等重要啦！为什么又有人说读书的人叫“书呆子”？这样势必使人都不读书而后快。到底如何？请陶先生释疑。——徐耀士

答：书呆子就是读书没有目的的人。我平时尽力劝人不要做书呆子。书是一种工具，只能用，不可读。比如筷子是吃饭的工具，假使我们对于筷子，不晓得拿来用，却对着它“筷子，筷子”的念，那不是“筷呆子”了吗？

从前有二句诗说：“万般皆下品，惟有读书高。”又说：“满朝朱紫贵，尽是读书人。”假使书是应当读的，便应使人人有书读；决不能单使一部分的人有书读，叫做“读书人”，又一部分的人无书读，叫做“不读书人”。比如饭是应当吃的，便应使人人有饭吃；决不能使一部分的人有饭吃，叫做吃饭的人，又一部分的人无饭吃，叫做不吃饭的人。只知读书不会做别的事，便是书呆子，书呆子和只会吃饭的饭桶一个样子。

---

① 方与严补充。

问：何谓真知识，何谓伪知识？——黄上青

答：真知识是思想与行为结合而产生的知识，真知识是安根在经验里的。从经验里发芽长叶、开花结实的是真知灼见。

伪知识可分二种：

一、根本上错误的，不符事实。

二、强不知以为知，实在不知。人家告诉他，可是他自己一点经验没有，对于别人所说的话并不了解，这也是虚伪的知识。

可是真知识还有可以同接树枝一样接上的。人家的真知识，接在我们素有的经验上，也可变为自己的真知识，若自己一些经验没有，就是他人有真的知识也接不上去。

书本上的知识有一部分是真的，有一部分是伪的。文字好像是钞票，没有经验而发表的文字，好比是没有准备金的钞票。伪钞票不值一文钱。从前的八股文百分之九十九是伪的，现代的“洋八股”也是伪的！

问：教学做合一与设计教学法[①]之异同如何？——毛守诚

答：设计教学法比“道尔顿制”好些。就精神说，它与教学做合一的道理也很相近。但既称为教学，往往把做字忘掉，便与教学做合一不符。行这个方法的学校，往往从先生脑袋里设出计划来，也有时与学生的生活渺不相关。教学做合一乃是生活法。有意义的生活自必有计划。但是，教的计划是根据学的计划，学的计划是根据做的计划。设计是为生活。设计教学做是生活法的一部分。

问：为什么天天要自己干扫地、抹桌、烧饭等工作？——黄上青

答：烧饭是一种美术的生活。做一桩事情，画幅图画，写一张字，如能自慰慰人，就叫做美。一餐饭烧得好，能使自家吃得愉快舒服，也能够使人家愉快舒服，岂不是一种艺术吗？今夏冯玉祥氏曾来我们晓庄学校参观，他看了我们那校里烧饭都是同学和指导员自己一起烧的，他马上打电报给总司令部：官兵一律自己烧饭，不用伙夫。后来他说：“第二集团军

---

① 美国教育家克伯屈于1918年所创的一种教学法。20世纪20—30年代，设计教学法曾在中国一些小学中流行。1932年夏，陶行知写了一首题为《两位先生的对话》的诗，对这一教学法表示异议。

从此每月可省好多万元，而于战斗力也无损失。”

扫地抹桌，是养成扫除肮脏的习惯。我们还可以把扫地抹桌的魄力，推出去扫除全国的、全世界上的一切的肮脏东西！我们要能随时随地见肮脏就除，见污秽就扫，必使家庭无肮脏，社会无肮脏，国家无肮脏，世界无肮脏而后已。

问：教学做合一是要做什么事才去看什么书，请教什么人。似此，则事实与时间上往往发生因应不能裕如的困境，而绝端犯了“临渴掘井”“临时抱佛脚”的弊病！未稔何以教之？——徐德春

答：“临时抱佛脚”是可耻的。临渴而能掘井，才算那人还不致去讨水或偷水喝，尚不无创造的精神！但是我们凡做一事，须要立定先后缓急的计划，准备充分可用的工具，才能应付裕如。倘使我们按照需要的生活历程去预定计划，自然没有“临渴掘井”的弊病了。

答操震球三问[①]

教学做合一

问：小孩子在“做”上，我只见他学，却不见他教，此处只有学做合一，没有教学做合一，对不对？

答：这孩子如果是鲁滨孙枯路梭[②]，那便只有学做合一，没有教学做合一。实际上却没有这样的孩子。他是个孩中孩，他的一举一动都免不了要影响别的小孩子。关心儿童教育的父母往往对子女说：“你不要和那个孩子玩，别给他带坏了。”这就是小孩教小孩。小孩是怎样教别的小孩呢？他在做上教。他一面做，一面学，一面教。他的教育力量有时比教师大得多。所以好父母、好教师都要为儿童择友，运用小孩教小孩。不但如此，小孩也能教成人。小孩的一举一动也影响到成人。成人无论“石化”到如何程度，除非是进了棺材都是免不了要受儿童的影响的。最能感受儿童影响的是老年人。老年人常于小孩接近，便要成为“老有童心”。六十岁的

① 《教学做合一》原收入 1928 年 4 月《中国教育改造》，《生活即教育》、《社会即学校》原载于 1930 年 2 月 1 日《乡村教师》创刊号，署名“操震球问，陶知行答”。

② 通译作鲁滨孙。

小孩，便是这样造成的。小孩不但教小孩，并且可以教成人。不愿拜小孩子做先生的人，不配做小孩子的先生。所以小孩子也是教学做合一。教学做合一是全人类教育历程之真相，无论男女老幼，丝毫没有例外。只有飘流荒岛的鲁滨孙可以跳出教学做合一的法掌。

生活即教育

问：为什么要主张“生活即教育”，反对“教育即生活”？

答：教育可说是书本的，与生活隔绝的，其力量极小。拿全部生活去做教育的对象，然后教育的力量才能伟大，方不致于褊狭。我们要拿好的生活去改造不好的生活，拿整个的生活去解放褊狭的生活。

“教育即生活”是拿教育做生活，好教育固然是好生活，八股的教育也就造成八股的生活。“生活即教育”根本上可以免除这种毛病，虽然它的流弊也有拿坏生活作教育的，但就教育立场说，其效力仍是极大的。

“生活即教育”，教育极其广阔自由，如同一个鸟放在林子里面的；“教育即生活”，将教育和生活关在学校大门里，如同一个鸟关在笼子里的。

“生活即教育”，是承认一切非正式的东西都在教育范围以内，这是极有力量的。譬如与农民做朋友，是极好的教育，平常都被摈弃在课程以外。其他有效的东西，也是如此。当然，生活中一部分是有目的的，就是有目的的教育；一部分是合理的，就是合理的教育。

“生活即教育”，是叫教育从书本的到人生的，从狭隘的到广阔的，从字面的到手脑相长的，从耳目的到身心全顾的。

社会即学校

问：为什么要主张“社会即学校”，反对“学校即社会”？

答：我们主张“社会即学校”，是因为在“学校即社会”的主张下，学校里面的东西太少，不如反过来主张“社会即学校”，教育的材料，教育的方法，教育的工具，教育的环境，都可以大大增加，学生、先生也可以更多起来。因为在这样办法下，不论校内校外的人，都可以做师生的。

“学校即社会”，一切都减少，校外有经验的农夫，就没有人愿去领教；校内有价值的活动，外人也不得受益。

问：如上所言，坏的社会也可以做学校吗？

答：坏的社会，我们也要认识，也要有所准备，才能生出抵抗力，否则一入社会，便现出手慌足乱的情状来。

晓庄三岁敬告同志书[1]

今日是何日？
当念三年前。
愿从今日起，
更结万年缘。

三年前的今日，老山下的小庄[2]出了一桩奇事。他们是来扫墓吗？香烛在哪儿！强盗来分赃吗？如何这样客气！他们是开学哟。开学？学堂在那儿!？连燕子都不肯飞来的地方，忽然这样热闹，奇怪得很！

不错，我们是来开学。说得更切些，我们是来开工。还不如说，我们是在这儿来开始生活。“从野人生活出发，向极乐世界探寻”，是我们今天所立的宏愿。学堂是有的，不过和别的学堂不同。他头上顶着青天，脚下踏着大地，东南西北是他的围墙，大千世界是他的课室，万物变化是他的

① 本篇原载于1930年3月15日《乡村教师》第7期。

② 陶行知于1927年3月15日，在老山小庄（村）创办晓庄学校。后将“老山”改为“劳山”，“小庄”改为“晓庄”。陶行知在本文《劳山歌》中表达了他更名的思想。

教科书，太阳月亮照耀他工作，一切人，老的、壮的、少的、幼的、男的、女的都是他的先生，也都是他的学生。晓庄生来就是这样的一副气骨。

到了今天，已经是三周年了。说到可以看见的成绩，真是微乎其微。他所有的茅草屋，稍微有点财力的人，只要两个月就可以造得成功。一阵野火，半天便可以把他们烧得干干净净。至于每个同志之所有，除了一颗血红的心和一些破布烂棉花的行李之外，还有什么可说？然而晓庄毕竟有那野火烧不尽的东西。这些东西的价值，也许只等于穷人家在天寒地冻时之破布烂棉花，也许就是因为这些破布烂棉花的力量，那血红的心才能继续不断的跳动，那怀抱着这血红的心的生命便能生生不已。我现在所高兴说的就是这些东西。

晓庄是从爱里产生出来的。没有爱便没有晓庄。因为他爱人类，所以他爱人类中最多数而最不幸之中华民族；因为他爱中华民族，所以他爱中华民族中最多数而最不幸之农人。他爱农人只是从农人出发，从最多数最不幸的出发，他的目光，没有一刻不注意到中华民族和人类的全体。在吉祥学园①里写了两句话："捧着一颗心来；不带半根草去。"晓庄是从这样的爱心里出来的。晓庄可毁，爱不可灭。晓庄一天有这爱，则晓庄一天不可毁。倘使这爱没有了，则虽称为晓庄，其实不是晓庄。爱之所在即晓庄之所在。一个乡村小学里的教师有了这爱，便是一个晓庄；一百万个乡村小学里的教师有了这爱，便是一百万个晓庄。虽是名字不叫晓庄，实在是真正的晓庄了。

晓庄三年来的历史，就是这颗爱心之历史——这颗爱心要求实现之历史。有了爱便不得不去找路线，寻方法，造工具，使这爱可以流露出去完成他的使命。流露的时候，遇着阻力便不得不奋斗——与土豪劣绅奋斗，与外力压迫奋斗，与传统教育奋斗，与农人封建思想奋斗，与自己带来之伪知识奋斗。这奋斗之历史，也就是这颗爱心之历史。晓庄没有爱便不能

---

① 原名晓庄师范吉祥庵中心小学，创建于1928年春。后因晓庄师范各中心小学扩大，故将中心小学更名为学院。1930年又改"学院"为"学园"，其意为培养人才幼苗之园地。

奋斗，不能破坏，不能建设，不能创造。个人没有爱，便没有意义，即使在晓庄，也不见得有贡献。所以晓庄和各个同志的总贡献——破坏与创造——如果有的话，都是从爱里流露出来的。晓庄生于爱，亦惟有凭着爱的力量才能生生不已咧。

我们最初拿到晓庄来试验的要算是教学做合一的理论了。当初的方式很简单。它的系统也就是在晓庄一面试验一面建设起来的。这个理论包括三方面：一是事怎样做便怎样学，怎样学便怎样教；二是对事说是做，对己说是学，对人说是教；三是教育不是教人，不是教人学，乃是教人学做事。无论那方面，“做”成了学的中心即成了教的中心。要想教得好，学得好，就须做得好。要想做得好，就须“在劳力上劳心”，以收手脑相长之效。这样一来，我们便与两种传统思想短兵相接了。一是孟子的“劳心者治人，劳力者治于人”的二元论。这种二元论在中国的力量是很大的。他在教育上的影响是：教劳心者不劳力；不教劳力者劳心。结果把中华民族划成两个阶级，并使科学的种子长不出来。二是先知后行的谬论。阳明①虽倡知行合一之说，无意中也流露出“知是行之始”之意见。东原②更进一步的主张“重行必先重知”。这种主张在中国教育上的影响极深。“知是行之始”一变而为“读书是行之始”，再变而为“听讲是行之始”。“重行必先重知”也有同样的流弊。请看今日学校里的现象，那一处不是这种谬论所形成。不入虎穴，焉得虎子。知识是要自己像开矿样去取来的。取便是行。中国学子被先知后行的学说所麻醉，习惯成了自然，平日不肯行，不敢行，终于不能行，也就一无所知。如果有所知，也不过是知人之所知，不是我之所谓知。教学做合一既以做为中心，便自然而然地把阳明、东原的见解颠倒过来，成为“行是知之始”，“重知必先重行”。我很诚恳的敬告全国的同志：“有行的勇气，才有知的收获。”先知后行学说的土壤里，长不出科学的树，开不出科学的花，结不出科学的果。

教学做合一的理论最初是应用在培养师资上面的。我们主张培养小学

---

① 即王守仁。

② 即戴震。

教师要在小学里做，小学里学，小学里教。这小学是培养小学教师的中心，也就是师范学校的中心，不是他的附属品，故不称他为附属小学而称他为中心小学。培养幼稚园教师的幼稚园和培养中学教师的中学，都是中心学校而不是附属学校。现在实行的学园制即是艺友制，每学园有导师、艺友及中心学校，更进一步求教学做合一的主张之贯彻。现今师范教育之传统观念是先理论而后实习，把一件事分作两截，好一比早上烧饭晚上请客。除非让客人吃冷饭，便须把饭重新烧过。教学做合一的中心学校就是要把理论与实习合为一炉而冶之。

教学做合一不是别的，是生活法，是实现生活教育之方法。当初，生活教育戴着一顶“教育即生活”的帽子。自从教学做合一的理论试行以后，渐渐的觉得“教育即生活”的理论行不通了。一年前我们便提出一个“生活即教育”的理论来替代。从此生活教育的内容方法便脉脉贯通了。

“生活即教育”怎样讲？是生活即是教育。是好生活即是好教育，是坏生活即是坏教育；有目的的生活即是有目的的教育，无目的的生活即是无目的的教育；有计划的生活即是有计划的教育，无计划的生活即是无计划的教育；合理的生活即是合理的教育，不合理的生活即是不合理的教育；日常的生活即是日常的教育；进步的生活即是进步的教育。依照生活教育的五大目标说来：康健的生活即是康健的教育；劳动的生活即是劳动的教育；科学的生活即是科学的教育；艺术的生活即是艺术的教育；改造社会的生活即是改造社会的教育。反过来说，嘴里念的是劳动教育的书，耳朵听的是劳动教育的演讲，而平日所过的是双料少爷的生活，在传统教育的看法不妨算他是受劳动教育，但在生活教育的看法则断断乎不能算他是受劳动教育。生活教育是运用生活的力量来改造生活，它要运用有目的有计划的生活来改造无目的无计划的生活。

生活教育既以生活做中心，立刻就与几种传统思想冲突。第一种传统思想与生活教育冲突的是文化教育。他以文化为中心。德国战前之教育即是以文化为中心。中国主张此说的也不少。依生活教育的见解，一切文化只是生活的工具。文化既是生活的工具，那能喧宾夺主而做教育的中心？第二种传统思想与生活教育冲突的是教、训分家。在现代中国学校里教、训分家是普遍的现象。教育好像是教人读书，训育好像是训练人做人或是做事；教育好像是培养知识，训育好像是训练品行；教育又好像是指所谓之课内活动，训育则好像是指所谓之课外活动。所以普通学校里，有一位教务主任专管教育；又有一位训育主任专管训育。某行政机关拟以智仁勇为训育方针，那末，教育方针又是什么呢？生活教育的要求是：整个的生活要有整个的教育。每个活动都要有目标，有计划，有方法，有工具，有指导，有考核。智识与品行分不开，思想与行为分不开，课内与课外分不开，做人做事与读书分不开，即教育与训育分不开。生活教育之下只有纵的分任，决无横的割裂。某人指导团体自治，某人指导康健是可以的。这是纵的分任。若是团体自治的智识是功课以内归教务主任管，团体自治的行为是功课以外归训育主任管，这就是生活的横的割裂，决说不过去。第三种传统思想与生活教育冲突的是教育等于读书。生活教育指示我们说：过什么生活用什么工具。书只是生活工具之一种，是要拿来活用的，不是拿来死读的。书既是用的，那末，过什么生活便用什么书。第四种传统思想与生活教育冲突的是学校自学校、社会自社会。从前学校门前挂着闲人莫入的虎头牌①以自绝于社会，不必说了，就是现在高谈学校社会化、或是社会学校化的地方，也往往漠不相关。生活即教育的理论一来，它立刻要求拆墙，拆去学校与社会中间之围墙，使我们可以达到亲民亲物的境界。不但如此，它要求把整个的社会或整个的乡村当作学校。与“生活即教育”蝉联而来的就是“社会即学校”。第五种传统思想与生活教育冲突的就是漠视切身的政治经济问题。我们既承认“社会即学校”，那末，社会的中心问题便成了学校的中心问题。这中心问题就是政治经济问题。我们最初定教育目标时对于政治经济即特别重视。赵院长②后来又作有力的宣言说：“生活教育是教人做工求知管政治。”江问渔先生近著《富教合一》和《政教合一》两篇文字，使生活教育之内容更为明显。我也作《富教合一后论》、《政教合一后论》、《政富合一论》，以尽量发挥三者之关

① 清代的衙门大门上都挂着虎头牌，上面写着禁止闲人擅入等字。这时的学校也仿效衙门，挂着闲人莫入的虎头牌。

② 即赵叔愚。

系，终于构成政富教合一理论之系统。晓庄所办之自卫团、妇女工学处，现在向省政府建议设置之试验乡以及十九年度计划中之生产事业，都是想把政治、经济、教育打成一片，做个政富教合一的小试验。政富教合一的根本观念是要将政富教三件事合而为一。如何使他们合起来？要叫他们在“遂民之欲达民之情”上合起来。现在这三件事的中间有很大的鸿沟。它的根本原因不外三种：一是富人拿政治与教育作工具以遂富人之欲而达富人之情；二是政客拿富人之力与教育作工具以遂政客之欲而达政客之情；三是不肯拿教育给富人和政客做工具的教师们存了超然的态度，不知教人民运用富力和政治力以遂民之欲达民之情。我们要知道等到富力成为民的富力，政治力成为民的政治力，然后生活才算是民的生活，教育才算是民的教育。在教育的立场上说，我们所负的使命：（一）是教民造富；（二）是教民均富；（三）是教民用富；（四）是教民知富；（五）是教民拿民权以遂民生而保民族。我们要教人知道，不做工的不配吃饭，更不配坐汽车。我们要教人知道“朱门酒肉臭，路有冻死骨”是最大的罪孽。我们要教人知道富力如同肥料，堆得太多了要把花草的生命烧死。我们要教人民造富的社会，不造富的个人。从农业文明进到工业文明，我们要教农民做机器的主人，不做机器的奴隶。这种主张，不消说，不但和“先富后教”、教育不管政治一类的传统思想冲突，凡是凭着特殊势力以压迫人民，致使民之欲不得遂、民之情不得达的，都是我们的公敌。

最后，晓庄是同志的结合，我不要忘记了叙述。晓庄的茅草屋一把野火可以烧得掉。晓庄的同志饿不散，冻不散，枪炮惊不散。我们是为着一个共同的使命来的。这使命便是教导乡下阿斗做中华民国的主人。要想负得起这个使命，便不能没有特殊的修养。这是我们自己勉励的几条方针：

（一）自立与互助

“滴自己的汗。吃自己的饭。自己的事自己干。靠人靠天靠祖上，不算是好汉。”这首《自立歌》，晓庄的人是没有不会唱的了。我们所求的自立，便是这首歌所指示的。但是自立不是孤高，不是自扫门前雪。我们不但是一个人，并且是一个人中人。人与人的关系是建筑在互助的友谊上。

凡是同志，都是朋友，便当互助。倘不互助，就不是朋友，便不是同志。我们唱一首互助歌罢：“小小的村庄，小小的学堂，小小的学生，个个是好汉。好汉！好汉！帮人家的忙。”

（二）平等与责任

在晓庄，凡是同志一律平等。共同立法的时候，师生工友都只有一权，违法时处分也不因人而异。我们以为，在同一的团体里要人共同守法，必须共同立法。但同志的法律地位虽平等，而责任则因职务而不同。职务按行政系统分配，各有各的职务，即各有各的责任。责任在指挥，当行指挥之权；责任在受指挥，应负受指挥之义务。

（三）自由与纪律

晓庄团体行动有一致遵守的纪律，五十岁以上及对本校学术有特殊贡献的人，得由本校赠与晓庄自由章，不受共同纪律之限制。但这些纪律的目的，无非也是增进团体生活的幸福，防止个人自由之冲突。晓庄毕竟不但是个“平等之乡”，而且是个“自由之园”。晓庄以同志的志愿为志愿，以同志的计划为计划，以同志的贡献为贡献。晓庄虽然希望每个同志对于共同的志愿、计划是要有些贡献，但是乡村教育的范围广漠无边，除非是身在乡下心在城里的人，总可以找出一两样符合自己的才能兴味。大部分的生活都是供大家自由的选择。学园的成立是由于园长选同志，同志选园长，格外合乎自由的意义。试验自由是各学园的础石。晓庄所要求于个人的只是每个人都要有计划，要按着自己的计划进行。至于什么计划，如何实现，都是个人的自由。在理想的社会里，凡是人的问题都可以自由的想，自由的谈，自由的试验。晓庄虽然没有达到这种境界，但愿意努力创造这样的一个社会。这里含蓄着进步的泉源，这里孕藏着人生的乐趣。乡下人的面包已经给人家夺去一半了，剩下这点不自由的自由是多么的尊贵哟！

（四）大同与大不同

这又是一对似乎矛盾而实相成的名词。我们试到一个花园里面去看一看：万紫千红，各有它的美丽；那构成花园的伟观的成分正是各种花草的大不同处。将这些大不同的花草分别栽种，使它们各得其所，及时发荣滋长，现出一种和谐的气象，令人一进门便感觉到生命的节奏：这便是大同之效。晓庄不是别的，只是一个“人园”，和花园有相类的意义。我们愿意在这里面的人都能各得其所，现出各人本来之美，以构成晓庄之美。如果要找一个人中模范教一切人都学成和他一样，无异于教桃花、榴花拜荷花做模范。我们当教师的实在需要园丁的智慧。晓庄不但是不要把个个学生造成一模一样，并且也不愿他们出去照样画葫芦。晓庄同志无论到什么地方去，如果只能办成晓庄一样的学校，便算本领没有学到家，便算失败。没有两个环境是相同的，怎能同样的办？晓庄同志要创造和晓庄大不同的学校才算是和晓庄同，才算是第一流的贡献，才算是有些成功。

同志们！记牢了我们的使命是教导乡下阿斗做中华民国的主人。乡下阿斗没有出头之先，我们休想出头。乡下阿斗没有享福之先，我们休想享福。我们若是赶在农人前面去出头享福，只此一念便是变相的土豪劣绅。与农人同甘苦，共休戚，才能得到光明，探出生路。我们大家唱首《劳山歌》，为中华民国的主人努力吧！

老山劳；
小庄晓：
俺锄头，
起来了。
老山劳；
小庄晓：
新时代，
推动了。

生活历

释义 生活历是一种生活日程，亦即实施生活教育之切要工具。人有定期生活与无定期生活。无定期者暂置勿论，其有定期者，自宜按期序别，组成系统，以为因时施教之依据。故生活历系有定期生活之系统，亦即有定期教育之系统。依生活历以办教育，则此历谓之教育历亦可，谓之生活教育历亦无不可。

定期生活复可区为定季、定日、定时数种。观日出，赏夕阳，定时之生活也。五月一日纪念劳工，十月十日纪念国庆，定日之生活也。栽树、养蚕、割稻、种麦，定季之生活也。生活历皆为之序列，使一切教、学、做有所遵循。

功用 古人为政，贵在不违农时，故颁历书。教人亦然。教当其时，则事半功倍；失其时，则事倍功半，或全失其效。故办学贵在不违人时。《泰山观日出》诗，宜于黎明时诵之；“夕阳无限好，只是近黄昏”之句，宜于黄昏前诵之。海宁①学生讲求潮水，宜于阴历八月十八日行之。五月

① 在浙江省北部，南临杭州湾。

一日与其放假，不如师生共做一日苦工，以明了工人之生活。十月十日与其放假，不如实行训练公民。欲使儿童明了电之性质作用，倘在一月十七日佛兰克林生日，或其他电气发明家生日，或在放纸鸢时节，或在雷电交作之日，或在此数日各教一部分，皆比在他日为更有效。他如栽树、养蚕、割稻、种麦，皆宜依节气办理，不可稍有疏忽，方能望其成功。现在一般学校所通用之学校历，只是何时招考，何时开学，何时考试，何时毕业，何时放假，为办学者一种备忘录而已，不足以当生活历之名。学校历之出发点，是学校行政，而非学生生活。惟其非由学生生活出发，故亦不能为学生生活之指针，甚而至于与学生生活渺无关系。此种学校之课程、教材、方法、设备，皆与生活疏隔，有时竟与生活矛盾。遇有定期生活，不是照样画葫芦而流于重复，即是茫无准备而将就过去；或一意孤行，宁牺牲生活，以谋办法之一致。某农校校章定星期二、四、六下午实习农事。割稻后久旱，一夜忽大雨，农人群相庆贺，以天降黄金喻之。次日，农人皆耕地，以为种麦之用。该校则以适值星期例假，师生皆不工作。明日为星期一，无农事实习课，又不工作。又明日为星期二，上午有他课，不能工作。俟下午下田时，地已干硬，不便耕种矣。候至多日，又无雨下，只得用车引水入田以耕，费尽九牛二虎之力。次年所获，不及农人之半。此乃违农时又违人时之教育，皆坐有学校历而无生活历以为指针之弊也。

史略与推测　自杜威来华讲学，生活教育之名，已成中国教育界之口头禅。但只有生活教育之哲理，而于实现此哲学之具体方法，未加注意，故生活自生活，教育自教育，渺不相关。去年晓庄开办中心小学，其主旨在以乡村实际生活为小学之中心，同时又以小学为师范学校之中心。设立半年，依然费力多而成功少。当事人渐觉具体方法之需要，于是生活历即因此感觉而起。其法将学生生活分为社会的、自然的、农艺的、健康的、欣赏的五方面，再依据此五方面考订其定期事项，编为生活历，再依据生活历搜集教材，规定方法，制造工具，力谋学生生活之充分实现。适萧山县东乡教育会派校长王兆年等来晓庄研究乡村教育，晓庄同人即以编订生活历为其留校主要工作之一。王君乃就萧山东乡实际生活编一《小学儿童生活历》携归，作为办学之具体方案。吾人不办生活教育则已，如欲办生活教育，非每校有如此一生活历不可。生活历有世界所同者，如印刷机发明、汽机发明、电气发明、微生物发明、解放黑人、劳动纪念等是；有一国所同者，其在中国，如南京政府成立、黄花冈革命、植树节、马关条约、五九国耻、五卅惨案、马厂起义、南京条约、辛丑国耻、孔子生日、国庆纪念、孙文生日、云南起义等是。但一大部之生活，随省而异，随县而异，随市乡而异，必须予各校以编订之自由。但各校得此自由，必须负责编订，不可认自由为放弃，置此项重要工作于不顾。故将来应由世界教育会联合会[①]将有关人类进化之大事，编订世界儿童生活历，建议于全世界之学校。各国教育行政最高机关将有关本国进化之大事，编为全国儿童生活历，颁布全国学校。推之一省、一县、一校皆宜仿办。而最重要之工作，即为各本校教师依据本地实际生活，编一适于此种生活之生活历，并活用之，以充分培养本校儿童之生机。盖生活历为建设生活教育最重要之引导，无生活历，则顾此失彼，茫无所从。有生活历，则一切课程、教材、教法、工具，皆可纳于轨范之中，而与生活发生有机体之关系。故生活历一出，则一切传统沿袭之课程、教材、教法、工具，皆将受根本之动摇，而不得不受其支配。未来之学校，未来之教科书，未来之教学，必须建立在生活历上，始可谓为活的学校，活的教科书，活的教学。

本篇导读（徐莹晖）

本篇是陶行知为《教育大辞书》写的词条，阐述了创建生活历的必要性。

生活教育主张有计划的生活，就是有计划的教育。生活教育运动是一项巨大的工程，需要拟订计划，并按计划实行。生活历就是依据实际生活的规律对生活日程的安排，即生活的计划。生活即教育，所以生活历用在教育上，就是教育历，也就是生活教育历。为生活制订具体的计划有非常重要的作用。以学校为例，就是制定学校历。一个学校的学校历必须从学生的生活出发，而不是

① 1923 年由美国教育会发起成立。中国代表郭秉文当选为副会长。

为了行政，所以它不仅仅是办学事宜的备忘录，而应该是学生生活的指针。只有从实际生活出发，遵循自然规律，才能使教育发挥效力。为此，陶行知用晓庄创办的经验来说明生活历的制定是办好教育的具体有效的方法。学校应依据实际生活制定生活历，并围绕生活历来确定教材、规定方法、制造工具，这样才有可能成为活的学校，有活的教科书和活的教学方法，最终培养活的学生。

生活教育论发凡

在杭州西湖边的某个凉亭里，写着几个歪歪斜斜的字，并不是名人的题字，也不是墨客所留的诗迹，却是四句堪以玩味的劝世箴言，想不出和尚与道士或尼姑的手笔，最多不过是信人之类的迹象吧。哪四句话呢？便是："做到老，学到老，学到老，学不了。"[①] 我看了这话，不知为什么像刻板样的老是印在脑海里，没法儿把它忘去。同时，使我结成了"生活教育"论。

近来时常听到人讲"中心教育""整个教育""生活教育"，真是可喜的消息。大家能以社会的环境做纬，以学生生活为经，不断的实验，继续的改造，一定会有成绩得到。教育事业是要捺着心儿，按着步骤，准对计划，研究利弊，从一点一滴上做着功夫，以收一点一滴之效果。我们用"迎头赶上去"的方法固是不错，可是不该以新奇的目光来处理非用刻苦耐劳的精神不能见效的教育事业。在理论的鼓吹者既要审察现实的环境，妥慎发言；在教育的实验者更要慎重将事，具体的观察和分析环境，拟就

① 此事发生于1923年9月26日与胡适等游杭州西湖花坞时。

切实的计划，按步去施行。中国自行了新教育来，变革不能谓不多，试验的人不能谓不努力。所以没有多大的功效，却在试验者忘去了所处的环境，忽略了试验者的生活，因此，外国来的新教育，只是在旧教育上揩漆，骨子里没有改动，外表的新奇又有什么用处呢？

卢梭发现了儿童，教育者才注意到受教育者地位；杜威发现了社会，教育者才注意到教学材料的扩张。支配近代教育的杜威的两句名言，就是："教育即生活，学校即社会。"要使教育收效，一定要注意儿童生活：儿童的身体和心理发展，有程序可寻，教育者要顾到生长的程序，儿童的家庭与社会环境有不同，禀质有差异，故生活的情状亦各别，教育者应分别儿童不同的生活；更要的就是教育者应该知道什么是儿童生活？自己怎样和儿童在一处生活？怎样把教育去纳入儿童生活中？以上是作为"教育即生活"的译解。至于"学校即社会"一项呢，依杜威的说法，便是把庞大复杂的社会的环境，缩小在学校内活动，使儿童能明了社会的机构，进与社会沟通。譬如学科方面像工艺等课，使用实际的材料；在活动方面，组织"市政府""村政府"等以求学校所活动的，便是社会所活动的，不再会隔膜。

"生活教育"的意义，就把杜威的两句名言翻了半个筋斗，变成了"生活即教育，社会即学校。"

人们的生活，可以划分做幼年期，青年期，壮年期，老年期，分年各有说法，普通人总以为幼年期和青年期是受教育时期，壮年期和老年期却是作事时期，或者说教育时期。普通人度过了青年期，便板起了脸，摆正了架子来教训自己的或别人家的子女，以为他是有那样的资格和权利了，哪里知道自己的生活既分时期，个人从幼年期里所受的教育，到青年期就有一部分不合用而须得再求了；在青年期所受的教育到壮年期一部分须得修正了，同样，进入老年期时，壮年期所得教育就有许多无用了。因此讲来，一个人的生活不能不转变，那末就不能不学习，不能不受相当的各年期的教育。这是第一点理由。儿童的生活是最活泼的，最易迁变的，教育者应该顺其生活之流转，为各项教育活动之设施：不应当以教育活动来限制其生活。这是第二点理由。过某种生活时，能受某种影响，而此种影响不会轻易消灭，教育者能因势利导，便是极佳的成绩，若要使教育活动影响到生活上，感应结就异常薄弱，亦有事倍功半之失。这是第三点理由。使生活为教育之全部，则生活能随时革新，随处有意义；若教育为生活之一部，则生活一有教育的段阶，便无意义，便难革新。这是第四点理由。以上都是说明“生活即教育”的话。

杜威要把“学校即社会”，我们却要使“社会即学校”，这究竟有什么理由呢？现在分开来讲：

第一点社会的机构是整个的，学校所割宰的不过是社会某一部分；用一部分的社会组织来应用到学校里，那是另零的，非驴非马的，使儿童习见了社会的一方面，养成他们将来对于社会的一种偏解。第二点各个儿童有各个社会的背景，他的家庭的情况，他的邻居的情况，他的家庭的职业，他的居家的环境，没有一项不影响于他的，他所亲眼目睹，自身所经历的事变，难道不及学校中的一点儿组织，一点儿材料来得亲切有味么？第三点是所谓儿童的社会，不是成人的社会所能了解的；儿童在儿童社会中所感的困难，不是成人社会所能解决的；儿童社会有他们构成的原因和构成的材料，不是剽窃成人社会的一部分就可成功的。所以儿童要的是儿童的世界，儿童的社会。第四点就是社会的展开应该是全部的，而不是片断的，另零的。教育者要把全部社会开放在儿童的眼前，无论是善的或恶的，让儿童先知道了全部社会，再去研究和知道他所要的所欢喜的地方，慢慢地欣赏和实验下去。

关于“生活教育”的意义，已如上述；以下想写出“生活教育”的几条重要原则，使实验者有所采择。

第一是身心的同时生长——健康是生活的出发点，也就是教育的出发点。一个儿童该不是大量智识的吸收者，也不是身体的健全者，因此，教育者不该用“揠苗助长”的手段，使儿童不能按身心的发育程序进展；也不该用抑压的方策，使儿童对某一方面感到兴趣，而某一方面感到枯燥。常人以为教育者的责任只在“教”，只要使儿童领受多量的智识，对于身体的健康，所谓“育”字是不讲究的。中国人又期儿童能“规行矩步”“少年老成为最善良”。故现在的学校，只是传授智识的地方，或可以说施行畸形的教育的场所。将来学问得到了，身体却坏了。所以生活教育的最要原则，要注意儿童身心两方面的同时生长，依了生长的程序，给于优良的环境，施行适当的“教”“育”。那样，才能使儿童的身体和精神有健康的基础。

第二是培养活能力——什么是能力，能力就是智识和经验的运用，怎样叫做活能力，活能力就是死智识和旧经验的运用与改造。天天挤在我们眼前，压逼在我们四周，需要我们去对付的就是环境。环境是千变万化的，你要在这个环境生活，一定要知道环境的内容，环境的内容对于我是适合的，什么就顺应了；环境的内容对于我是不相融洽的，什么就得起来改造。要顺应环境和改造环境，不是死智识和旧经验的运用就能对付得过的，一定需要一种活能力，活能力便是要把死智识和旧经验来改造。对准了环境的内容，用种种方法考量困难所在，再用种种方法去解答困难。因此讲来，儿童有了智识，有了经验，还不能应付当前的环境。所以我们与其给儿童予多量的智识与经验，不如使他们有一种活的能力。所以“生活教育”下不问儿童有学问没有，只要问儿童有能力没有？有能力，便是一个受教育的完全儿童。

第三点是由具体的经验到融会贯通的智识——儿童应该从实际生活里取得具体的经验；具体的经验丰富了，便自然而然的产生出抽象的智识，这种智识是逐渐融会贯通起来的。孔子的“举一反三”，荀子的“以一知万”，所谓“一”便是具体的经验；所谓“三”与“万”便是融会贯通的智识。没有具体的经验做基础，就不能使融会贯通的智识发生出来。所以在“生活教育”试验下，教育者要最先指导儿童对于学习的事项，不是抽象的智识，而是自己所“亲身参加”的具体的经验；再应用所得之具体经验，与融会贯通的智识，以树立新的概念。

第四点扩大活动环境——生活教育既以社会为学校，自然教室的范围，不是在房子里，而是在天地间。需要研究农事，教室就在旷野里；需要研究工业，教室便在工场里；需要研究商业，教室便在市场里；需要研究社会问题，教室便在十字街头。所以生活教育的施行，不在狭隘的小房子里做功夫的，以研究的利便及深切起见，需要什么地方，便以什么地方为教室。至于教学的材料，竭力要扩充。凡儿童生活环境中感到什么困难，需要怎样解决的各项问题，都应抉择以为教学之材料。教育者要抛弃书本的传授，而慎谨于儿童的问题归纳，进而研究，儿童所得智识，便是困难问题解决的过程，不是亲切而有味的么？那种材料我们忍愿抛弃么？

第五点是教学做合一——这是教育的方法问题。所谓教学做合一有两个原则：一是做什么，便学什么；学什么，便教什么。一是怎样做，便怎样学；怎样学，便怎样教。所以教育者是以“做”为基础，受教育者亦是以“做”为基础。在事的本身讲，两种人都属于工作者；因为工作，所以要努力地去“做”，“做”得努力时，一方面有经验得到，一方面以经验予人，于是教学做便融合为一了。在施行“生活教育”时，教育者处处要使儿童亲自去经历一番，无论使用的是体力还是脑力，使用的是我的智识还是别人的经验，经过一番经历后，本来是模糊的迹象，一定能成为亲知灼见了。结果的成败利钝，儿童自己能够省察，每种事实，再不会轻易地看成不经意的东西了。

第六点是教师的地位——教师究竟站在什么地位呢？我们该得说一说。在“生活教育”的实验者，决不是一个教书匠，也不是一个旁观者。教师是儿童队里的一员，是儿童生活中的一个游侣，他因为年龄较长，经验较多，所以是这许多儿童中的一个辅导者。教师既不能板起脸来教，那末就得堆上笑来玩，使自己的生活回复到儿童时期去。最好的教师，便是近于儿童的成人，也就是最好的辅导者。当儿童有不能解决的困难，教师就给予暗示，暗示不足，则给予辅助和指导，务使儿童能自己用过一番心力去研究，教师不该心急的代为设法。

“生活教育”是一个新兴的教育学说，所望实验者能鼓起勇气，拟定计划，切切实实的做一番，无论结果的成败，总望有个始终。同时，我们希望先从师范教育和小学教育及幼稚教育着手起。

这篇不过是个发凡，一切理论，还待详细的阐发；一切实际问题，还待多方讨论。写到此地，暂时做个结束吧。

二十年三月十五日于上海

本篇导读（徐莹晖）

本篇系陶行知为回顾1923年9月26日与胡适等游杭州西湖花坞时的四句话“做到老，学到老，学到老，学不了”而作，同时这四句劝世箴言促使他形成了生活教育论。

陶行知首先指出教育必须要通过试验，按部实行，然后从理论上分析为什么必须把杜威的“教育即生活，学校即社会”翻半个筋斗，即阐述了主张“生活即教育，社会即学校”的必要性。杜威的“教育即生活”，是主张教育要符合儿童的身心发展规律，也要和儿童生活的环境相适应，强调教育对儿童生活的意义，所以是根据教育的需要来选择生活和活动。但一个人的生活可以分为几个阶段，不同阶段有不同的生活，也就需要不同的教育；而且儿童的生活容易变化，教育就要随其而变；生活如果不能成为教育的全部，就没有完整的意义，所以必须“生活即教育”。“学校即社会”就是把复杂的社会缩小到学校的活动中，学生通过参与来了解社会；而陶行知认为这样会导致学生对社会的了解是片面的，所过的生活是褊狭的，成人易用其思维方式来对待、解决儿童在生活中遇到的问题，所以应该主张“社会即学校”，必须向儿童呈现一个完整的社会和世界。基于上述主张，陶行知提出了“生活教育”的几条原则：身心同时生长；培养活能力；由具体的经验到融会贯通的知识；扩大活动环境；教学做合一；教师必须与儿童共生活，做一个辅导者。

反省的行动或行动的反省

——教学做合一过程的新发现

我有了新发现！我有了新发现！

我昨天玩电池，把铜丝从阴极上接到阳极上去，然后电子流从阴极射出，通过铜丝，流到阳极上去了。

嗨嗨！这没有什么？可是，我要告诉你们，存在我心里多年的问题，这一下被我想通了。

从前不是有人问过我么，教学做合一的过程，究竟和克伯屈根据杜威学说所提出的设计教学法有什么不同呢？当时，我只能说它们相近似，不过设计教学法不是真做，而是教师坐在书桌旁，口喷香烟，眼盯天花板，空想出来的。现在，我完全想通了。设计教学法的过程是：

一、引起动机；

二、决定目的；

三、拟定计划；

四、着手试验；

五、屡试屡验之后，得出断语。

我们过去批评设计教学法，一开始只是引起动机，而教学做合一首先就是行动，行动生疑难，疑难生假设，假设生试验，试验之后生断语，这个过程虽基本和设计教学法不同，比它前进了一步，但它仍有缺点。这个缺点是没有把行动和断语接连起来，就犹如没有用铜丝把电池上的阴电极和阳电极接连起来，因此，发不出电流，也就发不出光和热了。此刻，我把教学做合一的全部过程贯通起来了：

一、行动生困难；

二、困难生疑问；

三、疑问生假设；

四、假设生试验；

五、试验生断语；

六、断语又生行动。

如斯，便把前后两个行动连接起来，像阴阳二电极用铜丝接起来一样，就会通上电流，发出光和热来了。我把这个过程叫做“反省的行动或行动的反省（Reflective action）”。

本篇导读（徐莹晖）

本篇摘自伯韬著《回忆陶行知先生》第32节《我有了新发现》，哈尔滨光华书店1948年2月初版。教学做合一是生活教育理论的切入点。从陶行知一生的教育实践来看，这个理论经历了从做中学到教学做合一、从知行合一到行知行的发展过程。

陶行知留美期间师从杜威，1917年带着杜威的学说回国，将其运用到中国的教育改造中。“在做中学”是杜威学说的一个核心主张，其相应的思维过程是反省（Reflective thinking），即“真实情境——发现问题——占有资料——提出假设——检验想法”。然而在改造教育的过程中，陶行知发现这一套不适合中国实际，于是以“在做中学”为基础创设了教学做合一的理论。他认为“在做中学”缺乏行动的先导，所以他创设的教学做合一首先是行动，其思维过程即“由行动生疑难，疑难生假设，假设生试验，试验之后生断语”，这是行知合一过程中的新发展。而在本文中，陶行知指出由行动产生知识就表示完结，那只说明这是单向的过程，效力不大，因此必须以这行动得来的知识为指导再去行动，所以他在这个过程最后又加上了“由断语又生行动”。陶行知把它称为反省的行动或行动的反省（Reflective action）。至此，他形成了行知行的理论，教学做合一的思想得以更加完善。

生活教育的理论及若干实验[①]

生活即教育

如何解释“生活即教育”？我们可以说，哪里有生活哪里就有教育。好的生活是好教育，坏的生活是坏教育。有目的的生活是有目标的教育。有一定计划的生活是计划好的教育。没有计划的生活是无计划的教育。导向理性的生活是接受理性的教育，而导向非理性的生活则是非理性的教育。

生活即教育的五大目标是：健康的生活是健康教育；劳动的生活是劳动教育；科学的生活是科学教育；产业的生活是产业教育；艺术的生活是艺术教育；社会化的生活是社会教育。

相反地，口念劳动教育的书本，耳听劳动神圣的宣讲，日常所过的却是轻松、懒散、舒适的生活，这在传统教育观点看来也可以称之为劳动教育，而在生活教育观点看来则不能称为劳动教育。生活教育的意思是生活

① 原载于1932年10月Education Review（《教育评论》）第24卷第4期。作者署名W. T. Tao。英文复印件由何荣汉博士提供，吴琴南译。

所原有，生活所自营，生活所必需的教育。它是由联系生活引起的生活的变化。他通过有目标有计划的生活去改造或重构无目标无计划的生活。

自生活教育被当作生活的中心以来，它立即同某些传统教育理论发生了冲突。首先与生活教育相冲突的传统理论是文化教育。大战前德国教育的中心在于文化，这种理论在中国有许多鼓吹者。根据生活教育的观点，一切文化仅仅是生活的工具而已。既然文化是生活的工具，它何以能成为教育的中心？与生活教育相冲突的第二种传统理论是教育与训练相互分离。目前在中国的学校中教育与训练分离是很普遍的现象。似乎教育仅仅是教人们去学习书本，而品德的培养则是训练人们举止适当并把事情做好。教育似乎仅仅是培养智力，传授知识；而品德的培养则是训练性格。同时，似乎教育是指所谓的课程活动，而品德的培养则是指所谓的课外活动。因此，在所有普通学校中均有一位仅仅负责教育的教务长；同时还有一位只负责所谓操行的舍监。有一个教育机构将智、仁、勇作为品德培养的目标。那末，留给教育的目标是什么呢？生活教育的要求是：整体的生活必定是整体的教育，每项活动都必须有目的、计划、方法、工具、指导和调查。智力和品格是不可割裂的，思想和品行是不能分开的。就一个人而言，学习、工作和生活是不能分开的。简单地说，教育和品德培养是不能分开的。

与生活教育相冲突的第三种传统理论是教育等于读书。生活教育向我们指出了这一点。一个人过什么样的生活就决定了他需要什么样的工具。书本仅仅是生活工具中的一种，它应该为生活所用，而不应当读死书。因为书本是给人在生活中运用的，所以过什么样的生活就决定他需要什么样的书。

与生活教育相冲突的第四种传统理论是：学校是学校，社会是社会。过去所有学校大门上通常都贴有“闲人莫入”的告白，这样学校就对社会封闭起来。无庸多言，这是旧式的教育。但就连学校即社会这种理论也不能带领我们走多远。当生活即教育的理论被发表出来以后，立即就要求拆毁学校与社会之间的围墙以便使我们能够同人类以及所有事物融会到一起。不仅如此，它还要求把整个的社会或是整个一个乡村当作我们的学校。

和平门乡村大会

（为解决供水问题，作为运用教学做合一原则和社会即学校原则训练人民运用自身权力的一个例证。）

罗马帝国的军队每到一处必做两件事情，一是立即在邻近处掘井；另一件事就是修筑一条通向罗马的道路。这两件事正是我们乡村的教师们应当做的。因此，当我们开办和平学园时，所做的第一件事就是掘了一口井。西方有句谚语说："一个民族的文明程度可以通过他们的用水量去衡量。"这话是千真万确的。从教育的观点出发，我们可以说：生活教育同样可以用水来衡量。如果没有水我们的五大目标就不能实现。大旱之年对于水的极度需要恰似生活对于教育的需要。如果没有充足的水，则健康的体魄、劳动的技能、科学的头脑、艺术的兴趣以及社会改革的精神均不易养成。这就是我坚持乡村学校应当做的第一件事就是发起掘一口井或是改进一口已有的井的原因。

和平门的水井是我们学校所掘，但奉献给全村使用。不久前，发生了两大问题：

一、每天出水200担（1担约为800磅重）不够全村人使用。于是村民们起得很早去取水，迟来者一点都取不到。此后便日复一日竞相起早，有时为取得够用的水而等待一整夜者也不鲜见。那些夜间没有机会取水的人白天就在那里等着。尽管井已几乎干涸，村民们仍然聚集在井的周围，花费大量精力，一杯一杯地将水注满他们的容器。

二、在井边等着取水的人们常常试图夹塞以便早一点轮到自己，有时发生纠纷得用武力解决，其结果是强手得到大份。

没过多少日子，学校也缺水了。当我们追究原因时得悉了其中的困难。有人建议学校应当限制村民从井中的取水量，这就是说要先让学校取够水，剩下的才向村民开放。我们认识到这样一来就和我们的"社会即学校"、"生活即教育"的精神相冲突了。解决这个问题的唯一途径是召集全村群众大会让所有的人一起来解决它——共同解决一个普遍关心的问题。

这次群众大会于民国十七年十月二十九日下午5时举行。要求每个家庭派一名代表参加。如果男人在家，应当由男人参加。男人如果不在家，就由女人参加。假如男人不在家而女人又必须守家的话，得派一名10岁以上的小孩参加。有人会问，教育尚未普及，召集这样的大会有可能吗？和平门的经验告诉我们，如果有适当指导的话，这是完全可能的。这次会议证明它是公民培训或政府的公众管理培训的最好方式。

钟敲5点时，全村的所有代表准时入席。在会上，站起来发言最多最好的是那些老太太。我和几位经过正规训练的学生在代表中充当顾问，尽可能提供他们所需要的帮助。在选举大会主席之前我向他们讲解了怎样进行选举，同时也告诉他们，老师们和我都没有资格做主席的候选人。我们只做顾问，不做主席。主席必须从他们自己中间选出。结果他们选出了一位13岁的小朋友充当他们的主席。这位小朋友在担任主席的过程之中学着当主席。在主席选出之后，我们用5分钟对他进行教练，并告诉大家现在如何进行讨论，如何表决并通过一项决议——例如，不能有两个人同时站起来发表意见等等。会议中最有意思的插曲是当一位老太婆站起来讲话时，另一位老太婆很激动地也想站起来发表意见，第三位老太婆见此情况忙拉住第二位老太婆的衣襟说："你最好等那位太婆把话说完！"

当天我们议决如下：

（一）每天让井休息10小时。从下午7时到早晨5时，不允许任何人取水。违反这一规定者罚款1元作为修井用。

（二）每次取水，应依次进行。先到者先取，后到者后取。违规者罚款6角作修井用。

（三）选举刘世厚先生为监察员，负责执行处罚。

（四）选举雷老先生为开井委员长，筹备开一新井。筹集新井资金时，茶馆和豆腐房应当多出。另外还要说服富人多出一些。通过全村人民齐心协力，开凿新井的工作要在最短时间内全面完成。

这几项决议被大会通过。前三项实施得很顺利，没有人违规。这证明人民的力量是伟大的。此后的日子里，取水的秩序极好，没有人为抢先取水而夹塞。这次会议证明了六点：

（一）民众教育应以关系民众切身利益的问题为中心。

（二）教学做合一的原则只有在接受社会即学校的理论时才能付诸实施。这次会议证明社会即学校的理论对于社会和教育的改造是十分有效的指导原则。

（三）事实上，乡村的民众是不难教育或训练的。不要认为老太婆和小孩子不可训练，只要有耐心和智慧，看上去不可能的事情也是可能的。

（四）公众的管理比起学校或由少数成员构成的任何其他机构强有力得多。如果学校仅仅发布命令，社会上能够理解的人少，误解的人会很多，日后将伤害众人的感情，好的动机会带来坏的结果。

（五）培训村民必须有适当的指导。没有顾问们的帮助村民们不可能有很大的改变。和平门的供水问题如果缺乏适当的指导，可能再过四五千年也解决不了。

（六）群众运动的领导者必须和民众一起干，而不是代替他们干。如果要训练中华民国的公民，必须实行这一原则，否则将毁掉我们的工作并推迟国家改革的进程。

与自然的全面斗争

大自然是普遍存在的。我们借以学习控制和认识大自然的学校也是普遍存在的。通常的教室是书呆子的避难所和租界而不是科学儿童工作的地方。学习战斗的地方是在战场上。合上你的书本，去攀爬四川的山岩，你将感受到大自然的宏伟壮丽。

老农夫种稻，老园丁种菜，农妇养蚕，外科医生做手术，泥瓦匠砌墙，木匠做桌子，铁匠打铁，铜匠修水壶，电工安装电灯、电话和电铃，都是同大自然斗争，都是学习控制大自然。

你们对于同大自然的斗争决不能掉以轻心，必须要仔细地观察并且不耻下问。最好是参加战斗而不仅仅袖手旁观。如果条件许可，你们应当亲身在斗争中学会斗争，在控制中学会控制，在感受中学会感受。

几天前，我为母亲买了一只表。这只表走得不大准，所以我将它拿到店里去修理。他们要收我一元六角修理费，我说：“可以，但你们修理时我要带几个孩子来观摩，以便让他们取得新的经验。”修表工同意了这一要求。当天下午我找了两位老师带着三个学生去看这位修表工修表，他们从头至尾观看了开表和装配的过程，花费了一个半小时。最后我说："百闻不如一见；百看不如一试。我们自己该拿一只表来做实验。"于是我们到一家店里买了一套简单的修表器械，又花一元钱买了一只钟，在教师的指导下，把它顺利地拆卸开来，最后又装了回去。这只钟的结构和表不一样，因此花费了 5 个小时才做完这件事情。第二天一名学生拆开了一只旧表，想不到他竟能成功地把它装配起来。在第三天，另一位学生打开了一只夜光表，却无法让它正常工作，最后在老师的指导下终于完成了这项任务。我自己花七角钱买了一只旧表，这表的状况很适宜做实验用。到这时我们对读书的兴趣增长了，我们在参考书中找到了钟表发明的历史和它们的工作原理。同时我们一致决定，在一个月内，如果我们中的任何人戴了手表或是桌上放有台钟，却不会将它们拆卸并装配起来，并且不能解释其工作原理，那末他的表或钟就应当予以没收。这个例子足以代表我们的学习方法亦即是我们搏击大自然的程式。修表工的店铺是我们的学校；柜台是我们的教室；修表工是我们的老师；在那里所用的一个半小时是我们的课时；一元六角钱是我们的学费；两位老师、三位学生和我本人则是学生和校友。回到家里以后，我们六个人又成了其他人的老师。

一首鼓舞小孩子们的歌

1. 小盘古

我是小盘古，
我不怕吃苦。
我要开辟新天地，
看我手中双斧。

2. 小牛顿

我是小牛顿，
让人说我笨。
我要用我的头脑，

向大自然追问。

3. 小孙文

我是小孙文，
我有革命精神。
我要打倒帝国主义，
像个球儿打滚。

4. 小工人

我是小工人，
我有双手万能。
我要造富的社会，
不造富的个人。

手脑相长

近来我在报纸上发表了卖艺的广告。过后不久就接得中社一封信：请我于民国二十二年元旦正午的时候来演讲。我很高兴，不过社会上有许多人或尚对我怀疑。有一位朋友做了一首小诗，替我卖艺取了一个名字叫做“水门汀①文艺”。这位朋友告诉我的意思是很深的。譬如有人在新世界门口水门汀上写了一大篇文字，说因为没有路费回家，求人解囊相助。我觉得这个名字很好，非常欢迎。这是对于我卖艺的解释。其次，刚才李先生问我：卖艺的生意好不好？我不敢说不好，因我说不好，人家不相信。有人要问我：为什么你要卖艺？今天我也要报告一下。在我的卖艺广告里有一句话说：“乡下先生难度日”。要晓得乡下先生有许许多多人难度日，不只我一个乡下先生难度日。中国现在有许多人不得日子过。我的卖艺广告是等于一个报告，使人家都知道乡下先生都难度日，就如那陶知行也在卖艺了。我有一首诗描写乡下先生的苦况，现在可来背一下：

① 又称士敏土，即水泥。

“生长三家村，去来五里店。知己遍天下，终身不相见。雪花飞满天，身上犹无棉。一天吃两顿，有油没有盐；有油没有盐，饿肚看水仙。试问甜后苦，何如苦后甜。进城来索薪，轮流候茶园；薪水领不着，大家凑茶钱。爸爸长叹气，妈妈也埋怨。已经三十岁，还没有家眷。”

现在乡下先生只有三条路好走：（一）要么饿死，（二）要么革命，（三）要么去投河。在这种情形之下有十几万人没有把他们的出路问题解决。不过他们本身的问题不能在他们本身上解决。农民生活的问题没有解决，乡村教师的生活问题就不会解决。

我本来无产阶级出身，后来出洋回来渐渐变成了中产阶级中人。现在却由中产阶级渐渐地流落到无产阶级了。所以我对于中产阶级与无产阶级的情形知道一点。我有一种信仰的决心：要从中产阶级不爬上去，而要爬下来。其实爬下来就是爬上去。要爬上去就要落下来。我为什么要走这一条路？可把我的一段历史来简单说一说：我在中产阶级登峰造极的时候，就是当中华文化教育基金委员会的干事，每月有四百元薪水、一百元公费。当时我家里的几个小孩子一起变成了少爷，没有小姐，因为我没有女孩子。他们添饭有人，铺床折被也有人。我小时候尚做些事，而他们现在一些事不做，将来大的时候不得了。慢慢享福惯了害我自己是小事，害这些小孩子是不得了的。因老妈子和佣人把我们小孩子的手都变坏了，成了无用的手；把我的小孩子的脚也变坏了，成了无用的脚。小时候不能动手用脚，大的时候当然一切事要别人做；小的时候做惯少爷，大的时候当然做老爷。我以为世界上最有贡献的人只有一种，就是头脑能指挥手指行动的人。中国都是用头脑的人不用手，用手的人不用头脑。年成虽好，农民生计仍很苦，这因为他们的头脑不会去想。一般人读书都是读死书，死读书，读书死。日本人打进来了，我们只会喊口号。可是我们干了几十年，到现在所用的电灯，所坐的汽车，都是外国人做的。我们自己不会造出来，这是什么缘故？这为了书呆子不去干科学的事业，因他不用手去试验，不用手去创造。一定要四万万人用手推动机器，才能把中华民国创造起来。头脑帮手生长，手帮头脑生长。

中国有两种病。一种是“软手软脚病”，一种是“笨头笨脑病”。害“软手软脚病”的人，便是读书人，他的头脑一定靠不住，是呆头呆脑的。而一般工人农民都是害的“笨头笨脑病”，所以都是粗手粗脚。一个人要有贡献于社会，一定要手与脑缔结大同盟。然后，可以创造，可以发明，可以建设国家，可以把东三省拿回来！要东三省拿回来，没有这么容易，必须用手去拿回来！

老妈子和佣人天天替代我的小孩子的手，使他们的手都变成无用的手，故我决心把五百元一月的干事职位不要了，去当一百元一月的校长。我们学校里没有一个听差，没有一个斋夫，各事都是学生自己干。我写了两首歌，一首是勉励学生的，一首是戒人不要做双料少爷的。

第一首：“滴自己的汗，吃自己的饭；自己的事自己干。靠天靠祖上，不算是好汉！”

第二首：“自从家父做老爷，人人呼我阔少爷。谁知我还是自倒洗脸水，远不如进个学堂儿。上课看情书，下课拜小姐；不高兴闹个风潮儿，直要教员怕我如同儿子怕爹爹！请看今日卖国贼，哪一个不是当年的双料少爷！”

上面两首歌，一首是建设论，一首是破坏论。我们学校里没有听差，结果很好。男学生挑水烧饭，女学生倒马桶。饭是很好吃，为什么马桶不好倒？当那女学生初来投考我们的学校，我先要问她一声，愿意不愿意倒马桶？愿意倒马桶的来学。虽然倒马桶不能救国，但是它的进一步的意思很深。能倒马桶，小姐的架子打破了！她的一双手拿出来了，将来会玩出比外国更好的电灯出来，会玩出比外国更好的汽车出来，会玩出比外国更好的飞机出来。

至于各种人的手，如穿马褂子的人的一双手都缩拢在袖管里；穿西装的人的双手都插在裤袋里；老先生的一双手指甲留得长长，成一种曲线美，双手镶在袖管里；女学生的一双手都用手套子套了起来。因一双可以创造的手，套起来了，故把中华民国一起都套进去了，不能出头！

现在再讲脚。脚也要动动。从前女子绕小脚，用布包包。现在学外国新法绕小脚，应用几何学原理，高跟皮鞋就是一种几何三角形的道理。穿了这种皮鞋，脚不易走动了，弄得不好，就要跌跤。这样的女国民，能与日本去奋斗吗？多一个人穿高跟皮鞋，就是少一个人去奋斗。要解放脚，非打倒高跟皮鞋不可。要解放手，非打倒手套不可。新近我写了一首歌，知道的人已很多了。现在再来背一下：

人生两个宝，双手与大脑。用脑不用手，快要被打倒；用手不用脑，饭都吃不饱。手脑都会用，方是开天辟地的大好佬。

这大好佬，人人都会做！只要两只手拿出来用就行。中华民国不是几千个人几万个人所能做得好的。一定要四万万人都来推动机器，才可创造成功！这非用手不可。

脑与手没有力量，因血脉不相联通。我下了两帖药，叫它们的血脉联通起来。第一帖药名叫“脑化手”，使人人都有脑筋变化过的手。还有一帖要给无产阶级的农人和工人吃的，药的名字叫“手化脑”，就是一面用手，一面要有思想。倘然就把用脑不用手的人的呆头呆脑拿来装过去是不配的。几百年来，瞎子教育的成绩证明我们的一双手可以变化我们的脑筋。手做了工，脑筋就变化了。一经变化之后，手与脑筋互相长进。怎样变化的法子，我可举一个例子来说明。我在上海办过一个小小的试验。就大场[1]地方租了一间房子，里面的凳子都是从乡下人那边借来用一下。我们要自己学来做，请了一个木匠师傅来。不当他小工，当他一位太上先生，由我这大书呆子带了一班小书呆子跟他学。我对他说：“我们工钱不少你的，工钱照你的工作分配，所有四十只凳子一齐由你做好，我们一钱不给你。你能教会了一个书呆子做凳子，就有一个凳子的工钱。你教会了两个书呆子做凳子，就有两个凳子的工钱。”现在凳子都已做起来了，这样各人的手一用过后，自己买了一样科学仪器，自己就能仿造了。对这件

① 地名，今属上海市宝山区，山海工学团所在地。

事我已写了一首小诗：

“他是木匠，我是先生。先生学木匠，木匠学先生。学学学，我变了木匠，他变了木匠先生。”

脑筋与手联合起来，才可产生力量，把“弱”与“愚”都可去掉。手与脑联起来，即有力量了。力量要在哪一方面表现出来？我以为力量要从两方面表现出来：

（一）要叫力量武装起来。全国的国民，武装了才有力量。这种力量才能广大。不说别的，就拿广西来说罢。据广西的民政厅长雷殷与新近从广西考察还沪的杜重远先生等讲，都很清楚，他们广西那边只有八个字，“寓兵于团，寓将于学”。过去的一年，已经练成三十六万民团。预计五年可练二百万民团。不是个人来当民团，是个个人背了枪来干。各地的县长就是武装的团长。全省正式军队只有两师（即五万人）。他们把省下来的钱培养人民武力。老实说，日本人未来上海之前，他们早已在训练民团，整个的省份武装起来了。现在已经有成效。民众团体化、纪律化、武装起来，才能做中华民国的主人翁，才能消灭内战，才能打破外来的帝国主义侵略。几时日本兵要到北平？我们不知道。不过谁敢说日本兵不来？所以我们应该有这种准备！

（二）力量不只在武力上表现，还要在生产上表现。要有计划的组织的生产。一般年纪大的人，再要学起来很难，可是我们不要忘记我们的小孩子。有几个小孩子的，总得让他们多受一些科学的训练与生产的训练，从小的时候教起来。我们自己做一些粗工，不要老妈子和佣人去做，小孩子见了，也会跟着大人做了。我有几首儿童歌，是包含使儿童有创造的意思，现在背出来：

我是小盘古，我不怕吃苦；我要开辟新天地，看我手中双斧！（《小盘古》）

我是小牛顿，让人说我笨；我要用我的头脑，向大自然追问。

（《小牛顿》）

我是小孙文，我有革命精神；我要打倒帝国主义，像个球儿打滚。（《小孙文》）

我是小工人，我有双手万能；我要造富的社会，不造富的个人。（《小工人》）

今天所讲的可归纳为三点：（一）脑与手联合起来才能产生力量；（二）力量要在自卫政策上表现出来；（三）科学生产上头才把这力量表现出来。西洋人的耳朵只听得进的一个字，就是“力”字。你有力，他们听你；你没有力，他们不听你。

现在，我还有四句话要说，就是：

“不愿做工的，不配吃饭；不愿抵抗的，不算好汉。”

今天是我卖讲的头一回，也可说今天是我的处女讲。

本篇导读（徐莹晖）

陶行知于1932年12月14日在《涛声》周刊上刊登卖艺启事，实行卖字、卖文、卖讲三卖，以筹措经费维持山海工学团的运行，支持普及教育运动。此篇是1933年1月1日在上海中社的演讲，是“卖艺”的第一天，主要提倡手帮头生长，脑帮手生长的观点。原载于1933年1月16日《新社会》半月刊第4卷第2号。

陶行知认为中国社会存在这样两种问题：只会读书不会用手；只会用手不会思想。他着重批判了用脑不用手的问题，并用自己的亲身经历来说明用脑不用手会成为书呆子，不会试验，不会创造。解决这个问题的方法就是要手脑并用，一则要解放双手，实行“脑化手”；一则要教农工学会思想，实行“手化脑”。如此手脑相长，才能生出力量。在民族危亡之际，这种力量就体现在教民众武装自卫上，尤其要通过科学的生产来表现。

创造的教育

诸位同学：

我今天的讲题是“创造的教育”。

什么是创造的教育？先说明“创造”两个字的意义。我举两个例子来说吧。鲁滨孙漂流到荒岛上去，口渴了，白天他走到海边用手去捧水喝，到黑夜里就没有办法了。他偶尔在灶的旁边，看见经火烧过的泥土，硬得如石子一样。他想到软的土经火烧了，就成坚固且硬的东西，于是他把土做成三个瓶子，放入火中去烧，烧碎了一个，其余的两个可以满满的盛着水。于是他口渴的问题完全解决了。我们把这件事分析起来，可以发现三点：他把手捧水喝，到黑夜发生了困难，是他的行动；发现泥土经过火烧变成坚固且硬的东西，也是他的行动；把泥土塑成了瓶，希望同烧过的土一样的坚固，是他的思想。结果，他瓶子盛水的计划成功了，是新价值的产生。由行动而发生思想，由思想产生新价值，这就是创造的过程。这个例子是“物质的创造”。再如《红楼梦》上刘姥姥游大观园，贾母请客，后来唤了二只船来，贾母同媳妇人等在前船先行，宝玉同姊妹们在后船后行。河内氽满着破残荷叶，宝玉的船划不快，追不上前船。宝玉心里非常忿怒，马上要铲光破荷叶。薛宝钗说："现在仆人们很忙碌，等他们空了，再叫他们铲除吧！"林黛玉说："我平生最不喜欢李义山的诗，只有一句还可以。"宝玉问她究竟是哪一句呢？黛玉说，"留得残荷听雨声"一句。宝玉一想，觉得破荷叶很有用处，就不再要铲荷叶了。这个例子中，船行到荷叶中去，是行动；破荷叶妨碍行船，是行动；林黛玉提出李义山的诗句，是思想；宝玉心中厌恶的破荷叶，一变而为可爱的天然乐器，是产生了新的价值。这种新观念的成立，是"心理的创造"。

我现在再讲行动，关于教育上的行动。中国现在的教育是关门来干的，只有思想，没有行动的。教员们教死书，死教书，教书死；学生们读死书，死读书，读书死。所以那种教育是死的教育，不是行动的教育。我们知道王阳明先生是提倡"知行合一"说的，他说"知是行之始，行是知之成"。他的意思是先要脑袋里装满了学问，方才可以行动。所以大家都认为学校是求知的地方，社会是行动的地方，好像学校与社会是漠不相关的，以致造成一班只知而不行的书呆子。所以阳明先生的二句话，很可以代表中国数千年的传统教育的思想。现在我要把他的话翻半个筋斗。如果翻一个筋斗，岂非仍是还原吗，所以叫他翻半个筋斗，就是说："行是知之始，知是行之成。"例如爱迪生发明电灯，不是从前的人告诉他的，是玩把戏而偶然发现的。小孩子不敢碰洋灯泡，是他弄火烫痛的经验；至于妈妈告诉他火是烫人的，不过使小孩子格外清楚一些。所以要有知识，是要从行动中去求来，不行动而求到的知识，是靠不住的。有人告诉你这是白的，那是黑的，你不行动，就不能知道哪个是真，哪个是假。有行动的勇敢，才有真知识的收获。书本子的东西，不过告诉你别人得来的知识。有许多人著书，东抄西袭，这种抄袭成章的知识，不是自己知识的贡献。你能行动，行动才生困难，想法解决了困难，才是真知识的获得。我现在介绍杜威先生思想的反省（Reflectria of Thinking）中的五个步骤：（一）感觉困难；（二）审查困难所在；（三）设法去解决；（四）择一去尝试；（五）屡试屡验，得到结论。我的意思，要在"感觉困难"上边添一步："行动"。因为惟其行动，到行不通的时候，方才觉得困难，困难而求解决，于是有新价值的产生。所以我说行动是老子，思想是儿子，创造是孙子。你要有孙子，非先有老子、儿子不可，这是一贯下来的。但是我们知道，单独的行动，也是不能创造的，如中国农夫耕种的方法，几千年来，间有小小的改良外，其余的都是墨守陈规，毫无创造。还有许多书呆子，书尽管读得多，也不能创造。所以要创造，非你在用脑的时候，同时用手去实验，用手的时候，同时用脑去想不可。手和脑在一块儿干，是创造教育的开始；手脑双全，是创造教育的目的。孟子说："劳心者治人，劳力者治于人。"这是孟子当时的教育思想。时至今日，这种传统的思想已经起了一个极大的地震，渐渐的在那里崩溃了。我最近读了世界许多有名科学家的传记，觉得有发明的人，都是以头脑指挥他的行动，以行动的经验来充实他的头脑。中国的所谓学者，他们擅长的是高谈阔论，作空文章；而做劳工的人，又不读书，不肯用脑。所以一辈子在这种传统习尚下过生活，大科学家、大发明家哪里会产生？现在我们知道了，劳工教育啦，平民教育啦，都是时见时闻的。但是情势一变，"反动"、"嫌疑"等等名目都加上来，你就陷于四面碰壁的绝境。有许多教育界很有声望的、无阻无碍的人，他们又不愿去干，以致这种教育至今还尚在萌芽时代。

行动的教育，要从小的时候就干起。要解放小孩的自由，让他做有意思的活动，开展他们的天才。至于我们一辈，从小是受传统教育的熏陶，到现在觉悟起来，成为一个半路出家的和尚。和尚是半路出家，他往往会想起他的家来。例如不吃鸦片的人，一见鸦片就生厌恶，但吃过鸦片的人，虽然戒了，至少对它有相当的感情。我们小的时候，有天赋的行动本能，不过一切工作都被仆人们代做去了，被慈善的妈妈代做去了。稍长一些，我们到小学校去读书，有阎罗王般的教师坐在上面，不许我们动一动。中学和大学的课程是呆呆的订死在那里，你要动亦不得动。到现在始费尽九牛二虎之力，挣扎着改变久受束缚的人生，还不能回复自然的行动本能。但是我们不要灰心，时机也并不算晚，佛兰克林四十几岁才发明了电[①]呢！不过行动的教育，应当从小就要干起，因为小孩子还没有斫丧他行动的本能，小小的孩子，就是将来小小的科学家。假使我们给小孩子自

① 指富兰克林在研究大气电方面曾作出贡献，发明了避雷针。

由行动，我相信千百孩子之中，一定有一个小孩是天才，是一个创造者、发明者。爱迪生小时候，是个很喜欢行动的小孩子。当时美国的教育，也同中国一样，小学教员是禁止小孩子活动的。爱迪生违反了教师的训条，就蒙到“坏蛋”的声名，不到三个月，爱迪生被“坏蛋”的空气逼走了。爱迪生的母亲不服气，她以为她的儿子并不是“坏蛋”，“蛋”并没有“坏”，她就教他先在地窖里研究化学，后来研究物理，结果成了一个闻名的科学家。所以爱迪生的成功，幸而有他的妈妈，否则老早就把他的天才牺牲了。牛顿生下来的时候，小到像小老鼠一只，体重只有三磅。看护妇去请医生的时候，很不高兴的说：“这样小老鼠一般大的东西，等到医生来，早已一命归天了。”岂料小老鼠一般的东西，就是以后闻名的科学家，还活到八十多岁呢。据说牛顿小的时候，并不聪明。可见小孩子的时代，很难看得出哪一个是天才的儿童。

四月四号是世界儿童节，中华慈幼协会①请我编了四支儿童歌：

（一）小盘古

我是小盘古，
我不怕吃苦；
我要开辟新天地，
看我手中双斧。

（二）小孙文

我是小孙文，
我有革命精神；
我要打倒帝国主义，
像个球儿打滚。

① 以完善幼儿保育为宗旨的慈善团体，为朱其慧筹创。

（三）小牛顿

我是小牛顿，
让人说我笨；
我要用我的头脑，
向大自然追问。

（四）小工人

我是小工人，
我有双手万能；
我要造富的社会，
不造富的个人。

我们要打倒传统的教育，同时要提倡创造的教育。他的办法是怎样呢？我们知道，传统的教育，他们一个教室容纳四五十人，试问教师的力量有多么大，能够完全去推动全级学生？所以就发生了教育方法上的错误。我们现在的办法是教师教大徒弟，大徒弟再去教小徒弟，先生在上了几堂课以后，鉴别了几个较有天才，聪明的大徒弟。以后教师就专门去教大徒弟，所以他的精神容易去推动他们，学问也容易灌输到他们头脑中去。大徒弟再把他所得到的，分别的去教那些小徒弟。学生们很活动的去找寻知识，解释困难，贡献他所求得的知识，先生不过站在旁边的地位略加指点而已。我们认为这种教育，是行动的教育。有行动才能得到知识，有知识才能创造，有创造才有热烈的兴趣。所以我们主张“行动”是中国教育的开始，“创造”是中国教育的完成。我曾经参观过一个学校，这个学校是小孩子办的。我问他们说：“你们是大小孩子教小小孩子吗？”有一个小孩子回答说：“是的，不过有许多时候小小孩子也教大小孩子呢。”我说：“你的话是对的，是真理，比我的意见更进一层。”现在中国传统教育下的知识阶级，根本就看不起小孩子，看不起农人、工人。但是试问他们的力量有多么大？倭奴侵占我们的东三省，你有力量赶走他吗？不可能！我们要启发小孩子，启发农人、工人，运用大多数人的力量，才能够去创造，才能救国雪耻。我来举一个例子，证明农人的力量并不弱。从前我办一个学校，在校的旁边凿了一口井，专门供给学校用水的。有一年大旱，乡村中旁的井水都汲干了，所以乡民都集中到校旁井内来汲。后来这口井也涸竭了，于是我们校里，因为水的恐慌开了一个会。当时有人主张，把井收回自用。我不以为然。我说："我们的学校，是以社会作学校的，不应该把社会圈出于学校之外。假如这样，我们将来推广农事和民众教育就不容易办了。用水既是大众的事，还不如请大众共同来解决。"于是请各村庄每家派一个代表，男的、女的、小孩子在十三岁以上的都可以，没有多少时候，礼堂上已挤满了代表。我们教员们，自觉居于孔明的地位，三个臭皮匠合做一个诸葛亮的地位，所以黄龙宝座的主席，推了一个十三岁的小孩子。我们略略讲了几条会场规则之后，就正式开会。那一天的会，非常有精彩、有力量，当时发言最多且最好者，要推老太婆！好！我们来听有一个老太婆的宏论。她说人是要睡觉的，井也是要睡觉呢；井不让它睡觉，一辈子就没有水吃。所以当时一致议决井要睡觉。自下午七时起至翌晨五时止，不得唤醒井，违者罚大洋一元，作修井之用。当这个老太婆发言未完，另有一个老太婆，也想立起来发言，就有第三个老太婆牵牵她的衣襟，制止她的发言，说："不是方才先生说过的吗？"你想他们非但能够自治，而且还能管理他人，所以当时会场发言的人非常多，秩序还是一丝不乱的。他们讨论了好久，还制成几条议案：第二条就是汲水的程序，先到者先汲，后到者后汲，违者罚大洋五角，作修井之用；第三条就是再开凿一井，把太平天国时留下淤塞的废井加以开凿，经费富者多捐，贫者少捐，茶店、豆腐店也多捐一些；其四，推举奉天刘君世厚为监察委员，掌理罚款，调解纠纷。结果，一个大钱都没有罚到，因为这是出于农人自动的议决，所以大家能遵守。你看农人的力量是多么大，他们的话多么的公正和有效，这种问题来的时候，岂是少数人所能干得了吗？不过他们的旁边，还是需有孔明在那里指示，否则恐怕到如今，井还没有开凿成功。所以创造的教育应该启发农人、工人、学生……使他们得真的知识，才是真的创造。

其次我要讲的：现在中国的教育组织，是不能创造的。我们可以分两种来说：第一种是，学校是学校，社会是社会。他们认为学校是求知的地方，社会是行动的地方；他们说读书不忘救国，救国不忘读书。日本人的炮弹已经飞到他们面前，还是子曰子曰读他的书，这种教育是亡了中国还不够的。第二种，他们已经觉得学校是离不开社会的，所以他们主张“学校社会化”。他们想把社会的一切，都请到学校里来，所以学校里什么都有：公安局啦，卫生局啦，市政厅啦，什么都有。但是他们所做的与社会依旧是隔膜的。况且学校有多么大，能够包罗万象？他们的学校好像大的鸟笼，把鸟儿捉到笼里来养，又好像一只大缸，把鱼儿捉到缸里来养。结果鸟儿过不来鸟笼的生活，死了；鱼儿过不来鱼缸的生活，死了。所以这种似是而非的教育是不自然的、虚伪的和无力量的，也不是创造的教育。创造的教育是怎样呢？就是“以社会为学校”、“学校和社会打成一片”，彼此之间，很难识别的。社会含有学校的意味，学校含有社会的意味。我们要把学校的围墙拆去，那末才可与社会沟通。这种围墙不是真的围墙，是各人心中的心墙。各人把他的感情、态度从以前传统教育那边改变过来，解放起来。实则这种教育，只要有决心去干，是很容易办到的。例如大夏大学的附近有许多村庄，庄上的人，都是散漫的，无教育的。假使我们把学校与村庄沟通，大学生都负责去创造新村，村上的人，都接受到知识，形成活泼的有力量有生命的村庄，再把全中国所有的村庄联合起来，构成一个有大生命的中国，民众的力量可以集中，国难也可共赴。这样做去，要普及教育，一年就可以成功。我们自近而后远，先小而后大，着手办去，把小孩子、农人、工人都培养起来，这才是创造教育的目的。中国现在的教育不是平等发展的，是畸形发展的：一方面有博士、硕士；一方面有一大群无知识的民众。迟滞的表示不出多大贡献。

现在我再要讲，创造的教育是以生活为教育，就是生活中才可求到教育。教育是从生活中得来的，虽然书也是求知之一种工具，但生活中随处是工具，都是教育。况且一个人有整个的生活，才可得整个的教育。举个例来说吧，有一个儿子，他是喜欢赌博的，他的母亲训斥他。不过他的母亲却悄悄地到邻舍去赌博了，他在窗内看见他的母亲赌博，于是也到别处去赌博了。这个孩子过的是赌博生活，受的是赌博教育，不期而然而成赌博的人生。某学校反对我“生活即教育”的主张，我去参观他们的学校，适逢吃饭的时候。他们的饭菜是有等级的，厨子巴结先生，先生的菜特别好，学生的菜，简直坏之不堪。他们请我在先生一桌吃饭，我愿意同学生一块儿吃。学生的饭菜坏到怎样呢？他们名为一碗肉，肉仅在碗面上有几小块，学生在未下箸的时候，目光炯炯地早已看准那最大的一块，一下箸，一碗饭还没有吃完，而菜已吃得精光了。这种饕餮的状态，无形中在饭堂里更造成了许多小军阀。这个学校，是不把吃饭问题归入教育范围之内的。有许多学校对于男女学生的恋爱，他们是讳莫如深，但恋爱问题，往往闹遍在学校里。现在生活的教育是怎样呢？我们知道恋爱、吃饭等问题都是非常重要的。所以，恋爱先生我怕你，请你进来；吃饭先生我怕你，请你进来：我们一块儿干吧！我们的教育非但要教，并且要学要做。教而不学，学而不做，叫做“忘三”。我们要能够做，做的最高境界就是创造。我们要能够学，学从生活中去学，只知学而不知做，就不是真的学。我们要能够教，教要教得其所，要有整个的教育，平等的行动的教育，不要像现在畸形的教育。有人说我的创造教育，不成其为学校，我做了一首诗：“谁说非学校，就算非学校。依样画葫芦，简直太无聊。”

本篇导读（徐莹晖）

本篇系陶行知在上海大夏大学的演讲，这是陶行知第一次系统地用生活教育的观点来讲创造的教育。发表于1933年3月《教育建设》第5集。

陶行知首先提出，创造的教育即是由行动产生思想，然后产生新价值的过程。在这个过程中，行动至关重要，是首要的。三者的关系是“行动是老子，思想是儿子，创造是孙子”。这在知行关系上即表现为知行合一必须是“行是知之始，知是行之成”，这样的行动必须是手脑合一，是在劳力上劳心，其最高境界即是创造，最终达到手脑双全的目的。而中国传统的教育是缺少行动的教育，只是教死书、读死书，那是手脑分离的教育，就不是行动的教育，也就不是创造的教育。陶行知认为要实施这种行动的教育必须首先要解放小孩，让其有行动的自由，有创造的机会。他又指出要提倡创造的教育，办法就是实行小先生制，并再一次用晓庄时期和平门学园开井的实例来作证。在此基础上，陶行知指出中国目前的学校要么是学校与社会分离，要么是主张学校社会化，这两者都会导致知行分离，不能进行创造。所以，要实行创造教育，必须以生活为教育，过整个的生活，即受整个的教育，要以社会为学校，使学校与社会沟通。总之，创造的教育只有在生活中才能真正实现。

综观陶行知一生的教育实践和其创建的生活教育理论体系，不难发现，他就是在为中国教育寻觅曙光、探获生路，旨在建立真正适合国情的、促成中国实现自由、独立、平等的新教育理论。所以可以说生活教育本身就是创造的过程，从这个意义上讲，生活教育就是创造教育。

什么是生活教育

生活教育这个名词是被误解了。它所以被误解的缘故，是因为有一种似是而非的理论混在里面，令人看不清楚。这理论告诉我们说：学校里的教育太枯燥了，必得把社会里的生活搬一些进来，才有意思。随着这个理论而来的几个口号是："学校社会化"、"教育生活化"、"学校即社会"、"教育即生活"。这好比一个笼子里面囚着几只小鸟，养鸟者顾念鸟儿寂寞，搬一两丫树枝进笼，以便鸟儿跳得好玩，或者再捉几只生物来，给鸟儿做陪伴。小鸟是比较的舒服了，然而鸟笼毕竟还是鸟笼，决不是鸟的世界。所可怪的是养鸟者偏偏爱说鸟笼是鸟世界，而对于真正的鸟世界的树林反而一概抹煞，不加承认。假使笼里的鸟，习惯成自然，也随声附和的说，这笼便是我的世界；又假使笼外的鸟，都鄙弃树林，而羡慕笼中生活，甚至以不得其门而入为憾。那末，这些鸟才算是和人一样的荒唐了。

我们现在要肃清这种误解。生活教育是生活所原有，生活所自营，生活所必需的教育（Life education means an education of life，by life and for life）。教育的根本意义是生活之变化。生活无时不变，即生活无时不含有教育的意义。因此，我们可以说："生活即教育。"到处是生活，即到处是教育；整个的社会是生活的场所，亦即教育之场所。因此，我们又可以说："社会即学校。"在这个理论指导之下，我们承认过什么生活便是受什么教育：过好的生活，便是受好的教育；过坏的生活，便是受坏的教育；过有目的的生活，便是受有目的的教育；过糊里糊涂的生活，便是受糊里糊涂的教育；过有组织的生活，便是受有组织的教育；过一盘散沙的生活，便是受一盘散沙的教育；过有计划的生活，便是受有计划的教育；过乱七八糟的生活，便是受乱七八糟的教育。换个说法，过的是少爷生活，虽天天读劳动的书籍，不算是受着劳动教育；过的是迷信生活，虽天天听科学的演讲，不算是受着科学教育；过的是随地吐痰的生活，虽天天写卫生的笔记，不算是受着卫生的教育；过的是开倒车的生活，虽天天谈革命的行动，不算是受着革命的教育。我们要想受什么教育，便须过什么生活。

生活教育与生俱来，与生同去。出世便是破蒙，进棺材才算毕业。在社会的伟大学校里，人人可以做我们的先生，人人可以做我们的同学，人人可以做我们的学生。随手抓来都是活书，都是学问，都是本领。

自有人类以来，社会即是学校，生活即是教育。士大夫之所以不承认它，是因为他们有特殊的学校给他们的子弟受特殊的教育。从大众的立场上看，社会是大众惟一的学校，生活是大众惟一的教育。大众必须正式承认它，并且运用它来增加自己的知识，增加自己的力量，增加自己的信仰。

生活教育是下层建筑。何以呢？我们有吃饭的生活，便有吃饭的教育；有穿衣的生活，便有穿衣的教育；有男女的生活，便有男女的教育。它与装饰品之传统教育根本不同。它不是摩登女郎之金刚钻戒指，而是冰天雪地下的穷人的窝窝头和破棉袄。

生活与生活摩擦才能起教育的作用。我们把自己放在社会的生活里，即社会的磁力线里转动，便能通出教育的电流，射出光、放出热、发出力。

本篇导读（徐莹晖）

本篇发表于1934年2月16日的《生活教育》半月刊，原题为《生活教育》，后收入陶行知编著的《普及教育续编》中，改为《什么是生活教育》。

陶行知在批判“教育即生活”、“学校即社会”的基础上，第二次给生活教育下定义，即生活教育是生活所原有、生活所自营、生活所必需的教育（Life education means an education of life，by life and for life），并再一次论述了生活教育理论的核心命题：生活即教育、社会即学校、教学做合一。过什么生活，就是受什么教育，想要受什么教育，便须过什么生活，即生活即教育。生活是人类的中心问题，从有人类起就有生活，所以生活教育自古就有，与生俱来，与生同去，生活教育是终身教育。整个社会就是学校，人人是老师，人人是学生，即社会即学校。只是传统的教育和生活相分离，导致教育只是少数人能享受的特权，而非大众的教育。为此，陶行知提出生活教育，主张以生活为大众的唯一的教育，社会是大众唯一的学校，这样才是大众需要的教育。要使教育对生活起效用，必须要行动，要做，使生活与生活摩擦，即教学做合一。

杀人的会考与创造的考成

自从会考[①]的号令下了之后，中国传统教育界是展开了许多幕的滑稽的悲剧。

学生是学会考，教员是教人会考，学校是变了会考筹备处。会考所要的必须教；会考所不要的，不必教，甚而至于必不教。于是唱歌不教了，图画不教了，体操不教了，家事不教了，农艺不教了，工艺不教了，科学的实验不做了，所谓课内课外的活动都不教了，所要教的只是书，只是考的书，只是《会考指南》！教育等于读书；读书等于赶考。好玩吧，中国之传统教育！

拼命的赶啊！熄灯是从十时延到十一时了。你要想看压台戏当然是必须等到十一时以后。那时你可以在黄金世界里看到卓别麟[②]的化身正在排演他们的拿手好戏。茅厕里开夜车是会把你的肚子笑痛，可是会考呆子会告诉你说："不闻臭中臭，难为人上人。"

---

① 1932年施行会考制，规定中学毕业考试合格的学生，还须经过省、市统一命题的会考，会考合格后才能获得中学毕业证书。

② 通译卓别林。

赶了一考又一考。毕业考过了接着就是会考，会考过了接着就是升学考。一连三个考赶下来，是会把肉儿赶跑了，把血色赶跑了，甚至有些是把性命赶跑了。

不但如此，在学生们赶考的时候，同时是把家里的老牛赶跑了，把所要收复的东北赶跑了，把有意义的人生赶跑了，把一千万民众的教育赶跑了（注：中学生赶考旅费可供普及一千万民众教育之用）。换句话说，是把中华民族的前途赶跑了。

奇怪得很！这样大规模的消灭民族生存力的教育行政不是出于信仰而是出于敷衍，不是出于理性而是出于武断。我所接谈过的主考官没有一个相信会考。他们是不信会考而举行会考。

就表面的成绩看，广东会考几乎全体及格，广西会考是几乎全体不及格。广东对呢？广西对呢？谁知道？浙江会考，绍兴中学第一次是背榜，到了第二次竟一跳而为第一。绍兴中学第一次的整个成绩果真坏吗？第二次的整个成绩果真好吗？真成绩之好坏是这样的容易调换吗？谁敢说？

这把会考的大刀是不可以糊里糊涂的乱舞了。考官们所自毁毁人的生活力已经是太多了。我们现在要求的是：

停止那毁灭生活力之文字的会考；

发动那培养生活力之创造的考成。

创造的考成所要考的是生活的实质，不是纸上的空谈。在下面所举的几个例子当中，我们可以知道创造的考成是一个什么东西。

（一）校内师生及周围人民的身体强健了多少？有何证据？

（二）校内师生及周围人民对于手脑并用已经达到什么程度？有多少是获得了继续不断的求知欲？有何证据？

（三）校内师生及周围人民对于改造物质及社会环境已经达到什么程度？有何证据？

甲、荒山栽了多少树？

乙、水井开了几口？

丙、公路造了几丈？

丁、种植改良了多少？

戊、副业增加了多少？

己、生活符号普及了多少？文盲扫除了多少？

庚、少爷小姐书呆子有多少是成了为大众服务的人？

辛、团结抵抗强暴的力量增加了多少？

本篇导读（徐莹晖）

1932年5月，国民党教育部公布《中小学毕业会考暂行规程》，自此开始实行会考制度。本篇发表于1934年6月1日《生活教育》第1卷第8期，正值中小学会考之际，堪称一篇声讨会考制度的战斗檄文。

陶行知对这种考试制度进行了猛烈批判，并用生活教育的观点来阐述了创造的考试观。他指出传统教育下的会考是脱离学生实际生活的考试，这样的考试以书本上的文字为中心，成为整个教学的指挥棒，以致被当成了教育的目的，教师为考试而教，学生为考试而学。学生为了通过考试，夜以继日，不顾身心健康，考的却只不过是书本知识。这样的考试是杀人的会考，是消灭生活力的考试，损毁了个人，也毁灭了中华民族的前途。陶行知认为考试这种形式本身是没有错的，因此我们所要取消的是那会毁灭生活力的文字的考试，代之以创造的考成，即从实际生活出发，考查学生征服自然、改造社会的能力。

陶行知先生猛烈批判会考制度，这无疑值得我们今天的应试教育警醒。在这个意义上可以说生活教育理论对当代的教育是有借鉴意义的。

生活教育提要[1]

（一）从学校到社会

学校教育的范围小，不能尽“生活教育的能事”；“学校社会化”亦是削足适履，包括不下去。只有将整个社会变成学校，主张“社会即学校”，整个的社会范围，即是整个的教育范围。那末，教育的对象丰富，教育的意义也就丰富，取之不尽，用之不竭了。

（二）从书本到生活

从前是读死书，死读书，读书死！舍书本外无教育，所以造成许许多多“书呆子”。现在要从整个生活出发，过整个的生活，受整个的教育。过做工生活，即是受做工教育。过种田生活，即是受种田教育。过康健生活，即是受康健教育。过劳动生活，即是受劳动教育。过科学生活，即是受科学教育。过艺术生活，即是受艺术教育。过社会革命生活，即是受社会革命教育。……否则，读种田的书，算不得受种田的教育；读劳动的

① 摘自方与严《新教育史》（1934 年上海儿童书局出版）。

书，算不得受劳动的教育；读康健的书，算不得受康健的教育……

（三）从教到做

从前是先生教，学生学。教而不做，不是真教；学而不做，不是真学。故教而不做，不是先生；学而不做，不是学生。在做上教，才是真教；在做上学，才是真学。真教，才是先生；真学，才是学生。这就是我们主张的“教学做合一”。

（四）从被动到自动

不能自动即是被动。被动是要受到人家的牵制，愈被动愈受牵制。牵制愈多，则民族性愈弱，国势愈危。个人能自动，则个人人格自尊。全国国民人人能自动，则国势自强，则国体自尊，莫之敢侮了。

（五）从士大夫到大众

以前教育是属于少数人的，是士大夫教育，教人升官发财的教育，没有力量的教育；甚至变成害人的教育，刮地皮的教育，吸大众膏血的教育。现在要把教育普及于大众，要把教育做水，把散沙的民族性凝合起来，团结成为伟大的中华民族力量！

（六）从轻视儿童到信仰儿童

从前的儿童，是大人的附属品、玩物、私有财产，一切没有儿童的地位。现在要信仰儿童有能力，是一个小思想家，小创造家，小建设家，只要能因势利导，他们——儿童个个都是思想自由的天使，创造的天使，建设的天使！

（七）从平面三角到立体几何

以前的教育，是从口里出来，耳朵里进去；或从眼睛里进去，又从口里出来。荀子说：“小人之学也，入乎耳，出乎口。口、耳之间则四寸耳。”口耳眼之间距离各约四寸，可以算它是平面三角的教育。现在是要立体几何的教育呢！因为“生活即教育”是：有的生活要手脑联盟起来干，有的要用脚一起干，有的要运用全身的力量来干，才干得好，才干得出色。

行知行

谢育华先生看了《古庙敲钟录》之后对我说："你的理论，我明白了，是'知行知'。知行底下这个知字是安得何等有力！很少的人能喊出这样生动的口号。"我向他表示钦佩之意之后，对他说："恰恰相反。我的理论是，'行知行'。"他说："有了电的知识，才去开电灯厂；开了电灯厂，电的知识更能进步。这不是知行知吗？"我说："那最初的电的知识是从哪里来的？是像雨一样从天上落下来的吗？不是。是法拉第、爱迪生几个人从把戏中玩出来的。说得庄重些，电的知识是从实验中找出来的。其实，实验就是一种有目的、有计划、有组织、有步骤、有创意的把戏。把戏或实验都是一种行动。故最初的电的知识是由行动中得来。那末，它的进程是'行知行'，而不是'知行知'。"

"既是这样说，你就应该改名了。挂着'知行'的招牌，卖的是'行知'的货物，似乎有些不妥。"

改名！我久有此意了。在二十三年前，我开始研究王学①，信仰知行

① 即王阳明的学说。

合一的道理，故取名“知行”。七年前，我提出“行是知之始，知是行之成”的理论，正与阳明先生的主张相反，那时以后，即有顽皮学生为我改名，常称我“行知吾师”。我很乐意接受。自去年以来，德国朋友卫中先生，即傅有任先生，每每欢喜喊我“行知”。他说：“中国人如果懂得‘行知’的道理而放弃‘知行’的传统思想，才有希望。”近来有些人常用“知行”的笔名在报纸上发表文字，我不敢夺人之美，也不愿代人受过。本来，“知行”二字，不是我姓陶的所得据为私有。我现在所晓得的，在中国有黄知行先生，熊知行先生，在日本有雄滨知行先生，还有几位无姓的知行先生。知行队中，少我一个，也不见得寂寞，就恕我退出了吧。我对于二十三年来天天写、天天看、天天听的名字，难免有些恋恋不舍，但为求名实相符，我是不得不改了。

本篇导读（徐莹晖）

本篇发表于《生活教育》第1卷第11期，此篇之后，陶行知正式确定自己名为“行知”，也代表了他的行知合一学说由“知行合一”到“行知合一”再到“行知行”的过程的完成。

陶行知原名文濬，在金陵大学求学时期，因研究王阳明的知行学说，信仰其“知是行之始”的观点，遂改名为知行。后来，历经新教育的试验、平民教育运动到乡村教育运动的实践，他在晓庄时期提出了“行是知之始”的观点，认为生活教育理论以行动为先导，必须通过行动才能获得真知。当时已经有学生称其为“行知吾师”，但并没有正式改名。到普及教育运动时期，陶行知在知行学说上有了新发展，即“行动的反省”或“反省的行动”（参看《反省的行动或行动的反省——教学做合一过程的新发现》），行知行理论得以形成。到1934年，他在《生活教育》刊物上正式改名为陶行知，并创建了“衜”字，以表明其行知行的理论。所以，陶行知一生几易其名，就是其知行学说的发展过程，用他自己在《中国教育改造》中的话说：“我所写的便是我所信的，也就是我所行的。”

教育的新生

宇宙是在动，世界是在动，人生是在动，教育怎能不动？并且是要动得不歇，一歇就灭！怎样动？向着哪儿动？

我们要想寻得教育之动向，首先就要认识传统教育与生活教育之对立。一方面是生活教育向传统教育进攻；又一方面是传统教育向生活教育应战。在这空前的战场上徘徊的、缓冲的、时左时右的是改良教育。教育的动向就在这战场的前线上去找。

传统教育者是为办教育而办教育，教育与生活分离。改良一下，我们就遇着“教育生活化”和“教育即生活”的口号。生活教育者承认“生活即教育”：好生活就是好教育，坏生活就是坏教育，前进的生活就是前进的教育，倒退的生活就是倒退的教育；生活里起了变化，才算是起了教育的变化。我们主张以生活改造生活，真正的教育作用是使生活与生活摩擦。

为教育而办教育，在组织方面便是为学校而办学校，学校与社会中间是造了一道高墙。改良者主张半开门，使“学校社会化”。他们把社会里的东西，拣选几样，缩小一下搬进学校里去，“学校即社会”就成了一句时髦的格言。这样，一只小鸟笼是扩大而成为兆丰花园里的大鸟笼。但它总归是一只鸟笼，不是鸟世界。生活教育者主张把墙拆去。我们承认“社会即学校”：这种学校是以青天为顶、大地为底、二十八宿为围墙，人人都是先生都是学生都是同学；不运用社会的力量，便是无能的教育，不了解社会的需求，便是盲目的教育。倘使我们认定社会就是一个伟大无比的学校，就会自然而然的去运用社会的力量，以应济社会的需求。

为学校而办学校，它的方法必是注重在教训。给教训的是先生，受教训的是学生。改良一下，便成为教学——教学生学。先生教而不做，学生学而不做，有何用处？于是“教学做合一”之理论乃应运而起。事该怎样做便该怎样学，该怎样学便该怎样教。教而不做，不能算是教；学而不做，不能算是学。教与学都以做为中心，在做上教的是先生，在做上学的是学生。

教训藏在书里，先生是教死书，死教书，教书死；学生是读死书，死读书，读书死。改良家觉得不对，提倡半工半读。做的工与读的书无关，又多了一个死：做死工，死做工，做工死。工学团乃被迫而兴。工是做工，学是科学，团是集团。它的目的是：“工以养生”，“学以明生”，“团以保生”。团不是一个机关，是力之凝结，力之集中，力之组织，力之共同发挥。

教死书，读死书便不许发问，这时期是没有问题。改良派嫌它呆板，便有讨论问题之提议。课堂里因为有了高谈阔论，觉得有些生气。但是坐而言不能起而行，有何益处？问题到了生活教育者的手里是必须解决了才放手。问题是在生活里发现，问题是在生活里研究，问题是在生活里解决。

没有问题是心力都不劳。书呆子不但不劳力而且不劳心。进一步是：教人劳心。改良的生产教育者是在提倡教少爷小姐生产，他们挂的招牌是教劳心者劳力。费了许多工具玩了一会儿，得到一张文凭，少爷小姐们到底不去生产物品而去生产小孩。结果是加倍的消耗。生活教育者所主张的“在劳力上劳心”，是要贯彻到底，不得中途而废。

心力都不劳，是必须接受现成知识方可。先在学校里把现成的知识装满了，才进到社会里去行动。王阳明先生所说的“知是行之始，行是知之成”便是这种教育的写照。他说的“即知即行”和“知行合一”是代表进一步的思想。生活教育者根本推翻这个理论。我们所提出的是：“行是知之始，知是行之成。”行动是老子，知识是儿子，创造是孙子。有行动之勇敢，才有真知的收获。

传授现成知识的结果是法古。黄金时代在已往，进一步是复兴的信念。可是要“复”则不能“兴”，要“兴”则不可“复”。比如地球运行是永远的前进，没有回头的可能。人只见春夏秋冬，周而复始，不知道它是跟着太阳以很大的速率向织女星飞跑，今年地球所走的路绝不是它去年所走的路。我们只能向前开辟创造，没有什么可复。时代的车轮是在我们手里，黄金时代是在前面，是在未来。努力创造啊！

现成的知识在最初是传家宝，连对女儿都要守秘密。后来，普通的知识是当作商品卖。有钱、有闲、有脸的乃能得到这知识。那有特殊利害的知识仍为有权者所独占。生活教育者就要打破这知识的私有，天下为公是要建筑在普及教育上。

知识既是传家宝，最初得到这些宝贝的必是世家，必是士大夫。所以士之子常为士，士之子问了一问为农的道理便被骂为小人。在这种情形之下，教育只是为少数人所享受。改良者不满意，要把教育献给平民，便从士大夫的观点干起多数人的教育。近年来所举办的平民教育、民众教育，很少能跳出这个圈套。生活教育者是要教大众依着大众自己的志愿去干，不给知识分子玩把戏。真正觉悟的知识分子也不应该再要这套猴子戏，教大众联合起来自己干，才是真正的大众教育。

知识既是传家宝，那末最初传这法宝的必是长辈。大人教小人是天经地义。后来大孩子做了先生的助手，班长、导生都是大孩教小孩的例子。但是小先生一出来，这些都天翻地覆了。我们亲眼看见：小孩不但教小孩，而且教大孩，教青年，教老人，教一切知识落伍的前辈。教小孩联合大众起来自己干，才是真正的儿童教育。小先生能解决普及女子初步教育的困难。小先生能叫中华民族返老还童。小先生实行“即知即传人”是粉碎了知识私有，以树起“天下为公”万古不拔的基础。

本篇导读（徐莹晖）

从清末废科举兴学堂以来，尽管已经经历了三十多年，但陶行知认为教育并没有得到新生，传统教育和改良的教育仍然与生活教育相对立。本篇发表于1934年10月13日《新生》第1卷第36期，论述了实现生活教育必须要经历的三个阶段：传统教育——改良的教育——生活教育，这三个阶段又不是泾渭分明的，而是互相交织，充满了挑战。

陶行知认为传统教育是教育与生活相分离，学校与社会相隔离，这是生活教育的第一个阶段。传统学校以教训、灌输为方法，以现成的书本知识为教育内容。这些现成的知识最初掌握在少数“守知奴”手中，他们掌握了这些知识就自诩为智者，把小孩子看成无知人，小孩成为被灌输的对象，限制了知识的传播和普及。用这种教育观和方法培养的学生不用劳心、劳力，渐渐成为书呆子，不会行动、不能获得真知，所以只能因循守旧而不能创造。这样的国民组成的民族怎会有振兴的希望？看到传统教育的弊端，改良主义提出了“教育即生活”、“教育生活化”的观点，随之而来的就是学校社会化，这是生活教育的第二个阶段。改良的教育把教授改成教学，但只是教学生学，而没有“做”。它仍然以书本知识为教育内容，提倡坐而论道，却不付诸行动，奉行“知是行之始，行是知之成”；它提倡教劳心者劳力，却中途而废；它提倡复兴，却忽视了世界的发展变化；它提倡要把这书本知识传给平民，变少数人的教育为多数人的教育，却是把大众当成了实现自己目的的工具；它认识到小孩子有作用，但只是作为成人的附属。到了生活教育，则是天翻地覆了。生活教育主张生活即教育，教育的作用就在使生活与生活发生摩擦，从而用好的、前进的生活来改造坏的、落后的生活；社会即学校，即运用社会的力量，应计社会的需求；实行教学做合一，在劳力上劳心；提倡行动，在生活里发现问题、研究问题、解决问题；主张“行是知之始，知是行之成”，通过行动获得真知，所以能够顺应潮流努力创造；相信小孩子的力量，发动小先生运动，即知即传，实现知识为公、教育普及。这是生活教育的最高阶段，如此，教育才能获得新生，才能推动社会改造，振兴民族。

读书与用书

一　三种人的生活

中国有三种人：书呆子是读死书，死读书，读书死。工人、农人、苦力、伙计是做死工，死做工，做工死。少爷、小姐、太太、老爷是享死福，死享福，享福死。

二　三帖药

书呆子要动动手，把那呆头呆脑的样子改过来，你们要吃一帖“手化脑”才会好。我劝你们少读一点书，否则在脑里要长“痞块”咧。工人、农人、苦力、伙计要多读一点书，吃一帖“脑化手”，否则是一辈子要“劳而不获”。少爷、小姐、太太、老爷！你们是快乐死了。好，愿意死就快快的死掉吧。我代你们挖坟墓。倘使不愿意死，就得把手套解掉，把高跟鞋脱掉，把那享现成福的念头打断，把手儿、头脑儿拿出来服侍大众并为大众打算。药在你们自己的身上，我开不出别的药方来。

三　读书人与吃饭人

与读书联成一气的有“读书人”一个名词。假使书是应该读的，便应使人人有书读；决不能单使一部分的人有书读叫做读书人，又一部分的人无书读叫做不读书人。比如饭是必须吃的，便应使人人有饭吃；决不能使一部分的人有饭吃叫做吃饭人，又一部分的人无饭吃叫做不吃饭人。从另一面看，只知道吃饭，不成为饭桶了吗？只知道读书，别的事一点也不会做，不成为一个活书架了吗？

四　吃书与用书

有些人叫做蛀书虫。他们把书儿当作糖吃，甚至于当作大烟吃，吃糖是没有人反对，但是整天的吃糖，不要变成一个糖菩萨吗？何况是连日带夜的抽大烟，怪不得中国的文人，几乎个个黄皮骨瘦，好像鸦片烟鬼一样。我们不能否认，中国是吃书的人多，用书的人少。现在要换一换方针才行。

书只是一种工具，和锯子、锄头一样，都是给人用的。我们与其说“读书”，不如说“用书”。书里有真知识和假知识。读它一辈子不能分辨它的真假；可是用它一下，书的本来面目便显了出来，真的便用得出去，假的便用不出去。

农人要用书，工人要用书，商人要用书，兵士要用书，医生要用书，画家要用书，教师要用书，唱歌的要用书，做戏的要用书，三百六十行，行行要用书。行行都成了用书的人，真知识才愈益普及，愈易发现了。书是三百六十行之公物，不是读书人所能据为私有的。等到三百六十行都是用书人，读书的专利便完全打破，读书人除非改行，便不能混饭吃了。好，我们把我们所要用的书找出来用吧。

用书如用刀，
不快就要磨。
呆磨不切菜，
怎能见婆婆。

五　书不可尽信

孟子说："尽信书则不如无书。"在书里没有上过大当的人，决不能说出这一句话来。连字典有时也不可以太相信。第五十一期的《论语》的《半月要闻》内有这样一条：

> 据二卷十二期的《图书评论》载：《王云五大辞典》将汤玉麟之承德归入察哈尔，张家口"收回"入河北，瀛台移入"故宫太夜池"，雨花台移入南京"城内"，大明湖移出"历城县西北"。

我叫小孩子们查一查《王云五大辞典》，究竟是不是这样，小孩子们的报告是，《王云五大辞典》真的弄错了。只有一条不能断定，南京有内城、外城，雨花台是在内城之外，但是否在外城之内，因家中无志书，回答不出。总之，书不可尽信，连字典也不可尽信。

六　戴东原的故事

书既不可以全信，那末，应当怀疑的地方就得问。学非问不明。戴东原先生在这一点上是给了我们一个很好的引导。东原先生十岁才能开口讲话。《大学》有《经》一章，《传》十章。有一条注解说这一章《经》是孔子的话，由曾子写的；那十章《传》是曾子之意，由他的门徒记下来的。东原先生问塾师怎样知道是如此。塾师说：朱文公[①]（夫子）是这样注的。他问朱文公是何时人。塾师说是宋朝人。他又问孔子和曾子是何时人。塾师说是周朝人。"周朝离宋朝有多少年代？""差不多是二千年了。""那末，朱文公怎样能知道呢？"塾师答不出，赞叹了一声说："这真是个非常的小孩子呀！"

---

① 即朱熹。

七　王冕的故事

王冕十岁时，母亲叫他到面前说："儿啊！不是我有心耽误你，只因你父亲死后，我一个寡妇人家，年岁不好，柴火又贵，这几件旧衣服和些旧家伙都当卖了。只靠着我做些针线生活寻来的钱，如何供得你读书？如今没奈何，把你雇到隔壁人家放牛，每月可得几钱银子，你又有现成饭吃，只在明天就要去了。"王冕说："娘说的是。我在学堂里坐着，心里也闷，不如往他家放牛，倒快活些。假如我要读书，依旧可以带几本去读。"王冕自此只在秦家放牛。……每日点心钱也不用掉，聚到一两个月，偷空走到村学堂里，见那闯学堂的书客，就买几本旧书，逐日把牛拴了，坐在柳荫树下看。

现在学校教育是对穷孩子封锁，有钱、有闲、有面子才有书念。我们穷人就不要求学吗？不，社会就是我们的大学。关在门外的穷孩子，我们踏着王冕的脚迹来攀上知识的高塔吧。

本篇导读（徐莹晖）

本篇发表于1934年11月10日的《读书生活》第1卷第1期。陶行知在文中阐述了读书与用书的观点。

陶行知指出中国目前存在三种人及其生活：只用脑而不用手的书呆子，只用手而不用脑的工人、农人，手脑都不用的少爷、小姐们。所以，书呆子要"手化脑"，工农人要"脑化手"，享福人则要自己觉悟解放手脑，从而使中国人人都能手脑双全。这就需要人人都能掌握知识，都有书读。然而中国传统的教育把穷孩子挡在了校门外，所以我们要以社会为学校，以生活为教育寻求知识。书固然要读，但书只是一种用来解决实际问题的工具，因此读书不如叫用书。如果人人都能从实际问题出发而用书，那么就有可能实现知识的普及，打破读书人的专利。既然书是拿来用的，所以就不能尽信书，在用的过程中就要随时发现可疑之处并努力使之清楚。

传统教育与生活教育有什么区别

前星期日来晚了，听说大家在此地讨论一个很有趣的问题，叫“吃人教育与生活教育有什么区别?”我不能参加讨论，没有发表意见。今天，又来晚了，现在我发表我的一点意见。

吃人教育与生活教育有什么区别?我的意思，不如说“传统教育与生活教育有什么区别?”所谓吃人教育，就是指传统教育而言的。现在，我们可以这样说：传统教育，是吃人的教育；生活教育，是打倒吃人的教育。

传统教育怎样是吃人的教育呢?他有两种吃法：

（一）教学生自己吃自己

他教学生读死书、死读书；他消灭学生的生活力，创造力；他不教学生动手，用脑。在课堂里，只许听教师讲，不许问。好一点的，在课堂里允许问了，但他不许他出到大社会里、大自然界里去活动。从小学到大学，十六年的教育一受下来，便等于一个吸了鸦片烟的烟虫，肩不能挑，手不能提，面黄肌瘦，弱不禁风。再加以要经过那些月考、学期考、毕业考、会考、升学考等考试，到了一个大学毕业出来，足也瘫了，手也瘫了，脑子也用坏了，身体的健康也没有了，大学毕业，就进棺材。这叫做读书死。这就是教学生自己吃自己。

（二）教学生吃别人

传统教育，他教人劳心而不劳力。他不教劳力者劳心。他更说："劳心者治人，劳力者治于人。"说得更明白一点，他就是教人升官发财。发谁的财呢？就是发农人、工人的财，因为只有农人、工人才是最大多数的生产者。他们吃农人、工人血汗，生产品使农人、工人自己不够吃，就叫做吃人的教育。

生活教育与传统教育则刚刚相反：

（一）他不教学生自己吃自己

他要教人做人，他要教人生活。健康是生活的出发点，他第一就注重健康。他反对杀人的各种考试，他只要创造的考成，也就是他不教人赶考赶人死。简单的说来，他是教人读活书、活读书，读书活。

（二）他也不教学生吃别人

他不教人升官发财，他只教中国的民众起来做主人，做自己的主人，做政府的主人，做机器的主人。他教人要在劳力上劳心。即使有人出来做官，他是要来服侍农人和工人，看看有吃农人或工人的人，他要帮助农人、工人把他干掉。做官并不坏，但只要能够服侍农人、工人就是好的。他更要教人做到"工以养生，学以明生，团以保生"。说得更清楚些是：教大众以大众的工作养活大众的生命；以大众的科学明了大众的生命；以大众的团体的力量保护大众的生命。

本篇导读（徐莹晖）

本篇是陶行知1934年11月11日在山海工学团讨论会上的发言，原载于1934年12月1日《生活教育》第1卷第20期。

陶行知在文中把传统教育和生活教育的区别解释为吃人的教育和打倒吃人的教育。传统的教育是吃人的教育，表现为教学生读死书、死读书，最后读书死，即教学生吃自己；教学生升官发财，做人上人，即吃别人。而生活教育则是要打倒这传统的吃人教育，即教人读活书、活读书，才能读书活，即不教学生自己吃自己；教学生做主人，做人中人，教人“工以养生、学以明生、团以保生”。

普及教育

刚才谢先生①介绍陶知行，陶知行已经死了，我现在的名字叫陶行知。让我先来介绍自己，陶行知出生才三个月，可以代表我的思想的转变。“知行”变成“行知”。陶知行这个名字，跟我已有二十四年，因为这个名字跟我太久，所以不愿改，并且有人说我喜欢花样翻新，所以终于没有改。三个月前忽然改了，改的原因何在呢？因为许多顽皮的小朋友，写信给我早就改称行知先生。还有一位德国朋友卫中先生，常常喜欢喊我“行知”，他说中国人如果懂得“行知”的道理，而放弃“知行”的传统思想，才有希望。我名“知行”，而主张“行知”，这不是挂羊头卖狗肉吗？经过许多朋友的鼓励，所以我毅然决然在苏州改名陶行知。我的朋友谢育华，看了《古庙敲钟录》之后对我说，你的理论我明白了，是“知行知”，底下这个“知”② 字是何等有动力，很少有人能喊出这样生动的口号。我向他表示钦佩之意后，对他说，恰恰相反，我的理论是“行知行”，所以

① 即谢循初，当时任安徽大学教务长。

② 即“知行知”中后一“知”字。因当时书写和排印均为直书、竖排，故称“底下”的“知”。

改名为陶行知。他说，你的“行知行”不对，比如，有了电的知识，才能去开电灯厂，开了电灯厂，电的知识更能进步，这不是“知行知”吗？我说，那最初发明电的知识是从哪里来的？还不是从科学实验、玩科学把戏中得来的吗？法拉第（Faraday）是一个订书店的徒弟，他订书订的很慢，订一本书就看一本书，大家向老板攻击他书订得慢，老板却说他是订一本书就吃一本书。有一次，装订《百科全书》，吃到电学，他还不够，适Davy[①]在卖讲演，他便求人做东，给他买了入场券去听讲。他就帮助Davy做助手，行动起来，用线接到指南针，拨动磁石，就发生了电。这就是行动。爱迪生发明了电灯丝，经过一千多次实验才成功，也是从行动中得来的。所以，行动是老子，知识是儿子，创造是孙子。因此我主张“行知行”。王阳明先生主张“知行合一”，有一点却拖下一根狐狸尾巴，说“知是行之始，行是知之成”。我们把他翻了个筋斗，提出“行是知之始，知是行之成”的理论，正与阳明先生的主张相反。因此，就改名“行知”。这是我对自己的介绍。

今天所要讲的题目是《普及教育》。这个题目，也是从行动中得来的，不然一定先要将美国普及教育如何，法、德普及教育是如何，俄国、日本又是如何先讲一讲，再讲到中国普及教育方案。不知道中国是一个穷国，已到了农村破产，民不聊生，农民已连饭都没有得吃了。拿富国的办法，引到中国来，无异是乡下人吃大菜。我有一首打油诗，形容乡下人吃大菜，那诗是：“乡下佬吃大菜，刀儿当作筷，我的妈呀！舌头割掉了一块。”两年前，我流浪在上海，跟随我的几个学生，也是穷光蛋，穷又不安分，还想办点教育。于是四个人背了留声机器，带了一点药，到宝山去，把留声机一开，乡下人就大家出来，听洋人哈哈笑，高兴得很。慢慢问他们有没有病，有病我这里有药，头痛送他一点阿斯匹林，打摆子就请他吃金鸡纳霜，结了感情，山海工学团就如此办起来了。

工学团是什么，工就是劳工，学就是科学，团就是团体。如果有外国

① 通译戴维。

朋友问起来，就告诉他是 Labour Science Union①。说得清楚些，是工以养生，学以明生，团以保生。说得更清楚些，是以大众的工作，养活大众的生命；以大众的科学，明了大众的生命；以大众的团结的力量，保护大众的生命。说他是学校，他有工与团，不像学校；说他是工厂，他有学与团，不像工厂；说他是民团，他有工与学，不像民团。所以，工学团可以称为“三不象”。四个穷光蛋，挂的一块大招牌是“来者不拒”，来一个收一个，来两个收一双。后来来了两百人，随后增至三百人，真有点吃不消。正如面包夹火腿，打在夹板中间，招牌既不能下，法子又想不出来，我们就在这里头打滚。有一天，看见一个小孩子教四五十个小孩子做箭，教的极好。我看了半个钟头，非常高兴，觉得这块招牌可以不下了，另外还能添上一块招牌：“不能来者送上门去。”“小孩子能做小先生”，他们是负着把教育送上门去的责任，他们把教育送到牛背上去，送到山上去。这种方法，不是从书本中得来的，不是从头脑中想出来的，不是从听讲演学来的，乃是从行动中产生的。因此，想起在十一年前，我的母亲是五十七岁，我的第二个小孩子叫小桃，才六岁，他读完《平民千字课》第一册就教他的祖母，祖孙二人，一面读一面玩，兴高采烈，一个月就把第一册读完。读了十六天，我在张家口依据《千字课》上十六天的生字，写了一封信寄给家母，她自己便看懂了。

两年半以前，晓庄师范关了门。晓庄佘儿岗的农人要想办一个小学，苦于没有钱，请私塾先生，小孩又不愿。于是小孩自动起来办了一个农村小学，校长、教师、工人，都是小孩子。我为他们写的一幅小照：“有个学校真奇怪，大孩自动教小孩。七十二行皆先生，先生不在学如在。”他们回信说，原稿第二句那个“大”字，应改为“小”字。他们反问我，大孩能自动，难道小孩就不能自动吗？大孩能教小孩，难道小孩就不能教大孩吗？从此这首诗的第二句，便改为“小孩自动教小孩”。

第三个例子，我想到去年江苏淮安新安小学有七个孩子，自动出来，一飘飘到镇江，再飘飘到上海。来的时候，身边只有十块钱，他们靠卖书

① 意为做工、科学、集团。

卖讲演过活。告别上海时，却有六十块钱了。当他们来看我的时候，他们说听见我卖讲演，所以他们也卖讲演。我叫他们先讲给我听，一听果然不错。于是我介绍几处去讲演，别人也介绍了几处，后来就有人自动请他们讲演了。他们讲三分钟，准可使听众大鼓其掌。今天我讲了很多时间，还没有博得掌声（鼓掌）；我讲了二十几分钟，才博得掌声。可见我还不如他们讲得好。他们从小学讲到中学，讲到大学，大夏、光华、沪江等大学，统统去过。后来我问大夏教授邵爽秋先生讲的如何，他说几乎把我们教授饭碗打破了。当时我写了两首诗，答复他们的校长①：

一群小光棍，数数是七根。
小的十二岁，大的未结婚。

没有父母带，先生也不在。
谁说小孩小，划分新时代。

这七个小孩子，都是江北人。当“一·二八”后，上海人目江北人为汉奸。这些小孩子，经过这次讲演以后，大家心理一变，至少这七个小孩子，总不是汉奸。穷孩子到大学里去讲演，这次可以说破世界纪录。这七个小孩子将金刚之锥，把时代划分两个。

以上几个例子证明小孩子能做小先生。小孩子一个教两个极为容易。一个六岁小孩子，白天学了“青菜豆腐”四个字，晚上就会教给妈妈姐姐，一本书可供给三个人用。假如再给他一本簿子、一支铅笔，妈妈还可以划一两笔，像日记一样的缴给小先生看。

小先生的数字非常伟大。一千一百万小学生，一个教两个，便是三千三百万。义务教育，就算有了大进步。还有一千万私塾生，可命每个先生带两个学生来受培养，一个假定是他的儿子，一个是他的得意门生。这两个小先生回去，等到冬烘先生午睡、访友、上茶馆评理的时候，一定可以

① 指新安小学校长汪达之。

将新的思潮传入私塾，私塾马上就可以改良。有二千一百万小先生，六千三百万失学人问题就解决了。再按“即知即传人”的道理，另外还有八千万认字的成人在商店、家庭里，也可以每家抽出一二个人来受教育。再由这八千万人，一个再去教两个，便是一万万六千万人，成人教育就推动了。不过这确要有组织，才能共同发挥出力量。

现在的老观念，非用大炮来轰破不行。诸位知道，社会里有一种人叫做守财奴，这种人喜欢把金银弄到自己的腰包里去，腰包装满了，藏到皮箱去，埋到地下去。他惟一的遗憾，是棺材太小，虽然小，还是要拼命的装，带得多少便带多少去。当他活着的时候，肚子总是大大的，他的肚子比别人大，固然是因为平日补养得好；其实另一个原因，是那腰包点水不漏，纵然要一个铜板，比拔他一根毛发还痛。他有一个弟弟叫“守知奴”，就是大头鬼。他会用一种漆黑的东西，灌在脑袋里，不给他流出来，久而久之，他的头就大了。他一进小学，头就觉得大了些；进了中学，更大一些；进了大学，更大一些；如果还嫌不够大，可以出洋，那头就更大了。回国以后，到上海，到安庆，大家的头都比他小，知识在他脑海里只进不出，非钱不卖，只有用金钥匙才能开这锁。知识在小先生头脑中，就变成了空气，准许人自由呼吸。在上海只有空气不要买，安庆不知如何？所以，“知识为公”除了小先生不行；小先生一出，这知识的“买卖关”就攻破了。

第二关是“娘子关”。中国女子教育不普及，有百分之九十五的女子不识字。进攻娘子军的办法有两种，一种是男先生，一种是女先生。一位二三十岁的男子教一些十七八岁的大姑娘，或是十八九岁的大嫂子，乡下人是看不惯。谣言来了，放谣言的便是不愿意媳妇上学的婆婆；路上出鬼了，装鬼的便是丈夫们的鬼把戏。一直闹到女学生不敢再上学，男教员一败涂地了。换了一个女教员，如果有，那是天字第一号。但是因为女子教育不普及，女教员根本就很少。一个破庙里关了一个男校长，一两个女教员，也有点不方便。几个女子同下乡，那是再好没有了，但是没有男子的地方，女教员又怕鬼，怕贼，怕蛇。最好是夫妻学校。我在几年前，在晓庄师范就鼓励男女同学结婚。这种为事业而结婚，费用不上十块钱，结婚以后办点事业作为纪念，结婚的婚礼请我做证婚，我都到。不过这种夫妻学校，是和金刚钻一样的少，到如今算起来还不到一打。女子教育不解决，普及教育就无法解决。据估计，浙江省普及教育要四百年才行，杭州市要一百五十年，全国要三百年才能普及，小孩子义务教育要七十年才能普及。同时，还要具备三个条件：一要所有学生皆长生不老，万岁，万万岁；二要教育经费按比例源源增加；三要人口不再增加。全国三百年成人教育方能普及，七十年小孩义务教育方能普及。小先生一来，关门就大开，娘子军欢迎小将军进关，他们连新娘房都钻得进去上一课，灶前房角到处都可以做他的课堂。小先生比女教师还好，女学生最怕问人，在小先生的面前，最害羞的女子，也不怕难为情了。

一个先生住在古庙里，等于一只孤鸦，与社会不发生关系。有些思想新一点的先生，想去调查调查农村，常常跑到农人家里去问问，几次一去，不好了，谣言就起来了，只好仍回古庙做菩萨。小先生就不同了，每一个人都可以变成一条电线，从古庙四处放射，成一个电线网。先生变成大电线，可以通到外面去，于是“学校即社会”跟我们翻了个筋斗，变成“社会即学校”（Society as School），活到老，做到老，学到老。现在这种小学六年、中学六年、大学四年的教育制度，都可以“短命教育”四字代表之。我们所要干的是整个寿命的教育，不是短命的教育。上海经过十个月的试验，自宝山、上海县普及到公共租界等地，已经有一万八千个小先生。现在这种制度，已经推行到十九省、四个特别市。诸位要参观，安庆的大渡口小学，镇江的车形小学，已经在仿行这种制度，可以去看看。

现在想普及教育，有三条路：一条是在民间组织普及教育助成会，诸位寒假回去，都可以去组织，帮助地方教育机关去做；第二条路，各省市应订普及教育方案；第三条路，政府应订法令，不准妨害进步。中国的家庭中，往往婆婆不愿媳妇读书，小工厂、商店老板，不愿学徒读书，连孔子的书也不准读，三民主义也不准读。这种妨害进步，政府必须以法律和命令制裁。我以为这种罪，是等于危害民国罪。我曾写了一文，名为《大学生普及教育运动》，可以供诸位参考。中国现在知识分子集中城市，形成庙小和尚多，不妨到乡村去。照我所提的法，两年内，安徽教育就可以普及。

本篇导读（徐莹晖）

本篇是陶行知1934年12月24日在安徽大学的演讲，全篇由两部分组成：一是“我的理论是行知行”，二是普及教育。第一部分在《行知行》中已有叙述，在此不再赘述。

陶行知在《普及教育运动小史》中曾总结说，他投身中国的教育改造事业以来，“有时提倡平民教育，有时提倡乡村教育，有时提倡劳苦大众的教育”，尽管名称不同，但“心中只有一个中心问题，这问题便是如何使教育普及，如何使没有机会受教育的人可以得到他们所需要的教育”。那么普及什么教育？如何普及呢？陶行知提出首先要立足中国的实际。中国是一个穷国，社会是大众唯一的学校，生活是大众唯一的教育，时值民族危亡渐深，教育必须和救亡相结合，为此陶行知提出应该普及工学团的生活教育。1932年山海工学团的成立标志着生活教育进入普及教育运动阶段，而工学团是继晓庄之后生活教育实践的又一个实体。

什么是工学团？陶行知解释为工以养生——以大众的工作养活大众的生命；学以明生——以大众的科学，明了大众的生命；团以保生——以大众团结的力量，保护大众的生命。这样的教育如何普及呢？即开展小先生运动，充分发挥小孩子的力量。小孩子能否担此重任呢？陶行知即用小孩教小孩射箭、晓庄佘儿岗自动学校和新安旅行团的例子来说明小孩子能做小先生。实行小先生制能打破知识的“垄断关”，实现“知识为公”，攻破“娘子关”，解决女子教育问题。小先生运动因为实行即知即传人，所以能够实现社会学校化，又是一种终身教育。可见，发展小先生运动是普及教育行之有效的方法。而具体推行普及教育运动，可以通过民间和政府的力量双管齐下。

生活教育现代化

生活教育是早已普及了。自有人类以来，便是人人过生活。人人受教育。自然而然的，生活是普及在人间，即是教育普及在人间。但是有些人是超时代，有些人是时代落伍。有些人到了现代还是过着几百年前的生活，便是受着几百年前的教育。教时代落伍的人一起赶上时代的前线来，是普及教育运动的目标。做一个现代人必须取得现代的知识，学会现代的技能，感觉现代的问题，并以现代的方法发挥我们的力量。时代是继续不断的前进，我们必得参加在现代生活里面，与时代俱进，才能做一个长久的现代人。否则，再过几年又要成为时代落伍者了。因此，我们必须拿着现代文明的钥匙，才能继续不断的去开发现代文明的宝库，保证川流不息的现代化。这个钥匙便是活用的文字符号和求进的科学方法。普及教育运动之最大使命，便是把这个钥匙从少数人的手里拿出来交给大众。

本篇导读（徐莹晖）

现代化是中国社会自20世纪初以来的发展主题，作为一位主张通过教育救国的知识分子，陶行知准确地把握了时代的脉搏和趋势。他从生活教育的理论出发，提出是现代的生活，就是现代的教育，并把现代化作为生活教育，即普及教育运动的目标，从而把教育置于整个现代化的进程中。陶行知这样的认识经历了一个发展的过程，教育的现代化也已历经百年。

陶行知是中国最早使用“现代化”这个词语的三人之一，其余两位是张彭春和胡适。早在1916年的《中国的道德和宗教教育》中，他就使用了“现代教育”（Modern Education）和“现代教育学”（Modern Pedagogy）两个现代术语，到1925年，他和他的同事在 *Education The China 1924* 中第一次使用“现代化”（Modernizing）这第三个现代术语。1925年9月他在《〈新教育评论〉创刊缘起》中提出现代生活决定现代教育的观点：“如果是现代的国家，如果是现代世界的一个国家，那末他的教育，便不能不顺应着时代和世界的教育趋势而随伴着竞进。”实际已经赋予了教育现代化的特征和目标。他并不满足于理论上的阐述，而在行动、试验中为实现教育现代化找到了途径，即开展乡村教育运动。他以乡村教育为突破口，创办晓庄师范作为试验，提倡以乡村学校改造乡村社会和生活。1928年1月2日他提出：“我们的生活方针：科学化、艺术化、民众化。我们的最大贡献在那里？就是一切民众化，在使民众‘现代化’。就是要使乡民生活现代化，不让他们做落伍者。”（《晓庄丛讯》第2卷第1期第3页）至此，可以看出陶行知已经把“现代化”确立为乡村教育、生活教育的总目标。中国实现现代化，要从使乡民现代化入手。生活教育运动发展到普及教育阶段，他又提出普及教育要实现三个现代化：“第一要整个民族现代化，第二要整个生活现代化，第三要整个寿命现代化。”在生活教育运动经历了8年之后，他提出“生活教育现代化”的号召：“教时代落伍的人一起赶上时代的前线来，……拿着现代文明的钥匙，才能继续不断的去开发现代文明的宝库，保证川流不息的现代化。”（参见胡晓风先生的《陶行知研究反思札记》）

教育现代化历经百年，仍在进行中。陶行知对教育和现代化的独到见解以及提出的实现现代化的途径无疑为中国的现代化进程作出了独特的贡献，提供了借鉴。

通不通

张耀祥先生在《教育杂志》上发表了一篇短评，驳我们的“读死书，死读书，读书死”的言论。他拿了许多证据出来证明这三句话不通。是我们不通呢，还是他不通呢？这个我们愿意等候读者裁判，用不着我们自辩。但是他的短评里是有好几点引起了我们讨论的兴趣。

一

当我们劝告青年不要读死书，死读书，读书死的时候，我们接着就劝告大家要：

“用活书，活用书，用书活。”

我们的指针是“过什么生活，用什么书”。不用功的青年固不能借口而丢掉书本，蛀书虫也不能断章取义说我们把书本抹煞。

二

张先生说：“近人提倡劳作，不惜毁谤读书。”我们所提倡的是“在劳力上劳心”，而不是寻常学校里的“劳作”。在我所写的论文里，从来没有

“劳作”这个名词，我们是要大家参加社会生活里的劳动，而参加这种劳动的时候是要手脑并用。这种劳动，并不是在学校里设一门劳作功课点缀点缀就算完事。有时这些装饰品的劳作，除了开展览会外，是别无用处。甚至于这种功课是侮辱工具，糟蹋材料，加倍消耗。我们之所以反对读死书，死读书，读书死的动机，绝不是为了要提倡这种与当前社会生存需要无关的劳作。

三

字典、辞源、电话簿，我们只承认是用的书而不是读的书。当张先生编《中国识字测验》和校对《善恶字汇》的时候，恐怕也只是用字典而不是读字典。用字典是谁也赞成，读字典便是死读书了。张先生还举了《推背图》、《烧饼歌》来证明那句“开卷有益”的老话。按他的意思，世界上是没有“死书”，只要是书，都是有用的。好，医学研究所的解剖室里的死尸何尝没有用！你能教大家都来研究死尸吗？你能因为医学家用得着死尸，就说死尸是活人吗？

四

“死读书”，他是承认了一半。他说：“一说反复诵读一本不甚了解的书至烂熟为止，便是死读书。私塾里的儿童有这样的事。”但他一转身，又把承认的话吞了下肚。他以为不能责备这些儿童，“因为他们是被强迫使然的”。谁来责备小孩呢？但强迫小孩这样死读书的人，就能宣告无罪吗？

五

他又说：“我以为如承认读书是件好事，正不妨多读。……书不像食物，吸收多了会停滞的；倒很像货财，多多益善。”这是多么精彩的一段读书发财论！我肥天下瘦，我智天下愚，本来是同一个人导演出来的两出悲剧。

六

张先生又说：“假若有人无需为目前个人衣食而劳作，致全力于读书，不管他是为求学或为消遣，我们都不应非议他。”请问这位致全力于读书的先生的衣从何来？食从何来？正当大众吃树皮草根的时候，读书人还以“致全力于读书”为消遣，还不许人非议。好，“农夫心内如汤煮，公子王孙把扇摇”。我们看到这两句诗，再看看张先生的言论，当作何感想？

只吃桑叶而不肯吐丝的蚕，谁愿养？

七

“书呆子是社会的名称，不是科学上的名称。”

他这样为书呆子辩护。但是我们能够因为科学里没有书呆子的名称，就能否认书呆子的病态吗？张先生赞成读经。好，引一句经来证明吧。孔子说：“乡愿，德之贼也。”请问“德之贼”是个科学的名词吗？乡愿能用科学为盾牌而逃避“德之贼”的社会制裁吗？书呆子是个什么人？我就用张先生的话来答复：书呆子是一个致全力于读书的人。他除读书以外，不做别的工作。爸爸病了他不管，妈妈没有米下锅了他不管，穷孩子不能上学他不管，邻居失火他不管，田里大旱他不管，逃荒的人吃树皮草根他不管，黄河决口他不管，甚至于日本夺了东四省，打到了上海都不管。管是管的，《本草纲目》、《孝经》、《齐民要术》、教育统计、水灾报告、“九一八”和“一·二八”的历史，哪一样不是读得熟透了吗？然而麻木不仁！这种麻木不仁的人，还不是和呆子差不多？还不要想个法子来为他们诊治诊治吗？

八

读书读得太多，把性命送掉，据张先生说，这就是所谓“读书死”。如果世间真有这种人，他倒愿意顶礼敬拜。现在信教自由，谁都让他去崇拜。但是我们对于“读书死”的认识，决不停止在个人的死活上。拼命读书，始而近视，继而驼背，终而吐血以至于夭折。这种狭义的死，固然令人为他可惜，但是更可惜的是未死之前，整个生活之残废麻醉，失却人生、社会的正确意义。只管读书，不管父母死活而父母死；只管读书，不顾民族死活而民族死。这样，小己纵然读书成名，升官发财，而袖手坐看大己枯萎，我们要不称他为读书死也不行了。

九

张先生说："嗜书者好沉默，因为他时刻在思想；不爱参加其他活动，因为他已经得着最高等、最愉快之活动。"这几句话实在是一个有闲的书呆子的小影。除了"思想"宜改为呆想或空想之外，我想这幅小影是画得不错。书是当作鸦片烟吃上瘾了，躺在烟铺上大抽其大烟，虽有南面王也不愿做了。

十

不错，"犁耕是劳动，笔耕也是劳动"。但是"只问耕耘不问收获"的时代是过去了。我们必须问为什么耕？种的什么？不管是犁耕也好，笔耕也好，而种出来的东西都是麻醉人的大烟，那末，虽能愉快一时，前途怎么呢？

十一

最后，张先生误认读书与求知为一件事。读书只是追求已经发现的知识的一种方法。读书虽然重要，但是如果以书本为一切知识之泉源，那就难免坐井观天了。法拉第做订书徒弟的时候，对于书是订一本看一本。一次，他装订一部百科全书，看到电气一章，觉得不够味。他以后关于发电机的发明，与其说是从书中得来，不如说是从书不够味中得来。

本篇导读（徐莹晖）

陶行知批判传统教育是不教劳心者劳力，所以读书的人就是"读死书、死读书、读书死"。这样的观点遭到了传统教育派的批驳，这反映了生活教育和传统教育的对立，也显示了生活教育的实现是一个漫长的过程，要时刻准备着与传统教育战斗。

从陶行知对张耀祥先生观点的反驳来看，张先生是传统教育的卫道者，他从传统教育的观点出发，认为陶行知的“读死书、死读书、读书死”不通，陶行知则针对性地进行了反驳。陶行知指出生活教育反对“读死书、死读书、读书死”，提倡“用活书、活用书、用书活”的目的不是用日常的劳作代替读书，取消读书，而是要在劳力上劳心，手脑并用。反对“读死书”是反对以脱离生活的书本知识为教育内容，反对以书本为一切知识的来源，而认为书是解决人生问题的工具，所以书是用的。反对“死读书”是反对不解其中义而死记硬背的学习方法和强迫灌输的教学方法。而“读死书、死读书”和“读书死”是呈因果关系的，前者为因，后者为果。“读书死”意指致全力读书的人除读书外什么都不管，置个人的健康、前途乃至民族的前途于不顾。其目的只是为了升官发财，做人上人，这样的人只能成为书呆子，是为“读书死”。

民族解放大学校

你一看见“大学校”三个字，或者要疑心我想谈一谈“中央大学”一类的学府。其实我心里所想说的，并不是这样的学府，而是比这样学府要大二三十万倍的大学校。

这个大学校，自二十四年十二月九日[①]起，已经开学，还没有取名字，我姑且送它一块校牌，叫做“民族解放大学校”。

这个大学校是没有围墙，万里长城还嫌太短，勉强的说，现在中华民国的国界就算是我们这个大学校的“四至”。

它也用不着花上几百万去建造武汉大学那皇宫一般的校舍。工厂、农村、店铺、家庭、戏台、茶馆、军营、学校、庙宇、监牢都成了这个大学校的数不清的分校。连坟墓都做了我们的课堂。谁能说庙行的无名英雄墓和古北口的支那勇士墓不是我们最好的课堂啊？

它并且没有校长。的确，一直到现在，我们还没有找到这样的一个校长。大概这校长怕不是一个人做得起来，照趋势看来恐怕是要由四万万人

① 指一二·九运动。

合做一个集体校长，或是由大家的公意产生一个校长团。

它的导师多着咧！前进的大众，前进的小孩，前进的知识分子，都有资格做这大学校的导师。学生们学得一点真理，立刻就负了教人的义务，也立刻成了先生了。广义的说起来，是四万万人都是先生。

它的学生也是一样的多，顶少也有四万万。在这所大学校里，大家共同追求真理，活到老、学到老、教到老、干到老、团到老。

我说四万万人这句话是有毛病。一、因全中国的人是没有正确的统计，二、因少数汉奸卖国贼必得开除出去，三、因我们不能关起国门来办教育。这个大学校的国外学生、同学、导师，谁能数得清呢？

学校虽大，功课只有一门。这门功课叫“民族解放教学做”，简单一点，它叫做“救国教学做”。先生教什么？教救国。学生学什么？学救国。教与学都以做为中心。先生要在救国的行动上教救国，学生要在救国的行动上学救国，这样才是真正的救国教学做，这样才是真正的民族解放教学做。这门伟大的功课当然有许多细目可以分出来。例如政治、经济、军事之演讲，作战防卫技术之操练，医药救护之操练，交通工具之操练，戏剧歌唱之演习，国防科学之研究，大众教育之推进，拼音新文字之普及等等，都是这门功课里所应当包括的细目。这些细目都是以民族解放之实际行动为中心，有计划有组织的各种实际行动的过程，便是这个大学校的课程。

照上面的观点看来，救国不忘读书的口号是站不住了。救国与读书是分不开的。我们只读可以救国的书，救国的行动要求什么书我们才读什么书。最近教育部通告里说“教育之生命即民族之生命”。这句话也要颠倒过来才是真理：民族之生命即教育之生命。不救民族之生命，哪能救教育之生命？这个大学校只救民族之生命，则教育自然有生命了。

这个大学校的教育法也特别。前进的生活法便是前进的教育法。前进的生活法是什么？一是批判，二是战斗。这个大学是要根据大众的利害来批评一切歪曲的理论，要为民族解放前途向汉奸卖国贼、封建势力、帝国主义拼命的战斗。

这个大学也要办毕业，它也有会考。等到一切失地收回，主权恢复，中华民族完全得到了自由平等，我们就算会考及格，定期举行毕业典礼。

这样的会考，当然不是写几篇文章就能及格。我们的民族解放的证书是用血写的，我们的民族解放毕业是打出来的。我们所纳的学费不是金子银子，乃是我们的生命。我们所要得到的不是方块帽、漏斗袋，乃是万万年的整个中华民族之自由平等！

够了！你这个人是多么自私自利啊，单为你自己一个民族打算！对，你的话虽然骂得不错，但是你不要心急，民族解放大学只是一个初级大学（Junior College），在它上面，还有一个更大的人类的高级大学（Senior College）咧。

本篇导读（徐莹晖）

1935年华北事变后，中华民族的危机空前严重，12月9日爆发了著名的抵抗日本帝国主义侵略的一二·九爱国运动。陶行知从生活教育理论，即过什么生活就是受什么教育出发，号召沿着一二·九学生运动的足迹，过民族革命的生活，才算是受民族革命的教育。1936年3月，陶行知组织成立国难教育社，生活教育运动进入国难教育阶段。而从一二·九运动开始，民族解放大学就开学了。这个学校实行生活教育理论，以整个民族解放的生活为教育的范围，以全中华民族为教育的场所，以民族解放的实际行动为中心，实行教学做合一的方法，先生在救国的行动上教救国，学生在救国的行动上学救国，救国与读书紧密联系，救国需要什么书，就读什么书，从而最终实现整个中华民族的自由平等。

生活教育之特质

您如果看过《狸猫换太子》那出戏，一定还记得那里面有一件最有趣的事情，就是出现了两个包龙图：一个是真的，还有一个是假的。我们仔细想想，是越想越觉得有趣味了。世界上无论什么事，都好像是有两个包龙图。就拿教育来说吧，您立刻可以看出两种不同的教育：一种叫做传统教育，另一种叫做生活教育。又拿生活教育来说吧，您又可以发现两种不同的说法：一种主张“教育即生活”；另一种是主张“生活即教育”。我现在想把生活教育的特质指出来，目的不但要使大家知道生活教育与传统教育之不同，并且要使大家知道把假的生活教育和真的生活教育分别出来。

（一）**生活的**　生活教育的第一个特点是生活的。传统的学校要收学费，要有闲空工夫去学，要有名人阔老介绍才能进去。有钱、有闲、有面子，才有书念，那末无钱、无闲、无面子的人又怎么办呢？听天由命吗？等待黄金时代从天空落下来吗？不！我们要从生活的斗争里钻出真理来。我们钻进去越深，越觉得生活的变化便是教育的变化。生活与生活一摩擦便立刻起教育的作用。摩擦者与被摩擦者都起了变化，便都受了教育。有人说：这是“生活”与“教育”的对立，便是“生活”与“教育”的摩擦。我以为教育只是生活反映出来的影子，不能有摩擦的作用。比如一块石头从山上滚下来，碰着一块石头，就立刻发出火花，倘若它只碰着一个石头的影子，那是不会发出火花的。说得正确些，是受过某种教育的生活与没有受过某种教育的生活，摩擦起来，便发出生活的火花，即教育的火花，发出生活的变化，即教育的变化。

（二）**行动的**　生活与生活摩擦，便包含了行动的主导地位。如果行动不在生活中取得主导的地位，那末，传统教育者就可以拿“读书的生活便是读书的教育”来做他们掩护的盾牌了。行动既是主导的生活，那末，只有“为行动而读书，在行动上读书”才可说得通。我们还得追本推源的问：书是从哪里来的？书里的真知识是从哪里来的？我们是毫不迟疑的回答说：“行是知之始”，“即行即知”，书和书中的知识都是著书人从行动中得来的。我要声明著书人和注书人抄书人是有分别。人类和个人的知识的妈妈都是行动。行动产生理论，发展理论。行动所产生发展的理论，还是为的要指导行动，引着整个生活冲入更高的境界。为了争取生活之满足与存在，这行动必需是有理论、有组织、有计划的战斗的行动。

（三）**大众的**　少爷小姐有的是钱，大可以为读书而读书，这叫做小众教育。大众只可以在生活里找教育，为生活而教育。当大众没有解放之前，生活斗争是大众惟一的教育。并且孤立的去干生活教育是不可能的。大众要联合起来才有生活可过；即要联合起来，才有教育可受。从真正的生活教育看来，大众都是先生，大众都是同学，大众都是学生。教学做合一，即知即传是大众的生活法，即是大众的教育法。总说一句，生活教育是大众的教育，大众自己办的教育，大众为生活解放而办的教育。

（四）**前进的**　有人说，生活既是教育，那末，自古以来便有生活，即有教育，又何必要我们去办教育呢？他这句话，分析是对的，断语是错的。我们承认自古以来便有生活即有教育。但同在一个社会里，有的人是过着前进的生活，有的人是过着落后的生活。我们要用前进的生活来引导落后的生活，要大家一起来过前进的生活，受前进的教育。前进的意识要通过生活才算是教人真正的向前去。

（五）**世界的**　课堂里既不许生活进去，又收不下广大的大众，又不许人动一动，又只许人向后退不许人向前进，那末，我们只好承认社会是我们的惟一的学校了。马路、弄堂、乡村、工厂、店铺、监牢、战场，凡是生活的场所，都是我们教育自己的场所，那末，我们所失掉的是鸟笼，而所得的倒是伟大无比的森林了。为着要过有意义的生活，我们的生活力是必然的冲开校门，冲开村门，冲开城门，冲开国门，冲开无论什么自私自利的人所造的铁门。所以，整个的中华民国和整个的世界，才是我们真正的学校咧。

（六）有历史联系的　这里应该从两方面来说。第一，人类从几千年生活斗争中所得到而留下来的宝贵的历史教训，我们必须用选择的态度来接受。但是我们要留心，千万不可为读历史而读历史。我们必须把历史的教训和个人或集团的生活联系起来。历史教训必须通过现生活，从现生活中滤下来，才有指导生活的作用。这样经生活滤过的历史教训，可以使我们的生活倍上加倍的丰富起来。倘使一个人停留在自我或少数同伴的生活上，而拒绝广大人类的历史教训，那便是懒惰不长进，跌在狭义的经验论的泥沟里，甘心情愿的做一只小泥鳅。第二，中国已经到了生死关头，争取大众解放的生活教育，自有它应负的历史的使命。为着要争取大众解放，它必须争取中华民族的解放；为着要争取中华民族之解放，它必须教育大众联合起来解决国难。因此，推进大众文化以保卫中华民国领土主权之完整，而争取中华民族之自由平等，是成了每一个生活教育同志当前所不可推却的天职了。

本篇导读（徐莹晖）

本篇写于生活教育进入国难教育运动之后，通过对生活教育的特质的阐述，一方面使人们明了真正的生活教育，另一方面强调了生活教育目前的使命即争取中华民族的自由解放。

陶行知指出，生活教育在国难教育时期唯一的目的就是保卫国家领土完整，争取中华民族的自由平等。以这个目的为核心，生活教育具有六大特质：生活的；行动的；大众的；前进的；世界的；有历史联系的。生活教育最根本的特征即生活的。生活教育理论就是对生活和教育关系的论述。生活即教育，生活决定教育，教育要通过生活的变化才能生发力量。在国难时期，争取中华民族劳苦大众之解放的生活，就是我们所需要的教育。所以，生活的范围就是教育的范围，生活的场所就是教育的场所。国难时期生活教育的场所就是整个中国和整个的世界。教育的意义就在于使生活与生活相摩擦，实现生活的改造，即生活教育要教大众通过民族解放的实际行动，去选择人类通过数千年的生活斗争所获得的有益经验再来指导救国行动，要教大众过救国的生活，靠大众自己的力量争取大众自己的解放。

大众教育问题

一、为什么需要大众教育？

简单说来，因为大众失了教育，所以需要大众教育。中国的教育只有少数人，有钱的人、有闲的人、有面子的人才得受教育。这少数人的教育，可以说是小众教育。而掌握国家大权的人，也就是这些小众。掌握国家的大权，照理要保护国家，但事实上东北丢了，热河丢了，冀东丢了，华北丢了，土地一块一块的丢了，丢了二十二个江苏省那末大了，而福建也动摇了。少数人受了教育，不能保护国家，把中国土地一块一块的丢了。想把国家大事依靠此种人，说来只有“靠不住”三个字，也只有书呆子才想靠他们。现在只有大众才能救国。

我们要大众起来救国，但是大众识字的只有十分之二。他们不知道国家的危险，吃了苦不知道苦从哪里来；受了灾难，也不知道怎么有这许许多多的灾难。他们只晓得吃苦受灾是命运不好，说咱们的老命不行，这是我们祖宗的风水弄错了。

他们受了痛苦，不会去追求痛苦的原因；受了灾难，不会去根究灾难是谁给予的。民族国家的危险，正需要大众来挽救，他们有力量救国，而没有人去启发，没有人去领导。他们不知道国难的根本原因，在于日本帝国主义的侵略。他们不知道灾难的线索在什么地方，他们不知道痛苦的根本原因在什么地方。我们要教大众知道他们所受层出不穷的痛苦，并不在于命运不行，也不在于风水弄错，而在于日本帝国主义的侵略。我们要教大众会运用他们的力量，我们要教大众怎样去推翻日本帝国主义，这才是大众教育。我们要提倡大众教育，推行大众教育。因为小众拿政权在手，带兵百万，仍是不能救国。救国的问题，只得由大众来解决，我们要使大众知道国难的根本原因在于日本帝国主义的侵略，而想出挽救的办法来。

二、什么是大众教育？

大众教育和小众教育有什么分别？

第一，大众教育是大众的，不是小众的；

第二，大众教育是大众自己办的，不是小众代办的；

第三，大众教育是大众谋大众的幸福，大众除大众的痛苦，不是小众谋小众的幸福，小众除小众的痛苦。

大众教育的定义是："大众教育是大众的教育，大众自己办的教育，为大众谋幸福的教育。"（Mass education means education of the mass by the mass and for the mass）

在此，我们要仔细分别大众教育和所谓平民教育、民众教育不同之点。大人先生所倡办的平民教育或民众教育，一点儿也无补于事的。我们只要把大众教育的定义弄清楚，自然会明白平民教育或民众教育乃是小众的，小众代办的，为小众谋幸福的。这是大众教育和平民教育或民众教育根本的区别，除此之外，还有许多不同之处。

分析说来，第一，大众教育要对大众说老实话，不要含混，不要欺骗。平民教育或民众教育，便不是这样。譬如说，我看见某平民课本①，开宗明义说："人人有衣穿，人人有饭吃，人人有工做。"这是欺人之谈。

① 中华平民教育促进会总会的定县教育试验区在20世纪20年代后半期所编写和传授的平民课本。

你说“人人有饭吃”，昨晚隔邻张三全家挨饿了。你说“人人有工做”，李四自从工厂辞退回家，没有工做已经许久了。这还说什么“人人有饭吃”，说什么“人人有工做”，这不是明明白白的骗子吗？我们办大众教育要说老实话，不要欺骗才行。

再如，大众教育也是要农村建设的。不错，农村建设要有组织，也要有礼貌，不过这只是农村建设的一端。要有组织就先要有目的，譬如中山大学是一种组织，此种组织，已经有了目的，因此，才不会今天组织了，明天就散伙了。农村建设也是一样道理，既然要建设，就应该有一个中心，没有一个中心，不但要落空，而且会吃亏的。举一个例来说，农村建设之中，有一个叫做“公路建设”的口号。好了，要开公路，于是乎清丈土地，圈定土地，填筑土地，公路造成了，汽车来了，洋货也源源输入了。我曾做一首诗：“圈去农人地，农人哭啼啼，造成汽车路，汽车大王笑嘻嘻。”帝国主义的政治经济文化的侵略，也深入农村，于是乎农村更加破产。办这样的教育，要来建设农村，真是南辕北辙！我们办大众教育要有深远的计划才行。

第三，大众教育也是要生产建设的。一般人提出生产教育，我并不反对；但他们以生产教育做唯一的目的，我就要反对了。比方说，生产主义者，他们以为一亩小麦，要是多收两斗，照这个比率计算起来，全国小麦的生产不是洋洋可观吗？他们以为一亩棉花要是多收五十斤，照这个比率计算起来，全国棉花的生产不也是洋洋可观吗？生产——生产——生产——生产主义的平民教育就要鼓励农民去增加棉花的生产。日本帝国主义的计划不是也在华北鼓励农民增加棉花的生产吗？棉花种的越多，帝国主义也越欢迎，棉花原料也越不愁没有地方供给。单教人去生产而不去计较后来的得失，正是帝国主义的口吻。我以为大众教育教大众生产之外，还要教大众觉悟，大众的生产（Mass must coneious of mass production）才不会偏在后头。这样教人生产，才靠得住。

我们要教人，不但要教人知其然，而且要教人知其所以然。这一回上海的普及教育，也只教人知其然，自然是不够。此次我到广东来，在船上，我就想出几条原则来，教人怎样去知其所以然。这几条原则是要大众觉悟的。

（一）知道事情是这样；

（二）知道事情为什么这样；

（三）知道事情怎样就这样；

（四）知道事情怎样会成那样；

（五）知道事情为什么由这样变到那样；

（六）知道事情怎样由那样变成这样；

（七）把一切的事情和别的事情联合起来看；

（八）在行动之中追求一切的真理，把真理来指导提高一切的行为。

我们要彻底理解一个事情，要知其然知其所以然，那末就要依照这八条原则，不然，我们只知其然，教人知其然，这是愚民政策。

举例来说，我们知道生物学、社会学都有发展性，这是学过生物学和社会学的人周知的事。民族解放运动也有发展性，第一，知道中国是如此的一个半殖民地；第二，知道中国为什么会沦为半殖民地；第三，知道中国怎样沦做半殖民地；第四，知道中国怎样会成为独立平等的国家；第五，知道中国为什么要由半殖民地进为独立平等的国家；第六，知道中国怎样就由半殖民地进为独立平等的国家；第七，中国民族解放运动要和资本主义国家人民反抗帝国主义运动，社会主义反抗帝国主义运动，弱小民族反抗帝国主义运动，联合起来，考虑得失，要否大家连成一条共同战线；第八，中国民族解放运动，要从实际行动得到经验，以行动做主要的领导。

大众教育，也要照这个程序和民族解放运动联系起来，务使大众个个做民族解放运动的斗士。就这样去教大众读书，才不会陷入“读死书，死读书，读书死”的泥淖之中。大众解放，中国才解放，中国要解放，就得求大众的解放。如果不是这样，中国是没得救的。

大众教育是针对现实，小众教育是逃避现实。小众教育像古寺的和尚，古庙的修道，他们不愿跟现实接触的。华北的情形，最易看出来，日本的飞机，盘旋于古城之上，于是学者搬家，古物搬家，仪器搬家，只有古城搬不了家，这是逃走教育。高等教育尤甚，迁校啦，迁图书啦，逃走，逃走，搬走了事！否则做汉奸，投降！只有我们的大众搬不了家，不能逃走，只得死守古城。因为他们即使想逃走，没有地方给他们逃走，没有旅费给他们逃走，而我们大众的教育也就没有跑掉，已经跑掉的不是大众的教育。真正的大众教育要和现实打成一片，现实也是大众的教育，永远跑不掉的。

再如定县也挂起大众教育的招牌，所谓平民教育或民众教育，可是大人先生教育逃走了。国难没有来，他们还在那里，国难的消息传到领袖的耳朵，领袖专家就想逃走，他们也知道要逃走，师出无名是不可以的，于是想来想去，想出县单位的试验提高到省单位的试验的法子。这样一来，领袖们专家们便逃到广西了，逃到四川去了，而用不着顾虑舆论的指责了。他们还在报上发表声明，说这一回的搬家不过是由县单位试验，提到省单位试验。真的由县单位提到省单位，是事业的扩充，我很喜欢能够这样的。河北省是定县的所在地，也是国防的最前线，危险万分，在这里才真正是试验省单位，才真正做救国的工作，为什么不提到河北省做省单位试验而提到广西去、提到四川去，还不是逃走吗？几百万元给他们花掉了，几十万农民给他们抛弃了！大众不能逃避现实，他们要保护自己的生命、自己的田庄、自己的财产，教育要居于领导的地位才对，而现在定县的教育领袖跑了，这是绝大错误！真的大众教育要从现实中找出题材，针对着现实，这也可说大众教育和小众教育不同的地方。

三、怎样去干大众教育？

（一）社会即学校：办大众教育第一个难关，没有房子怎么办？办大众教育当然不能希望有这样考究的房子，店铺、家庭、茶馆、篷户、庙宇、晒台、茅厕坑、监牢、坟墓，都是教育场所。上海的日本工厂压迫中国工人，无微不至，工人的谈话，也在禁止之列。但是工人救国的会谈，也不因此而终止，他们装大便，到茅厕坑去，你能说茅厕坑不是学校吗？如果你犯了罪，如爱国罪之类，给宪兵警察抓到监牢去，在监牢学会了许多东西，难道监牢不是学校吗？你到黄花岗七十二烈士墓去，你的见识，你的回思，你的感慨，算是上了一课，我到上海无名英雄墓去，也上了一课，坟墓不是我们最好的课堂吗？

我们若愁没有房子开学校，对有钱有空房子的人商借一间半间房子办学校，哼，免开尊口！社会就是学校，我们在亭子间、工厂、码头、田头、茶馆、庙宇，处处都可以受教育。先生来了，我们读书吧，穷人慷慨，他们的牛棚、篷户，无妨借来做课堂。即使没有，山上、树林不也是绝好的学校吗？我们办大众教育，只要明白社会即学校的道理，处处都走得通。

（二）即知即传：有了地方开学校，没有先生还是不行。先生不是没有，月薪三百块钱，穷人那里负担得起，三十块钱不行，二毛钱还是不行。然则先生哪里来呢？我的办法："即知即传"。知道一条真理，负责传遍天下；知道两条真理，负责传遍天下，我传你，你传他，他传他，传到码头、工厂去，传到农村去。一人教十人、二十人、三十人，你教我，我教他，他教他，一村之中，总有一二个人合农人的口胃吧。一人教十人、二十人、三十人，做个传道者。譬如从前办小学，只知道教学生，其实小孩也可以做先生的。所以现在办小学，要教小孩子做学生，也要教小孩子做小先生。

小孩子做小先生，古已有之。私塾先生有了学生代课代管理，他便可安心去打麻将，睡午觉。临去只要吩咐一声，"你们好好地读书不要闹，不然，我回来就要打屁股了。"就没有事了。这正像资本家的剥削制度，在小孩子身上揩油。

小孩子做小先生，确是一个很有效果的办法。中国有九千万小孩子，如果大众教育起了作用，我们就有不领薪水不自私自利的小先生九千万人。这样一来，先生教书也进步了，因为要教孩子去做先生，做先生不能不知得多，不能不知得透，也不能不知得新；不多，不透，不新，学生就不高兴，也不能传人。现在我们有一千一百万小学生，训练起来，也即有一千一百万小先生。现在只差八千万，小先生教大众，先进的大众也做先生，如此继续不断由学生而先生，先生的问题就解决了。

（三）新文字：有学校，有先生，没有工具，还是不行。我们办大众教育要利用新文字做工具。什么叫新文字，原来是拼音字，即是"拉丁化”文字。“拉丁化”我们不敢说了，为的怕人家误会，所以叫上海话新文字也行，叫广州话新文字也行。怕人家误会的原因有二：第一，乡下人不说外国话，你要叫他们学“拉丁化”，他们只听到“拉丁化”三个字就不愿学了。第二，“拉丁化”是从俄国来的。俄国来的东西都是赤化①，他们就怕学了赤化了。其实俄国输入的东西，未必完全赤化。上海某文豪，就把“拉丁化”有赤化的危险来责难。我说：“你的汽车所用的汽油，不是俄国光华公司的吗？如果从俄国来的东西就是赤化，那末你的汽车所用的汽油，也就是赤化了。”某文豪哑然失笑，给我问倒了。原来新文字是从海参崴的华侨传入来的。海参崴华侨的知识分子，用新文字推行华侨的识字教育，收效卓著，因此就有人介绍到中国来。一般人对于华侨只晓得要华侨的袁头，旁的东西，一律拒绝，难道这是公平的吗？可以推销俄国的汽油，难道不能推销旅俄华侨的新文字吗？

我们要了解新文字的好处，我们得先知道国语罗马字的不行。旁的不说，只要知道国语罗马字的二个难关，第一，国语罗马字用北平话做标准音，中国的方言复杂万分，国语一时很难推行，换句话说国语在短时间内不易希望普及。你看乡下人一辈子不出门一步，一辈子不上北平，一辈子没有和国语相接触，所以即使学会，也没有什么用处，倒不如规规矩矩去学汉字。像我学北平标准语，学了五年，还是二不像。所以用国语罗马字做普及教育的工具简直是幻想。第二，国语罗马字要分平上去入四声。在字的上下左右加点，标明是平声，还是上声、去声、入声，弄得天昏地黑。我们学来，已经感很困难，何况一般大众呢？

新文字没有这两个难关。广州有广州话新文字，上海有上海话新文字。新文字全不勉强广州人定要去学别种方言。广州人自从一岁以后，已经学会了广州方言，只要学会拼音，就可以阅读新文字、了解新文字，这是文字上的大解放。新文字用连词的办法，不用平上去入四声，它不会把“叫”字弄错做“吊”（diao lan dung）字。da dao 一词，“打倒”、“打稻”、“大刀”，三个意义不同，若是把一句话连接起来就行，打倒（da

① 反动派用来指责受马克思主义影响、拥护共产党的人物、事物的言词。

dao）走狗，农人打稻子（da daoz）、关公的大刀（da dao），决不会弄错的了。

新文字不但没有国语罗马字的两个难关，而且有易学的好处，大众聪明的一天学会，笨的一月也学会，我们念过 ABCDE 的，很快就学会。大家说广东话，学广东话新文字，只须两个头。我们要做先生的人要教学生，学生又做先生，再去教学生，所以我们更要赶快学会。现在，广州话新文字方案共有四种，将来由专家审定，采取一种方案做广州话新文字的标准，凡说广州话的大众，如广州、香港、中山、澳门等地方，都可以用来做工具。上海的大众，采用上海话新文字做读书识字的工具，大家都可以读书阅报，明白道理，运用力量来救国了。大众有了识字的工具，教科书一分钱，铅笔一分钱，拍纸簿一分钱，高级教科书一分钱，高高级教科书一分钱，大众花了五分钱就可以读书阅报，运用大众的力量来救国。

新文字的来历上面已经说过，新文字运用的发展，我也得提一提。大家知道上海救国有罪的，所以有些爱国志士，为逃避检查者的耳目，他们就利用这种新文字。那班检查者，横看不是英文，直看也莫名其妙，常常掩饰过去。又有些青年男女利用新文字写情书，也无非怕人检查，结果也很有效。我们提倡新文字，倒不是此意，简单说来，只要大众用来做救国的工具。

（四）救国的实际行动：昨天也说了一些。我们认定教大众救国的知识，起来做救国的实际行动就得了。

上面四项的主张，已经包括大众教育的主要部分。我们有了理论，有了计划，有了组织，我们起来做救国的实际行动。大家必定已经知道天津人民自治运动的喜剧，其实都是二毛钱白面的力量推动出来，而天津市长，也居然接见这班东西。这是汉奸教育，二毛钱的汉奸教育。我们的大众教育只要五分钱，培养一个民族解放的斗士，不说二毛钱，就是二百块钱，二万块钱也收买不去，彻底干，达到中华民族解放，中国自由平等才肯罢手，这才有意思。

本篇导读（徐莹晖）

本篇是陶行知1936年5月1日应中山大学法学院之请，在中大礼堂所作的演讲，主要从三个方面论述了有关大众教育的问题：为什么需要大众教育；什么是大众教育；怎样办大众教育。

陶行知首先指出了大众教育的必要性。随着日本帝国主义的侵略日益深入，中华民族的危机日益加深，仅靠小众的力量，即有钱的、有闲的、有面子的人是无法解决救国问题的，大众才是救国的真正力量。但传统的教育使得大众对国难缺乏了解，也即缺乏这方面的教育，所以需要通过启发大众的觉悟来发挥大众的力量，因此需要大众教育。这样的大众教育有什么特殊含义呢？陶行知下的定义是："大众教育是大众的教育，大众自己办的教育，为大众谋幸福的教育。"这和所谓的平民教育、民众教育是有根本区别的。所谓的平民教育和民众教育欺骗大众、没有深远的计划、单教人生产而不教大众觉悟、逃避现实，这样的教育无法发挥大众的力量。而大众教育对大众真诚，有目的、有计划地开展，教人知其然，也知其所以然，了解民族解放运动的程序，所以也是针对现实的教育。认识到大众教育的必要性和真正的含义，接下来就是要付诸实际行动。具体来说，要用生活教育的理论作指导，以社会即学校的原则解决场地问题，用即知即传的方法解决师资问题，用新文字解决工具问题，用救国的知识付诸救国的实际行动。

将整个生活融化在全面教育之中[①]

今后战时教育，有四点提要：

一、实行全面教育，配合全面抗战。所谓全面教育，不是为教育而教育，而是为抗战而教育。在时间上，不把敌人驱逐出境一日，则全面教育一日不松懈；在空间上，实施此种抗战教育，不应仅在后方，而应展开到前方，展开到敌人的后方（即我失陷区），展开到全世界上去，以养成一种国民外交的潜势力。

二、全面教育的对象，即举国全民，无论男女老幼，均包括在内。

三、全面教育的内容，包括有政治、经济、军事三方面。

四、在受全面教育之本身上，应将整个生活都融化进去。换句话说，就是无论眼看、脑想、口谈、闲玩（指正当娱乐）、手干，它们现在有个共同的中心，即“抗战建国”。眼为抗战建国而看，脑为抗战建国而想，口为抗战建国而谈，闲为抗战建国而玩，手为抗战建国而干。而且在看、

① 原载于1938年12月22日香港《申报》。摘自该报特派记者赓雅《救亡团体在桂林》。这是生活教育运动从国难教育向全面教育发展开始时作者的讲话。

想、谈、玩、干五项中，以干为最主要，即愈看愈要干，愈想愈要干，愈谈愈要干，最后是愈干愈要干。

在后方办教育未尝不可，但要把力量达到前方，达到敌人的后方。特别要注意战后新组成的集团，如有一百个伤兵收容所，我就办成一百个伤兵学校。其他对难童、难民亦然。如果在后方为教育而教育，不顾国家生死存亡，这种逃避教育，不管怎样解说，都是有些违背时代，而应加以反对的。

生活教育目前的任务

这几天在桂林的同志们，得有机会，聚在一块，检讨生活教育之理论与实践，各人都有一些收获。我从前为一位朋友题过三句话：检讨过去，把握现在，创造将来。我们为什么要检讨，把握？一切都为创造。我们要常常检讨，紧紧把握，天天创造，积小创造而为大创造。

生活教育之定义在晓庄开校前九年，我已提出，包含三部分：一是生活之教育；二是以生活影响生活之教育；三是为着应济生活需要而办之教育。用英文译出来，比较简单：Life education means an education of life, by life and for life. 关于第一部分和第三部分，洞若同志说得很清楚，对于第二部分我想补充几句。“以生活影响生活”是怎样讲呢？我们要拿好的生活来改造坏的生活，拿前进的生活来引导落后的生活，针对着现在说，我们要拿抗战的生活来克服妥协的生活。

在抗战建国这一伟大时代中，生活教育者有什么任务，有什么贡献，我想简单的说一说。

我们有四种任务：一、力求长进，把自己的集团变成抗战建国的真力量；二、影响整个教育界共同求进，帮助整个教育界都变成抗战建国的真力量；三、参加在普及抗战建国的生活教育的大运动里面帮助全民族都变成抗战建国的真力量；四、参加在普及反侵略的生活教育的大运动里面帮助全人类都变成反侵略的真力量。

我们的理论，在战时，更显出它的优点。现在说它的可能的贡献：

一、我们认识教育只是民族大众人类解放之工具。当日本帝国主义危害我们生存的关头，生活教育者每上一课自必要问：这一课对于抗战能有多少帮助？为教育而办教育的人是不容易发出这样的疑问。

二、我们认识生活之变化才是教育之变化，便自然而然的要求真正的抗战教育，必须通过抗战生活。抗战演讲、宣传，若不通过抗战生活，我们不会承认它是真正的抗战教育。

三、我们认识社会即学校，便不会专在后方流连。我们立刻会联想到前方，联想到敌人的后方。即使在后方办学校也必然的要想，如何把教育的力量输送到前方和沦陷区域里面去。

四、我们认识人民集中的地方便是教育应到的地方，便毫不迟疑的注意到伤兵医院、难民收容所、壮丁训练处、防空壕与山洞里的教育而想去解决它。

五、我们认识集团的生活的力量大于个人的生活的力量，即认识集团的教育力量大于个人的教育力量，便毫不迟疑的帮助我们的学生团结起来，让他们自己管自己，从前的工学团和战时的集体主义的自我教育都是要贯彻这个意思。

六、我们认识“生活影响生活”以及人人都能即知即传，故不但顾到成人青年而且顾到老年人与小孩子，整个民族不分男女老少都必然的要他们在炮火中发出力量来。义勇军之母赵洪文国老太太及台儿庄的小孩唱歌感化小汉奸为小战士，都是印证生活教育理论颠扑不灭的铁证。

七、我们认识教学做合一及在劳力上劳心为最有效之生活法亦即最有效之教育法，便自然以行动为中心而不致陷落在虚空里面。如果抗战建国是要真正的干出来，那末生活教育的理论便要求为干而看，为干而谈，为干而玩，为干而想。

八、我们认识到处可以生活即到处可以办教育。当平时学校被炸，先生散了，学生散了，学校也跟着散了。生活教育者的学校是炸不散的，如果可以炸散，除非是先生学生一起炸死。只要有几个存在，不久归起队又是一个学校了。孩子剧团、新安旅行团便是炸不散的学校。平常的学校只要采取生活教育这一点点办法，那千千万万倒闭的学校都可以复活了。这几次的集会使我们大家对于生活教育理论有了更亲切的了解，更热烈的信仰。这了解与信仰是会发生不可思议的力量。我相信生活教育必定能够发出伟大的力量帮助打倒日本帝国主义，帮助创造一个自由平等的新中国，并且帮助创造一个和平互助的新世界。

本篇导读（徐莹晖）

生活教育运动是一项巨大的试验工程，单靠个人的力量是远远不够的，它需要有组织、有计划地展开。在晓庄时期，学校内组织了“乡村先锋团”，试行“学校自治”，师生共生活共甘苦，共同立法，共同守法，全体同志的日常行动均受先锋团的纪律制裁。陶行知的学生方与严（1889—1968）后来称这是生活教育社的前身。到1931年夏天，陶行知邀请在上海的晓庄师友在孟渊旅馆讨论如何发动农民继续乡村教育未完成的任务，遂秘密组织生活教育社，但并未公开。直到1938年12月15日生活教育社在桂林公开成立，陶行知为理事长，标志着生活教育运动有了正式的组织。此后，以该社为依托，生活教育社同志展开战时教育、民主教育，不断推进生活教育的发展。本篇系陶行知在生活教育社成立大会上的讲话。陶行知在文中再次阐述了生活教育的定义，并分析了抗战时期生活教育社的任务和所能作出的贡献。

陶行知指出：生活教育是生活之教育，以生活影响生活之教育，为着应计生活需要而办之教育，即：Life education means an education of life , by life and for life. 在抗战的特殊时期，抗战生活就是我们需要的教育。“拿抗战的生活来克服妥协的生活”，即拿前进的生活来引导落后的生活，是为实现民众的解放、民族的自由平等而办的教育。这样的生活教育包含了四种任务有待实现：倡导普及“抗战建国的”、“反侵略”的生活教育运动；在战时生活中接受教育；从生活教育社出发，辐射到整个教育界；推动全民族和全人类成为抗战建国、反侵略的真正力量。这样的生活教育理论是抗战所需要的，因为这个理论正确地认识了教育对于抗战的作用，以对抗战是否有帮助来衡量教育；认为只有过抗战的生活才是受抗战的教育，教育要通过生活才显现力量；以生活即教育、社会即学校为原则，把教育送到民众、抗战所需的地方去；实行集体主义的自我教育，利于大众自治、发动大众的力量来抗战；以即知即传的方式发动全民族人民用抗战的生活来克服妥协的生活；实施教学做合一和在劳力上劳心的方法，把战时教育落实在行动中，避免空谈。总之，生活教育必将成为能“帮助创造一个自由平等的新中国，并且帮助创造一个和平互助的新世界”的理论。

告生活教育社同志书

——为生活教育运动十二周年纪念而作

我所敬爱的同志们：

三月十五日①是一个值得纪念的日子。每年到了这个日子，大家都有许多意见想交换。我回国以来，忙于建立新事业，只有少数同志曾经通信，而且也因为时间关系，没有畅快的写。在这半年当中也曾走过不少的地方，但是会见的同志究竟不多。现在想乘这十二周年纪念的日子，把心里想说的话，尽量的说出来，希望大家指教；并希望大家也将别后的一切尽量告诉我，使我对于各人的工作有更深切的了解。让我们就在这种了解中建立我们共同的信念，以发挥我们的力量。

我们在这大时代中遇着了，而且是继续不断的共同奋斗，这是多么幸福啊！有些人却不是这样看法。去年八月中归船到印度，一位留学的太太对我说："这次我们回到中国是和出国的时候大不同了。学校没有了，工厂没有了，家庭没有了，亲戚朋友都流离失所了，先生也不免有些伤感

① 晓庄学校开学纪念日，亦为开始开展生活教育运动纪念日。

吧?”我说:“在国内我们可能看见的也许比你所说的要惨十倍一百倍,但是我毫无伤感。它的确是一个不大同的中国了。有拳头了,站起来了。不错,它是在大量的流血,但是如同一位母亲生孩子一样,流血的结果是新生命之产生。我们在中国所看到的血,不再是自相残杀的血,而是和日本帝国主义拼命的血。在这伟大的血的洪流里将要浮出来一个伟大的自由平等的中华民国。”记得“五三”惨案①纪念日在晓庄寅会②里我曾说过:“晓庄所办教育如果不能帮助中国把日本帝国主义打出去,便算是失败。”我们自始就认定大时代之来到,而且这大时代是要靠中国人和一切反侵略的战友的血汗创造出来的。

从上海、江苏、浙江、安徽、湖北、湖南、广东、广西、福建、四川、陕西、山西、河南、河北、贵州、甘肃、香港、安南③、新加坡及欧美同志的来信,知道大家都在自己的岗位上把各人的力量贡献给中华民族。在后方、在前方、在海外、在敌人的后方,大家都是很努力很切实的尽你们的责任。我们的人数不多,但几乎是总动员了。大家毫不吝啬的贡献各人的汗、血或脑汁。我不能否认也有很少数的同志由认识不够而徘徊、落伍。但是大多数是在大时代的创造中,百折不回的发挥各人的小小的力量。有一封信,尤其使我不能忘记,它以“迎接困难”四个字作对我回国之勉励。我以为这四个字是不应该独自欣赏而应该送给全体同志做座右铭。拿破仑说他的字典里没有“难”字,连侵略俄国也不难,所以一败涂地。汪精卫说他的字典里没有“易”字,怕抗日不易,所以动摇妥协。这都是矫枉过正之谈。其实,字典里有难字也有易字。我们对于困难,不可轻视,也不可害怕,这“迎接困难”四字恰恰把我们应该有的态度表现了出来。谁也不能否认,中国是在过难关。困难既是不断的来,那末,来一个,解决一个,来两个,解决一双。我们个个人都有了这“迎难”的精

① 又叫济南惨案。1928年,蒋介石在英美帝国主义支持下,北上攻打奉系张作霖。日本帝国主义为了阻止英美势力向北发展,出兵侵占济南。5月3日,蒋下令不准抵抗,并撤出济南。日军侵占济南后,屠杀军民五千余人,造成惨案。

② 晓庄学校每天清晨五时—六时(寅时)许举行集会,由师生轮流主持,轮流作简短的讲话。

③ 即越南。

神，便更能负起我们的任务而发挥我们的贡献。

就我实地所观察，中国是走上了胜利之路。三民主义是成了全国共同信仰之主义，即成了领导中华民族解放之最高原则。抗战建国纲领也是正确的国策。衡山会议议决方针，如民众重于士兵，政治重于军事，后方重于前方及游击战重于阵地战都是帮助抗战建国纲领实行之有效途径。蒋委员长对于近卫声明的驳斥一方面是指出抗战国策之坚决，一方面是粉碎敌人之阴谋。在第三届参政会闭幕词里面，蒋议长特别阐明民主政治之要义，尤足以保证抗战必胜、建国必成之信念。这是在政治方面所表现的进步。军事方面，游击战、运动战、阵地战综合之全面抗战已经展开，最可宝贵的是我所遇见的将领士兵，人人都抱有抗战到底的决心。经济方面，各种重要工业在内地是渐渐的惨淡复兴起来。轻工业合作社也已逐渐展开，最可喜的是有不少新工程师之出现，没有水泥钢骨也能建立起工厂。法币的基础是仍然稳定，敌人使尽千方百计还是撼不动。人民方面所表示出来的，如赵洪文国之三代打游击、曾大娘之送子从军、台儿庄儿童唱歌团之化小汉奸为小战士，华侨之长期输捐，小贩发动之义卖，足见人心未死，中国必兴。这些事实与现象都证明中国是在胜利的大道上阔步迈进。

同时，日本国内反战分子渐多，政府为要镇压反战势力之兴起而益趋向法西斯化。在前线日军是士无斗志，厌战心理浓厚。所造傀儡时遭中国志士毁灭，伪军多反正。占领之据点被我游击截断，联络不易。敌国际市场受抵制日货的威胁，日渐缩小。现金为抵补军需入超，将要枯竭。我只能大略说说，证明日本帝国主义是愈战愈弱，必有支持不住之一天。国际方面亦逐渐发生于中国有利之发展。英美间本有难以调和之矛盾，但近来亦有商约之订立，俾经济矛盾得以减少，使其对远东政策可以由平行行动而渐趋于合作。美洲是门罗主义①之家乡，近年来是被德意日撒下纳粹法西斯的种子造成侵略的细胞。美国感到极度不安，最近召集泛美会议目的在取得美洲各国谅解互助以共同抵御侵略。倘美国减少内顾之忧则对于远

① 1923 年美国总统门罗所宣布的美国对外政策原则：“美洲是美洲人的美洲”。声称：任何欧洲强国都不得干涉南、北美洲的事务。实质是要使美洲成为美国资产阶级的美洲。

东问题，自能采取更有效之行动。苏联本其和平政策，对中国抵抗侵略，自始至终是十分同情，所以他对于国际联盟各别援助中国之决议是忠实执行。起初各国亲日派大放谣言说中国接受苏联帮助是趋向赤化。殊不知苏联与中国皆为国联会会员国，依照国联决议授受，是其本分。现在英美对于中国亦有同样的帮忙，则谣言不攻自破，苏联以后援助中国亦可以减少顾虑了。现在德意日的侵略阵线拉拢得更紧，将来的趋势，英美法苏和中国的反侵略阵线是有结成的可能。即使结不成功，他们的平行行动也是于中国有益。

我们只须看一看上面所说的便知道教育者责任之重大了。一、怎样才能使全国人民都了解三民主义，信仰三民主义，实行三民主义？二、怎样才能使全国人民知道抗战建国纲领，拥护抗战建国纲领，实行抗战建国纲领？三、怎样才能唤起全国民众使他们发出比士兵更大的力量？四、怎样才能使个个老百姓都知道蒋委员长驳斥近卫声明之要点？五、怎样才能使全国老百姓都很快的得到民主政治的训练而成为民主政治的柱石？六、怎样才能使全国的老太太都得到赵老太、曾大娘的精神？七、怎样才能使全国的小孩都有台儿庄儿童的认识？八、怎样才能使敌人占领区域之老百姓都有民族意识并使伪政权不得成立？九、怎样才能使敌人前线士兵及国内民众反战势力增高以镇压消灭其侵略之气焰？十、怎样才能使全世界反侵略运动发生效力以制裁侵略国之行动而粉碎他们扰乱和平的阴谋？这些可以说都是教育问题。由此可见教育者责任之重大。我们在这重重叠叠的重大责任逼迫而来的时候，举行我们的十二周年纪念，是非常有意义，不容我们有丝毫的懈怠。

在这个值得纪念的日子，我的脑袋里浮出来一个最鲜明的印象是：一群青年丢掉了文凭的眷恋，从学府里跑到乡下去，和农人共生活。光阴过得很快。这已经是十二年前的“罗曼斯”① 了。这一群青年所带去的不是文化的赈济品，而是一颗虚心要探寻真正适合中国向前进取的教育。

当这些青年和农人接触之后，双方都有了惊奇的发现。青年们在学府

① 英文 Romance 的译音，意译浪漫，有富有诗意、充满幻想等意思。

里受教已久，手无缚鸡之力，只拿得动一支笔儿写几行字。他们下乡不多时，便发现自己也有手，可以做工，可以种田，可以实验，可以使枪杆。农人呢，在“民可使由之，不可使知之”的空气中生活了几千百年，久已被裹头布裹得不能思想。他们和青年知识分子接触之下，禁不住要喊出来：“我们也有头脑啊！”青年发现了自己有双手，才是能坐而言也能起而行。农人发现自己有头脑，才能由了解信仰三民主义并发挥出力量来以争取中国之自由平等。这种双手与头脑的重新发现是极重要的收获，应当在纪念的时候特别指出。

我们在这十二年当中干了些什么事？三件事，还没有做完。一是反洋化教育，二是反传统教育，三是在半殖民地半封建的国家建立争取自由平等之教育理论与方法。

一、反洋化教育的用意并不是反对外来的知识。我们对于外洋输入的真知识是竭诚的欢迎。但是办学校一定要盖洋楼、说洋话、用洋书才算是真正的学校，那可不敢赞同。有些洋化教育家没有抽水的洋马桶是几乎拉不出屎。尤其是没有工业的生产而他们要工业的享受和花费，中国是个穷国，哪能禁得起这样的浪费。在这一方面浪费，在另一方面的教育便没有钱办了，结果是成了少数人的教育。

二、反传统教育也不是反对固有的优点。我们对于中国固有之美德是竭诚的拥护。但是“满朝朱紫贵，尽是读书人”的升官教育，以及“为教书而教书，为读书而读书”的超然教育，我们都是反对的。至于一般老百姓“出钱给人读死书，自己一个大字也不识”的现象尤其不能缄默。

三、建立争取自由平等的教育原理方法。我们之所以反对洋化教育和传统教育，是要开辟出一条大路，让这半殖民地争取自由平等的教育可以出来。三民主义是我们的工作的最高指导。从一个半殖民地半封建的国家变成一个自由、平等的民有、民治、民享①的国家，是要军事、政治、经济、教育几方面配合得好才能达到目的。教育方面必定要具备几种条件才

① 系19世纪60年代美国总统林肯对民主政治内容的概括，意谓一切权力归人民所有，一切权力由人民来治理，一切权力由人民来享用。

能负起这样伟大的使命。1. 教育必须是战斗的。教育不是玩具，不是装饰品，不是升官发财的媒介。教育是一种武器，是民族、人类解放的武器。2. 教育必须是生活的。一切教育必须通过生活才有效。抗战建国的生活才算是抗战建国的教育。3. 教育必须是科学的。这种教育是没有地方能抄袭得来的。我们必须运用科学的方法，根据客观情形继续不断的把它研究出来，而且，这种教育的内容也必须包含并着重自然科学与社会科学，否则不能前进。4. 教育必须是大众的。把一个半殖民地半封建的国家变成一个独立国，绝不是少数人所能办得成功。我们必须教育大众一同起来负担这个伟大的使命。但是希望老百姓都得到这教育必须有三个条件：一要省钱，使无钱的老百姓可以受到教育；二要省时间，使没有空闲的老百姓也能求学；三要通俗，使没有受过教育的老百姓也能了解而感到兴趣。这样一来，若不运用“即知即传”的原则，便不能达到老百姓都受教育的目的。而且老百姓所受的教育是要集体的施行，集体才是力量；个别的教，还是一盘散沙，不能发挥出充分的力量。5. 教育必须是计划的。我们要有一个动的计划，使人力、财力都有一个缓急轻重的总分配。从半殖民地半封建到自由平等之境要有一个继续展开的教育计划，逐步的引导我们前进。

在这十二年当中，应客观环境的需要，我们是发动了四个教育运动：即乡村教育、普及教育、国难教育、战时教育。这四个运动只是一个运动的四个阶段，这一个运动便是生活教育运动，也可以说是从半殖民地半封建渡到自由平等的国家的教育运动。

现在要问：我们今后应该做什么？怎样做？

一、继续已往的工作。伟大的抗日战争已经把洋化教育、传统教育弄得站不住脚。新的教师在茅草棚和山洞里没有黑板粉笔也能办教育。这是多么可喜的现象啊！但是教死书、死教书、教书死的教书匠，和读死书、死读书、读书死的蛀书虫还是很多；守知奴也没有完全变化过来；文化买办还在恋栈；学校内外的洋八股[1]、老八股、文八股、武八股、宣传八股还没有肃清；文化痞块是长在都市；乡下是害了文化贫血症；缺课的要拼命的补，补课之后就得吃补药；穷苦的天才是被埋没；到现在还有人反对战时需要的战时教育，他们是藏在百年大计、基本学术的盾牌之下，时常发出违背民族生存之歪曲言论。我们要争取抗战的胜利，建国的成功，是必须把这些毛病改正过来。我们对于这些病症是不应该消极的批评，而是要积极的帮助改正。

二、负起当前的任务。我们当前的任务是展开全面教育以配合全面抗战而争取全面的最后胜利。我们要把教育展开到前方，展开到边疆，展开到敌后方，展开到华侨的所在地，展开到全世界凡是有敌人斗争的地方去。别人不愿意去而应该去的地方，我们都得分道扬镳的去。我们要把三民主义送去，把抗战建国纲领送去，把蒋委员长告全国国民书及驳斥近卫声明的训词送去，把蒋委员长对全国教育会议的训词送去，送到每一个人的心里，还要在每一个人的生活里行动上表现出来，去粉碎敌人挑拨离间的阴谋，破坏敌人所造的伪政权，揭开敌人灭亡我们民族的野心，消灭敌人可能得到的一切外援。增高敌人压迫下的民众反战的情绪，化除集团间因夙怨政见误会所引起之磨擦，启发整个民族对于抗战建国之了解，加强整个民族对于抗战建国之团结，坚定整个民族对于抗战必胜、建国必成的信念。我们不应该把别人的力量小看了，连老太太、孩子们都是同阵的战士。我们也不应该把自己的力量小看了，当一个小学教员不仅是三四十个学生的导师，倘使培养学生即知即传，是很容易的影响三四百人。他的地位的重要是好比一个作战的连长或营长。当一个小学校长，不仅是一两百学生的导师，而是一两百户、一两千人的导师。他的地位的重要是好比一个作战的团长。当一个县教育局长，不仅是几百个学校、万把学生的导师，而是一个几十万民众的导师。他的地位是好比一个集团军总司令，甚至是一个战区的司令长官。但是倘使你小看了自己的岗位，小看了别人的

---

① 八股即八股文，是明清科举考试规定的一种极其死板的文体。每篇文章都要依次由破题、承题、起讲、入手、起股、中股、后股、束股八个部分组成。后人将其当做教条的同义语来使用。

力量，小看了生活教育的即知即传、工学团等等原理，你便成了一只孤鸦，一个光棍，由渺小而悲观、徘徊、妥协，敌人一来是不堪设想。有许多人是把大事小做了。最重要的是我们要认清我们任务之重大。此外随身要带的还有两样东西：一是针线，二是灯笼。一件衣服破过了，是可以越破越撕，越撕越破，到后来是可以撕成粉碎。唯一的办法是遇着破绽便立刻用针线把它缝好。当这民族的生死关头，是不容有丝毫的裂痕，一遇破裂就把我们的针线拿出来。灯笼是照着人认清路线向前走，不只是照着自己而且是照着同行的人向前走，走入自由平等之境。

三、加强我们的力量。为着要继续已往的工作和负起当前的任务，我们必须增加自己的力量，否则是不能胜任的。第一，学术便是力量。我们要提高学术的研究。晓庄研究所之建立便是希望对于抗战建国的重要而被忽略的问题，加以研究，以求解决而帮助增加抗战建国之力量。此外，我希望我们每一个同志都要抓着一个问题，继续不断、百折不回的去研究它，不得到解决不止；同时，对于中国、对于敌国，对于世界也要努力取得正确的认识。我们所教的小孩的集团也要时时刻刻的求进。第二，组织便是力量。生活教育社已经成立，这是一个喜讯。季平同志说得好，生活教育社是一个教育界的大家庭。它是教育思想者的团体，又是教育运动者之团体，又是教育工作者之团体，又是培养教师的团体，又是一般人学习生活和知能的团体，又是一个共同生活体。他又说：它是应该大众化的，大家共同生活；它应该是工厂化的，大家分工合作；它应该是学校化的，大家互教共学。我对这些话都同意，只是培养教师的团体要改为教师进修的团体，并且互教共学之下要加即知即传。传统学校化是不够的，我们必须即知即传才能跳出自己的小篱笆。其实，整个生活教育社应该是一个大的工学团，办教育是我们的工、研究问题是我们的学、共同过有组织的生活是我们的团。我们既要根据三民主义教导民众小孩，那末，我们自己的组织就必须民主化。不但总社要民主化的组织，而且分社、共学服务团的组织都得民主化。第三，行动便是力量。我们要在抗战建国的行动上发挥我们的力量而且增加我们的力量。蒋委员长说得好："战时生活就是现代生活。现在时代，无论个人或社会若不实行战时生活，就不能存在，就要被人淘汰灭亡。”这是多末正确的真理啊。依我们的说法：战时生活便是战时教育，我们要以行动的战时生活来增加我们的力量。

增加我们的力量是为着要在三民主义最高原则即蒋委员长领导之下帮助争取最后之胜利。让我们大家把整个生命献出来，帮助打倒日本帝国主义并创造我们的独立平等幸福的中华民国。

本篇导读（徐莹晖）

1927年3月15日晓庄试验乡村师范学校的成立标志着生活教育从理论进入实践，这一天也成为生活教育运动的纪念日。本篇系陶行知为纪念生活教育运动十二周年而作，原载于1939年3月25日的《战时教育》第4卷第3期。

陶行知首先介绍了抗战时期国内、国际的形势，明确了生活教育运动的社会背景。陶行知指出生活教育运动进行了十二年，就是在反洋化和反传统教育的基础上，建立争取自由平等之教育理论与方法的过程。反洋化和反传统不是否定一切，而是在汲取适合中国教育的养分之外反对照搬国外模式、反对升官教育和唯读书教育。在此基础上，建立争取自由平等的教育理论与方法，即以三民主义为思想指导，以战斗的、生活的、科学的、大众的、计划的教育为目标。具体来说进行了四个教育运动，即乡村教育、普及教育、国难教育和战时教育。这是个艰巨的任务，所以陶行知指出这仍然是今后需要努力的方向。除此之外，在抗战的特殊时期，生活教育运动要配合全面抗战实行全面教育，运用即知即传的方法增强抗战力量，发动全民抗日。要开展这些工作，生活教育社及其同志必须在学术、组织方面加强自身的力量，使自己的力量在抗战的实际行动中得到发挥并得以进一步地增强。

《战时教育》半月刊方针

——致戴伯韬

《战时教育》半月刊应该怎样办？这是我们的方针问题，我们必得想个透彻，否则会叫我们走入牛角筒。有人希望给我们划一个“教育”圈。叫我们老在这里面打转。我们当然要守住我们的岗位。但是老在“教育”圈里打转，《战时教育》半月刊会办成一个酸溜溜的教育杂志。我们希望有时跑到圈外来看看，甚至于要坐一只飞机，飞出圈子，在高处远处往下看看，对着四面八方看看。这样才能把《战时教育》办好。所以我的建议是，《战时教育》应该采取这样的方针：一般的特殊，特殊的一般。在一般的生活里，找出教育的特殊意义，发挥出教育的特殊力量。同时要在特殊的教育里，找出一般的生活联系，展开对一般生活的普遍而深刻的影响。把教育推广到生活所包括的领域，使生活提高到教育所瞄准的水平。朋友们的意见我们自当择善而从，但本社的灵活方针，不可丝毫受其拘束与妨碍。

我所以主张一般的特殊与特殊的一般之方针，并非出于个人的主观，而系由于客观的事实所决定。本刊的对象有如下几种：一、生活教育同志，我们要运用这个刊物来互教共学。二、全国各级之教师，希望他们能经常听取我们的意见，并经常的给我们指教。三、广大的较有教育影响的知识分子之父母们、社会服务人士及不能入学而施行集体自学者群。这些人大多数是经济困难，只能买一份杂志，倘只能谈专门的教育，那是把我们的服务影响缩成一个皮包骨的瘦子。而且我们生活教育者，兴趣比较是多方面，提起笔来，老是教育教育，也觉得干燥无味。我希望《战时教育》半月刊，不但制醋，酸甜苦辣咸各种味道的作料，都让我们作一点，那末写的人便有用武之地，也觉得兴高采烈了。长篇有系统的文字，不能每期每人都写，即写一些杂感或笔记诗歌，只要能给读者一些指示和力量，便能丰富他们的生活，即是丰富他们的教育。

本篇导读（徐莹晖）

1937年七七事变后，抗日战争全面爆发。按照生活教育的理论，过什么生活，就是受什么教育，因此生活教育进入战时教育运动。为响应战时教育，陶行知把《生活教育》杂志改成《战时教育》旬刊。此篇是陶行知给戴伯韬的信，发表于1939年12月25日的《战时教育》第5卷第4期，从教育与生活的关系来阐述《战时教育》办刊方针和范围、工作对象。

陶行知认为既然承认生活即教育，而战时教育是发动大众的力量来救国的，那么《战时教育》就不应在“教育”圈里打转，为教育讲教育，如此就缩小了刊物的视界，同时也限制了服务的对象。针对这个情形，陶行知提出了应该采取这样的方针：把教育和生活看成是特殊和一般的关系。“在一般的生活里，找出教育的特殊意义，发挥出教育的特殊力量。同时要在特殊的教育里，找出一般的生活联系，展开对一般生活的普遍而深刻的影响。把教育推广到生活所包括的领域，使生活提高到教育所瞄准的水平。”最后，陶行知还提出通过这个刊物，生活教育社的同志之间、与读者对象之间是“互教共学”，“不能入学”者成为“集体自学者群”，初步提出了集体主义自我教育的概念，这个概念在育才得到了实践，并取得了很好的效果。

谈生活教育

——答复一位朋友的信

接读十二月十二日手书，知道我们在重庆相左，不能见面谈一谈，那是很可惜的一件事。承你对于生活教育和生活教育者提出一些意见，我们很感谢。你所勉励我们的话，多半是对的，我们是朝着你所指示的路向不断的努力。但是你批评生活教育是有一些不正确。这不能怪你，因为如你所说，你不能把全部生活教育研究之后再提出意见。为着要答复你的好意，我想把我认为不正确的地方提出来和你谈谈。

第一，你说："生活教育者好像不懂得'真正生活教育的实现，只有在没有人剥削人的制度里存在'。"你仔细想过之后，便知道这样的看法，是机械的看法而不是发展的看法，是静态的看法而不是动态的看法，是等待的看法而不是追求的看法。你心里的理想的社会，不是从天上落下来的，而是人类依着历史发展的趋势努力创造出来的。真正的生活教育，自古以来一直存在到今天，即发展到今天，而且还要一直存在下去，发展下去而达到最高的生活即最高的教育。为着最高的目的而忘了发展的过程和为了发展的过程而忘了最高的目的，都是错误。

第二，你说："生活教育者企图不经过突变而欲达到质变。"我们没有这样的企图。除非你所遇到的是没有常识的"生活教育者"。水热到摄氏一百度，突变而为水蒸气。我们不能幻想着水蒸气而忽视了砍柴、挑水、烧锅的工作。

第三，你说：生活教育者之努力……即使能完成任务，那也只限于一部分被……提拔的"天才者"，群众是没有份的。这"天才者"大概是指我们所选之具有特殊才能之儿童吧？他们是从难童中选来，不能说他们与民众无关。我们当然不应该为"天才"而办"天才"教育，但是，为着增加抗战建国的力量而培养特殊才能的幼苗，使他们不致枯萎夭折，也是值得做的工作。我们当然不应该教他们做人上人。但是，为着社会进步，让他们依据各人的才能志愿，学做一群人中人，而且把他们的贡献发挥出来以为民众服务，也是值得干的工作。若只注重"天才"教育而忽略一般教育，那是不可以；但是，生活教育者自始就发动普及教育运动，到近来，才感觉到具有特殊才能之儿童之被忽视而开始唤起社会之注意。我们所希望的是"从民众那里来"的"回到民众那里去"。

第四，你说："生活教育者没有把革命与教育联系起来。"这要看你心中的革命是一件什么事？你心中的联系是如何联系法？在我们看来，现在的民族解放斗争是革命的行动！我们以一个民众学术团体，对于团结、抗战建国，是用了全副精神参加，不敢有丝毫之懈怠。至于你所说，一个教育者同时应该是一个革命者，我很同意。但我希望补充一句：一个真正革命者，必然是一个真正生活教育者。即使他不承认他是一个生活教育者，按着生活教育的理论说来，他也是一个道地的生活教育者。

第五，你说你的很多朋友，大都不知道生活教育是什么，并且说生活教育的受人忽视的主要原因是，因为缺少革命的联系。生活教育之被一部分人忽视，那的确是事实，但完全归咎于缺少革命的联系，从上面说明看来，也不见得完全对。我想除我们自己力量有限外，生活教育之被人忽视，还有下述之原因：一、过生活而忽视教育的人，必然忽视生活教育。二、受教育或施教育而忽视生活的人，亦必然忽视生活教育。三、忽视民众生活而又忽视民众教育的人，固然不要生活教育而高谈革命理论，而无革命实践的象牙塔里的“革命家”，也无由知道生活教育之宝贵。

末了，你希望我们能够出版一部生活教育大纲。我们正在着手编这样一部集体创作，现在为你参考起见，我把生活教育的理论提出几个要点和你谈谈。

从定义上说，生活教育是给生活以教育，用生活来教育，为生活向前向上的需要而教育。从生活与教育的关系上说，是生活决定教育。从效力上说，教育要通过生活才能发出力量而成为真正的教育。“教学做合一”，是生活法亦即教育法。为要避去瞎做、瞎学、瞎教，所以提出“在劳力上劳心”，以期理论与实践之统一。“社会即学校”这一原则，要把教育从鸟笼里解放出来。“即知即传”这一原则，要把学问从私人的荷包里解放出来。“行是知之始，知是行之成”，是教人从源头上去追求真理。工学团或集体主义之自我教育，是在团体生活里争取自觉之进步。“教育是民族解放、大众解放、人类解放之武器。”这种教育观，是把教育从游戏场、陈列室解放出来，输送到战场上去。时间不许我细说，总之，生活教育理论，是半殖民地半封建的中国争取自由平等的教育理论。我希望你把研究之门大开起来。如果有机会，我想和你谈谈。千万不要因为一时之倒霉，少数人之不忠实，就误断一个运动的命运。

本篇导读（徐莹晖）

生活教育的理论及其实践问世之后，受到了很多人的关注，褒贬不一。本篇即是陶行知给一位评价生活教育的朋友的复信。

陶行知针对这位朋友对生活教育的质疑提出了相应的几点建议：一是生活教育的实现需要努力创造，不能为了最高目的而忽视发展过程，反之亦然；二是生活教育认定教育是需要通过一点一滴的改革，不是一蹴而就的；三是生活教育从开始就是普及教育，在这个过程中要注意培养具有特殊才能的儿童；四是一个教育者同时应该是一个革命者，一个真正的革命者必然是一个真正的生活教育者；五是生活教育被人忽视，除了自己力量有限外，主要因为过生活而忽视教育的人、受教育或施教育而忽视生活的人、忽视民众生活而又忽视民众教育的人不知道生活教育的宝贵。

而后，陶行知应这位朋友的要求谈了有关生活教育的几个要点。生活教育的定义是“给生活以教育，用生活来教育，为生活向上向前的需要而教育”。这表明了生活与教育的关系是生活决定教育，教育要通过生活才能发出力量。生活教育理论以生活即教育、社会即学校为基本原则；以教学做合一为方法论，以教和学作为中心，这个做是行动，是在劳力上劳心；以即知即传为具体方法，实现教育的普及。在战时教育的特殊时期，生活教育以追求中华民族的自由解放为目标，为抗战建国增强力量，是半殖民地半封建的中国争取自由平等的教育理论。

游击区教育

游击区教育之目的在用“教育”的手段，增加游击的力量，以粉碎敌人“以华制华”、“以战养战”① 之阴谋。这“教育”的手段要跟着“游击”而千变万化，我们决不可以把正常的教育方式，刻板的搬到游击区去。“教育”要办成“非教育”，才能在游击区发挥出真正的力量。

所谓“非教育”并不是“非教育”，而是在教育呆子的眼光看来，教育不像教育，所以认为“非教育”，实实在在是千真万真的“真教育”。唯独好像“非教育”而的确是“真教育”，方能存在于游击区而所向无敌。

我不要说得神秘了。这种好像“非教育”而的确是“真教育”要怎样的干呢？

第一，游击教育要把教育变成生活，把生活变成教育，把生活与教育变成战斗，把战斗变成生活与教育。我们要把教育展开到生活所包含之领域，把生活提高到教育所瞄准的水平。

① 是日本帝国主义侵华战争中所采用的掠夺中国占领区内的物资，来支持其侵略战争的政策。

第二，我们不能用笼统的眼光来看游击区，即不能用笼统的方法来办游击教育。以地域论，敌伪据点、敌我交界地、游击队大本营、游击后方的生活情形不尽同，即教育之运用不能尽同。我们对于这不同的地域的教育进攻，一方面要有统盘的政策，而另一方面是必定要有特殊的战略与特殊的战术，以适合不同地域的需要而克服各个的困难。

让我们举几个例子来谈谈吧：教育在游击后方的主要作用，一方面是唤起老百姓输送力量帮助游击队，而另一方面是把力量向整个大后方输送，增加生产、增加建设、增加全面抗战的力量。游击大本营或游击根据地的教育的主要作用，则在促进老百姓与游击队的了解联系，使他们打成一片，成为一体，使敌伪据点连不起来，而受到致命的突击。敌我交界地的教育作用，主要的是使“两面人”变成“一心人”，永远向着我，使他们的人数不可能加多而渐渐减少，使他们的地盘不可能扩大而渐渐缩小，终于完全成为进攻敌伪据点之根据与力量。敌伪据点里的教育作用，主要的在发生对敌不合作与对我通消息的作用，始而达到地失人在，终于成为收复失地时里应外合之力量。

依教育的方式而说，在这些不同的地域里也要灵活的运用。在游击后方的教育，宜以战时学校教育和民众集体教育并重。游击根据地的学校便不能像游击后方那样固定，而有些是要跟着游击队跑，而成为游击学校。民众的集体行动的教育，是要普遍的活跃起来，从这里一直通过敌我交界地而进入敌伪据点，是要把先生的长袍脱下，变成不像先生的样子，才能入虎穴探虎子。

游击后方与游击根据地的教育还不难办，难办的是怎样把教育的力量贯彻到敌我交界地和敌伪据点去。这是需要特殊的研究、特殊的训练、特殊的指导、特殊的组织、特殊的技术，才能有很好的效果。

这些都要靠着精深的探讨去发现正确的路线。而且这种探讨的工作是要在游击区里去体验出来，闭门造车怕是不合实际。我在这里所能提出的只是一点个人的意见。我以为要把教育的力量进攻到敌我交界地和敌伪据点去，干教育的人便是十足的老百姓——穿老百姓的衣服，说老百姓的话语，干老百姓的工作，把民族意识和抗战理论贯彻到老百姓的生活里去。

有时文字通不过去，就得用私塾里背书的法子把文件背熟，由脑袋子带进去。宋江智取无为军，是运用一位飞针走线的裁缝。吴用智取生辰纲，是借重一位安乐村的闲汉。对！《水浒传》是一本游击师范的教科书，每一个游击先生都要看得透熟。

但是时代不同，抄袭《水浒》也不行，《水浒》暗示我们许多灵活的游击教育法，但要囫囵吞枣的把它呆板的运用，那是会失败的。一位游击教育者之有效训练，似乎要包含这样的内容：（一）三民主义；（二）抗战建国纲领，蒋委员长言论，近代政治组织原理，游击战术，游击武功纪，生活教育理论，再末，《水浒》是必须看。这样，始而学习梁山泊，终于超脱梁山泊，而梁山泊之灵活的教育原则，乃能以新的姿势出现而帮助争取最后胜利之来到。

本篇导读（徐莹晖）

本篇原载于1940年1月25日《战时教育》第5卷第6期。

从整个教育的发展趋势来看，教育经过前制度化教育到以学校为主的制度化教育，最终要实现非制度化教育。陶行知在文中提出了一个非常重要的概念，即“非教育”，这实则表明了教育的一种理想的状态。通过“非教育”的概念，陶行知一方面对教育与生活之间的关系作了一个总结，即“把教育变成生活，把生活变成教育；把教育展开到生活所包含之领域，把生活提高到教育所瞄准的水平”。另一方面对游击区的教育提出建议，即要因地制宜，随游击区的具体情况而变化，灵活机动。具体的方法可以采用战时学校教育和民众集体教育并重，通过和老百姓打成一片，到老百姓中去，把民族意识和抗战理论贯彻到他们的生活中去，唤起他们的觉悟并让其产生力量，帮助抗战。

生活教育运动十三周年纪念告同志书

我所敬爱的同志们：

从十二周年纪念到现在，有几件比较重要的事，想先向各位报告：（一）晓庄研究所已经建立起来，而且已有好几个研究报告，印成学术研究专刊以与教育及科学界人士交换意见。（二）育才学校已于去年七月二十日开学。现已成立音乐组、戏剧组、文学组、社会科学组、绘画组、自然科学组。工艺组及农艺组，希望于今年下半年成立。现在已选拔到校之学生有一百二十余名，要陆续增加到五百名。全校教育以集体生活为基础并努力使抗战教育与建国教育合一起来。（三）新安旅行团在伤兵难民及保卫大西南的工作上成绩都很好。他们也建立了适合儿童之集体主义之自我教育。这次敌人进攻西南，一部分团员应政治部之号召，组织了南路工作队，最近才从宾阳突围而出。（四）云和、英山及山西省之数县以县为范围试用生活教育理论进行战时教育，学生比平时增加数倍，可见生活教育理论对于战时有特殊之效用。（五）本社社友五百余人在江南一带工作，据最近报告，在过去一年中已经殉国者有四十余人。这些同志的壮烈牺牲，是树立了我们的表率，我们应当踏着他们的脚迹，负起他们遗下来而未完成的任务。

在去年的告同志书里我曾提出三个口号：一、学术即力量；二、组织即力量；三、行动即力量。年年今日，我们每一个人，或每一个集体或整个的社，都得对这三种力量清算一下，并继续不断的在这三方面增长我们的力量，以为民族与人类服务。

我提起笔来想写的真是千言万语，但时间不许可，今天特别想说的就是今日中国教育最需要而最忽略的一点——觉悟之启发。启发自觉是包含在我们立社的宗旨里面。社的宗旨是要“探讨最合理最有效之新教育原理与方法，促进自觉性之启发，创造力之培养，教育之普及，及生活之提高”。但是，我们对于启发自觉性并没有充分讨论过。战时教育运动开始的时候，本社提出“集体主义的自我教育”。这“自我”二字若作自觉解是更正确。集体教育要通过“自觉”才成为有效的教育，即集体的自觉教育和自觉的集体教育。

中山先生讲三民主义首先就说这个道理。他讲：“大凡人类对于一件事，研究当中的道理，最先发生思想；思想贯通以后，便起信仰，有了信仰，就生出力量。”这思想贯通便是觉悟，对于觉悟的本人说便是自觉，有了觉悟才起信仰而生出力量。但觉悟又从何而来？从研究而来。研究是追求真理，即是求知之行。那末觉悟是从行而来，从“求知之行”而来。

蒋委员长在行之哲学里面特别指出行与自觉的关系。他说：“凡是真正的行，他必定是有目的、有轨道、有步调、有系统，而且‘反之于心而安’的自觉。”

中国古代教育是一贯的注重觉悟。“大学之道在明明德”。明德即真理。第一个明字便是明白和阐明，明白是自觉，阐明是觉他。这个道理和“先知觉后知”，“先觉觉后觉”是相通的。并且觉悟是智仁勇三达德之康庄大道。“仁者不忧，智者不惑，勇者不惧”。因为不惑，才能不忧，不惧，不惑便是思想贯通而觉悟了。《中庸》说“不诚无物”。无论是“自诚明”，或是“自明诚”都离不了诚。不诚便没有觉悟，诚心追求真理，才能自觉觉他。要负起自觉觉他的任务，必定是要忠实于真理。比如一个人必定要忠于追求抗战建国的真理，才能在抗战建国上自觉觉他，才能对抗战建国生出信仰，并发挥出力量来。

人人都可以觉悟而往往到老还不觉悟，反而妨碍别人觉悟，这是由于成见、武断、私心、偶像崇拜、公式主义、教条主义，或是由自己闭了觉悟之门，或是由外力封锁了觉悟之路，客观的真理反映不到头脑里去，或者能到头脑而不能正确的反映出来，以致自己不肯觉悟，不能觉悟，甚至不愿别人觉悟。

当伽利略用风琴管自制望远镜发现了木星的四个月亮，他诚恳地去请佛罗棱萨大学①教授来参观。这些教授不但是不愿来看，而且武断他们用不着看。他们说：人有七窍，天有七明（金、木、水、火、土、日、月），哪能再来四个月亮？他们不但拒绝伽利略的邀请参观，并且设法陷害，说伽利略谣言惑众，违背教规大逆不道。伽利略于是饱受折磨。但真理毕竟不能埋没，伽利略之发现，实是千古不朽，那些不肯觉悟的教授当年固然威风十足，现在可有一点贡献遗留下来呢？所以一个教育者的重要任务，是把自己和学生的成见、武断、私心、偶像心理、公式主义、教条主义从头脑里肃清出去，并把客观环境与头脑之间的门户开得好好的，使得真理可以清楚而正确的反映出来。这种反映的收成，便是从大彻大悟中形成信仰而生出力量。

最近教育部颁布十六字的训育方针：自治治事，自信信道，自养养人，自卫卫国。我想倘使把自觉觉他的意思贯彻进去，则不但教育内容更加丰富，而且更能发挥出管教养卫的力量。有自觉的纪律，则自治治事更可严谨。有自觉的信心，则自信信道更可坚定。自觉的做工是斯大汉诺夫运动②的灵魂，不但生产激增，而且做工的人个个兴高采烈，只觉做工之乐不觉做工之苦。自觉去当兵，则知为中国死，愿为中国死，与敌人拼命时必可以一当十、以一当百的去打倒日本帝国主义而收复已失的河山。

---

① 通译为“佛罗伦萨大学”。校址在意大利中部城市佛罗伦萨。

② 通译斯达汉诺夫运动。指苏联在第二个五年计划期间开展的运用新技术和改善劳动组织的群众运动，为苏联社会主义竞赛的形式之一。斯达汉诺夫是顿涅茨矿区采煤工人。

现在要粉碎敌人“以华制华”的阴谋，自必扩大反汪运动，以毁灭这“以华制华”的工具。但是，想把这个运动做得比以前更有效，也得要把它变成自觉的反汪运动[1]，使得民族正气充塞天地，连跟他跑的人都反正过来，自必势穷力竭，终归消灭。

民主的宪政是保证精诚团结抗战建国的根本大计。我们必须把宪政运动和国民教育民众教育联起来，使大家对于制宪有共同了解、共同参加、共同信仰。这种共同的了解、参加、信仰，必能发出伟大的力量，来保证精诚团结和由精诚团结而来的最后胜利。换句话说：制宪也要启发人民的自觉。

生活决定教育，教育要通过自觉的生活才能踏进更高的境界。通过自觉的集体生活的教育更能发挥伟大的力量以从事于集体之创造。

这次所提出的这点关于“启发自觉”的意见，只是供大家讨论参考，关于启发自觉之方法，希望大家来一个集体探讨。

本篇导读（徐莹晖）

本篇是陶行知为纪念生活教育运动十三周年而作。在生活教育运动十三年的实践中，陶行知发现中国教育最需要而又最忽略的就是启发觉悟，由此提出了通过集体主义的自我教育启发自觉的意见。

集体主义的自我教育是在战时教育运动开始的时候提出的，即“集体的自觉教育和自觉的集体教育”。在战时教育运动阶段，自觉觉他就是要自觉并影响他人进行反汪的降日叛国运动，争取民族解放。陶行知指出，自觉通过行动得来，有了觉悟才生出信仰，才能够诚心地追求并忠实于真理，达到智仁勇的境界。然而尽管重视觉悟是古代教育的传统，但并不是人人都会觉悟，还有可能妨害别人觉悟，原因是受到成见、武断、教条主义、偶像崇拜的影响，封闭了觉悟之道。要真正能够启发自觉，必须有民主的保障，通过民主教育来启发人民的自觉。最后陶行知指出，只有通过自觉的生活才能促进教育的更高发展，只有通过自觉的集体生活教育才能发展社会创造力，这再次说明了教育与生活的关系是生活决定教育。

① 声讨以汪精卫为代表的降日叛国运动。

育才学校创办旨趣

我们在普及教育运动实践中，常常发现老百姓中有许多穷苦孩子有特殊才能，因为没有得到培养的机会而枯萎了。这是一件非常可惜的事情，这是民族的损失，人类的憾事，时时在我的心中，提醒我中国有这样一个缺陷要补足。

抗战后，从国外归来，路过长沙汉口时，看到难童中也有一些有特殊才能的小孩，尤其在汉口临时保育院①所发现的使人更高兴。那时我正和音乐家任光先生去参观，难童中有一位害癞痢的小朋友，但他是一位有音乐才能的孩子，不但指挥唱歌有他与众不同的能力，而他也很聪敏，任光先生给他的指示，他便随即学会。

又有一次，我在重庆临时保育院参观，院长告诉我一件令人愤愤不平的事。他说近来有不少的阔人及教授们来挑选难童去做干儿子，麻子不要、癞痢不要、缺唇不要，不管有无才能，唯有面孔漂亮、身材秀美，才

① 保育院是抗日战争中，为抢救在战争中失掉亲人而成立的中国战时儿童保育会所属的负责收容和教养难童的机构。临时保育院是临时负责收容和教养难童的机构。

能中选。而且当着孩子的面说，使他们蒙上难堪的侮辱，以至在他们生命中，烙上一个不可磨灭的印象。

以上三个印象，在我的脑子里各各独立存在了很久。有一天，忽然这三个意思凝合起来了：几年来普及教育中的遗憾须求得补偿，选干儿子的做法，应变为培养国家民族人才幼苗的办法，不管他有什么缺憾，只要有特殊才能，我们都应该加以特殊之培养，于是我便发生创办育才学校的动机。当时就做了一个计划，由张仲仁先生领导创立董事会，并且得到赈委会许俊人先生之同意而实现，这是去年一月间的事。

创办育才的主要意思在于培养人才之幼苗，使得有特殊才能者的幼苗不致枯萎，而且能够发展，就必须给与适当的阳光、空气、水分和养料，并扫除害虫。我们爱护和培养他们正如园丁一样，日夜辛勤的工作着，希望他们一天天的生长繁荣。我们拿爱迪生的幼年来说吧，他小时在学校求学，因为喜欢动手动脚，常常将毒药带到学校里来玩，先生不理解他，觉得厌恶，便以“坏蛋”之罪名，把仅学了三个月的爱迪生赶出学校。然而他的母亲却不以为然，她说她家的蛋没有坏，她便和她的儿子约好，历史地理由她教他，化学药品由自己保管，将各种瓶子做记号，并且放在地下室里。他欣然的接受了母亲的意见，于是这里那里的找东西，高高兴兴的玩起来。结果，就由化学以至电学，成为世界有名的大发明家。虽然那三个月的学校教育是他一生仅有的形式教育，但是由于他母亲的深切的理解他，终能有此造就。像爱迪生母亲那样了解儿童的精神，是值得我们学习的。假如他的附近有化学家电学家的帮助，设备方面又有使用之便利，则可减少他许多困难。我们这里便想学做爱迪生的母亲，而又想给小朋友这些特殊的便利。

我们这里的教师们，要有爱迪生母亲那样了解儿童及帮助儿童从事特殊的修养，但在这民族解放战争中，单为帮助个人是不够也是不对的，必须要在集体生活中来学习，要为整个民族利益来造就人才。因此，我们要引导学生们团起来做追求真理的小学生；团起来做自觉觉人的小先生；团起来做手脑双挥的小工人；团起来做反抗侵略的小战士。

真的集体生活必须有共同目的，共同认识，共同参加。而这共同目的，共同认识和共同参加，不可由单个的团体孤立的建树起来。否则，又会变成孤立的生活、孤立的教育，而不能充分发挥集体的精神。孟子说："先立乎其大者，则其小者不能夺也。"我们中国现在最大的事是什么？团结整个的中华民族，以打倒日本帝国主义而创造一个自由平等幸福的中华民国。我们的小集体要成了这个大集体的单位才不孤立，才有效力，才有意义。与这个大集体配合起来，然后我们的共同立法、共同遵守、共同实行，才不致成为乌托邦的幻想。

我们的学生要过这样的集体生活，在集体生活中，按照他的特殊才能，给与某种特殊教育，如音乐、戏剧、文学、绘画、社会、自然等。以上均各设组以进行教育，但是小朋友确有聪明，而一时不能发现他的特长，或是各方面都有才能的，我们将要设普通组以教育之。又若进了某一组，中途发现他并不适合那一组，而对另一组更适合，便可以转组。总之，我们要从活生生的可变动的法则来理解这一切。

但是，育才学校有三个不是，须得在此说明：

一、不是培养小专家。有人以为我们要揠苗助长，不顾他的年龄和接受力及其发展的规律，硬要把他养成小专家或小老头子。这种看法是片面的，因为那样的办法也是我们极反对的。我们只是要使他在幼年时期得到营养，让他健全而有效地向前发展。因此，在特殊功课以外，还须给予普通功课，使他获得一般知能，懂得一般做人的道理，同时培养他的特殊才能，根据他的兴趣能力引导他将来能成为专才。

二、不是培养他做人上人。有人误会以为我们要在这里造就一些人出来升官发财，跨在他人之上，这是不对的。我们的孩子们都从老百姓中来，他们还是要回到老百姓中去，以他们所学得的东西贡献给老百姓，为老百姓造福利；他们都是受着国家民族的教养，要以他们学得的东西贡献给整个国家民族，为整个国家民族谋幸福；他们是在世界中呼吸，要以他们学得的东西帮助改造世界，为整个人类谋利益。

三、我们不是丢掉普及教育，而来干这特殊的教育。其实我们不但没有丢掉普及教育，而且正在帮助发展它。现在中国处在伟大的抗战建国中，必须用教育来动员全国民众觉悟起来，在三民主义抗战建国纲领之下，担当这重大的工作，所以普及教育，实为今天所亟需。是继续不断的要协助政府，研究普及教育之最有效之方法，以提高整个民族的意识及文化水准。育才学校之创立，只是生活教育运动中的一件新发展的工作，它是丰富了普及教育原定的计划，决不是专为这特殊教育而产生特殊教育，也不是丢掉普及教育而来做特殊教育。

本篇导读（徐莹晖）

本篇发表于1940年8月1日的《战时教育》，陶行知在文中介绍了创办育才的动因以及育才的基本设想。

抗战爆发后，陶行知作为国民外交使节，于1936年7月开始出访亚欧非拉，至26个国家宣传抗日，争取抗战力量，历时两年零一个月。1938年9月1日回国途经香港时他与记者谈话说到回国三愿，其中之一就是“创办一难童学校，选拔有特殊才干之难童，作人才幼苗之培养”，这是创办育才的最初设想。创办的动因还来自于陶行知在普及教育的实践中发现穷苦的有特殊才能的儿童因为得不到培养的机会而萎缩了；另外尽管当时已经成立了收容战区无家可归儿童的战时儿童保育会，但保育会只是负责一般的教育，没有甄别和专门培养有特殊才能的儿童的机构，这些构成了育才成立的直接动因。

陶行知指出，育才学校的主要目的在于培养人才幼苗，为抗战建国储备人才。总的方针是尊重儿童的兴趣和需要，因材施教，以创造一个自由平等的“中华民国”为共同目的，以此建立真正的集体生活，共同立法、守法，共同参与，实行集体主义的自我教育，培养“追求真理的小学生”、“自觉觉人的小先生”、“手脑双挥的小工人”、“反抗侵略的小战士”，使他们成为抗战建国的人才。具体方法是以集体生活为中心，按照特殊才能，给予特殊教育。最后，陶行知特别指出育才学校不是培养小专家、不是培养人上人、不是丢掉普及教育而专干特殊教育。

育才学校的成立是实践生活教育理论的又一个重要的实体，标志着生活教育理论的新发展。

育才二周岁之前夜

育才是在中国抗战中产生的一所试验学校，应该是要在磨难里成长为一个英勇的文化作战集团。它的怀孕是在武汉快要失守之前，而诞生则在南岳会议以后，正当国内肃清巨奸之污血，国际唤起正义的声援，我们的整个民族是树立了必胜的信念，而在历史的过程中酝酿着一个蓬蓬勃勃的大转机。这时抗战文化是开放着千紫万红的鲜花，那空前的难童公育运动，也奠定了一个相当规模的初基。育才学校便是这难童公育运动之进一步的、合乎客观需要的发展。这一切回想起来令人不胜黄金时代之感。

但是向前看啊！不可近视懈怠而被目前的磨难俘虏而去，前面有着更大的黄金时代。

说到目前的磨难可算是严重，但是也给了我们空前的机会来创造。敌人的扩大封锁与加紧进攻，要更大的团结力量去克服。世界战争，自从德军开始进攻苏联，把我们的友邦都转入漩涡了。这也可使我们格外警觉，靠着更大的团结来自力更生，同时也可使我们与友邦发生更亲切之合作，并由于我们的努力使英美与苏联的关系加强，四国配合作战，以铲除人类之公敌而创造幸福之世界。目前的文化界无可讳言的是因烦闷而离去了一批工作者。文化之园里还存在着“无奈朝来寒雨晚来风”之慨。从张文白[1]部长第二次招待文化界的演说词里，我们知道他似乎有惜春之意。这春暮的气象，大家多少有些同感，但是夏天之莲、秋天之菊、冬天之梅、四季常青之松柏，只要园丁负责，不给茅草乱长，哪一样不可以及时欣欣向荣呢？而且春，无论如何也会回到人间。向前看啊！前面有着更大的黄金时代待创造。

育才是在这样的气氛里生长着。它是抱着这样的态度过日子。它快两岁了，长成了一个什么样儿呢？

跟武训学，最近几个月我们是过着别有滋味的日子，终日与米赛跑，老是跑在米的后面。到了四月，草街子米价涨到每老斗五十三元，比开办的时候涨了二十五倍。这时所有的存款都垫到伙食上去了。向本地朋友借来的四十石谷也吃完了，向银行借来的三万元也花光了。怎么办？从前武训先生以一位“乞丐”而创办了三所学校，我们连一所学校也不能维持，岂不愧死？于是我们在四月六日下了决心要跟武训学，我们要做一个“集体的新武训”。我们相信只要我们所办的是民族与人类所需要的教育，总有一天得到“政府”社会之了解帮助，从磨难中生长起来。首先是育才学生们之响应。他们来信说：“我们愿做新武训的学生，不愿做旧武训的学生。”他们的意思是说：我们自动求学，用不着武训向他们下跪才用功。同样，教师们也给了认真教课的保证。有了认真教课的教师和自动求学的学生，新武训是比较容易做了——只须讨饭兴学，对付经济问题。这经济问题固然严重得很！到我写这篇文章的时候，二百张嘴天天所吃的已是每老斗一百一十元的米了，超出开办时五十倍——但是本着立校颠扑不灭的教育理论，抱着武训先生牺牲自我之精神，并信赖着中华民族重视教育爱护真理之无可限量之热诚，我们知道就是比现在更困苦，也必定不是饥饿所能把我们拆散的。中华民族需要我们，世界人类需要我们。磨难只能给我们以锻炼，使我们更强壮的长起来。

初步人才教育之路，育才在过去两年中只是做了一点探路的工作。育

① 即张治中。

才在两周岁之前夜，对于初步人才教育，探到了什么路？怎样在这路上试探？有限得很，只可约略的谈谈：

甲、集体生活

集体生活不仅仅是大家聚在一块过日常生活。我们要想丰富集体生活在教育上之意义，必须使它包含三种要素：（一）为集体自治；（二）为集体探讨；（三）为集体创造。

（一）集体自治的主要目的，是要使大家在实行集体自治上来学习集体自治。集体自治在育才是采用民主集中制。我们在民主与集中之问题上摇摆了一些时候，我们主观上是要实行民主集中，使全校的公意得以充分的发表，并使此发表之公意有效而迅速的实现出来。但是实际上，我们初期似乎过于民主，发生过平均、平行等毛病；后来，要想纠正这些毛病，权力过于集中，整齐严肃是其好处，被动呆板是其弱点。现在仍回到立校之原意，要贯彻民主集中制之真精神，一方面培养自动的力量，一方面培养自觉的纪律，一方面树立宣导这力量及发挥这纪律有效而有条理的机构，使他们向着有目的生活奔赴，如百川之朝海。如果有一方面做得不够或有所偏，多少便会失去民主集中之效用。

（二）集体探讨之目的，在以集体的努力，追求真理。探讨之路有五，即行动、观察、看书、谈论、思考，称之为五路探讨，也可称之为五步探讨。这与《中庸》所说之博学、审问、慎思、明辨、笃行相仿佛，不过次序有些变动。博学相当于观察与看书，审问似乎属于思考又属于谈论，慎思明辨纯属于思考，笃行相当于行动。人类与个人最初都由行动而获得真知，故以行动始，以思考终，再以有思考之行动始，以更高一级融会贯通之思考终，再由此而跃入真理之高峰。说到应用，凡是不必按班级学习之功课，都可采用集体探讨的方式，如社会科学、自然科学、艺术之一大部分，只需文化锁匙略会运用，即可开始从事于集体探讨。例如集体探讨中国抗战或某一战役，教师可于一星期前公布探讨纲目，提示参考图书，并指点探讨之路。地图及数字，须预为择要公布。首先我们要在参加抗战行动上来了解抗战。我们在慰问抗属、制寒衣、义卖、宣传兵役等等行动上来理解它的性质及发展。敌机凌空，轰炸残酷，汉奸挑拨，奸商囤积居奇，军民同赴国难，以及种种战利品随时随地广为观察。有关中国抗战及该战区之地图、书籍、报章杂志，须广为搜集，按程度分别陈列，以备阅览。然后依规定日期，由教师或请专家主讲，由学生参加讨论，当时扼要记录，事后用心整理，并加以批评检讨，以期达到融会贯通之境界。等到融会贯通以后之抗战行动，是跃入更深的必胜信念，并能发出更大的参加力量。这整个过程，我们称之为集体探讨。牛顿养猫，猫生小猫，他在大猫洞旁边开一小洞使小猫可以自由出入。但小猫只是跟随大猫走大洞，小洞等于虚设。集体探讨只是开了一个文化大洞，小孩自然跟着大孩一同进出罢了。

（三）集体创造的目的，在运用有思考的行动来产生新价值。我们虽不能无中生有，但是变更物质的地位，配合组织使价值起质的变化，而便利于我们的运用。这也构成普通功课之一部分，使学生在集体创造上学习创造。我们以前开辟操场、劳动路及普式庚林①，并改造课室，已经有了些经验。这次从六月二十到七月二十定为集体创造月，开始作有计划之进行，分举如下：

（子）创造健康之堡垒。

（丑）创造艺术之环境。

（寅）创造生产之园地。

（卯）创造学问之气候。

（子）创造健康之堡垒：我们的集体生活首重健康。创造健康之堡垒，目的在与疾病作战。善战者不战而退敌人之师，故一分预防胜于十个医生。健康之堡垒有三道防线：第一道防线，是制造扑灭病菌绝缘病菌及携带病菌者之工具，如苍蝇拍、捕鼠器、纱罩、蚊帐、烧水锅炉、消毒器械，并采用其他科学方法与侵犯之病菌，及病菌携带体作战。第二道防线，为实施环境卫生，如水井、厕所、厨房、饭厅、阴沟死水、仓库、家

---

① 亦称普希金林。是育才文学组师生在古圣寺山坡上一个松林内学习的地方，以俄国著名诗人普希金命名。

畜栏、垃圾堆，都要经常的施以适当的处理，使病菌无法孳生蔓延。第三道防线，是赤裸裸的靠着身体的力量与病菌肉搏。这道防线所包含的是营养、运动、防疫针、生理卫生之认识。至于治疗乃是三道防线都被攻破肉搏又告失败，只好抬入后方医院救治。故治疗不是作战之防线，乃是医伤之处所。最好是努力于三道防线上健康堡垒之创造，使治疗所等于虚设。我们是要朝这方向进行，很希望在集体创造月里立下一个基础，以后继续使它逐渐完成。但是既与病菌作战，无论如何周到，难免没有受伤官兵，故治疗所工作也不敢疏忽，而是要使它有效的执行它的任务。

（丑）创造艺术之环境：我们要叫整个的环境表现出艺术的精神，使形式与内容一致起来。这不是要把古庙装成一座新屋，老太婆敷粉擦胭脂涂嘴唇是怪难看的。但是阵有阵容，校有校容，有其内必形诸外，我们首要重艺术化的校容。甲午[①]之前，中国海军也算是世界第四位，一度开到日本大示威。一位有见识的日本官在岸上看了一看说：这可取而代之。人问其故。他说："大炮为一舰之主，我看见他们在大炮上晒裤子。所以知道它的末路快到了。"这种眼光多么锐利啊！他是从舰容——大炮上的裤子——看清逊清海军军纪了。我们所要的校容不是浪费的盛装，而是内心的艺术感所求的朴素的表现。我们的校容要井然有条，秩然有序，凛然有不可侵犯之威仪。什么东西应该摆在什么地方或只许摆在那个地方，应该怎样摆也只有那样摆，而不许它不得其所。无论什么东西，一经成群，就得排队：草鞋排队、斗笠排队、扫帚排队、畚箕排队、锄头排队、文具排队、手巾排队、脸盆排队、桌排队、椅排队、凳排队、床排队、被排队、书排队——一切排起队伍来！物也排队；人也排队。静要排队；动要排队。排队而进；排队而出。排队之前，排队之时，排队之后，通身以朴素之艺术精神贯彻之，便成了抗战建国中应有之校容。捣乱这校容的有少爷、小姐、名士派、浪漫派、个人主义、自由主义之遗孽，我们是努力的感化而克服着。

（寅）创造生产之园地：我们要渡过经济难关，是要开源节流，标本

① 指1894年（即甲午年）清政府和日本之间发生的甲午战争。

兼治。治标的办法，是在节约捐款。根本之计，则在从事有效之生产，以十年树木之手段，贯彻百年树人之大计。现在正进行着“寸土运动”[①]，先使大家知道“一寸黄土一寸金”之义，而后用集体的力量使地尽其力。进行这工作时候，有数件事颇令人兴奋。晚饭钟已经敲了，我见一位小同学身边放着十根辣椒苗，左近实在没有空地了，只剩下一个小水凹。他把水疏通流到别处去，拾了几块石头连泥做了个小堤，再拿好土把凹地填平，将辣椒苗栽完了才洗手回校吃晚饭。这时，又看见一位同学远远的还在工作，待我走去和他谈谈，他说：“我今天要挖好五百个凹，使山芋秧种完了才放手。”他的技术虽然还有许多地方不能令人满意，但是我们有一些小农人精神，是足以完成我们小范围中的寸土运动的任务。在我们当中，也有一些人懒得动手，或把生产当作玩艺儿干。我希望在创造劳动的洪炉里，他们渐渐的会克服自己的弱点，把自己造成手脑双挥的小工人。

（卯）创造学问之气候：气候是生物生长之必要条件。我们要学问长进，必须创造追求真理所必需的气候。平常所谓气候是空气与热之变化所致，学问之气候也可说是追求真理之热忱与其所需之一定文化养料及其丰富之配合所构成。追求真理之热忱其限度固为先天所赋予，而各人是否得尽其限，则有赖于集体或彼此之鼓励。但所赖以追求真理之文化养料之配合则有待于创造。具体的说，我们除了培养求知之热忱以及大自然大社会之博观约取外，必须有自然科学馆、社会科学馆、艺术馆、图书馆之建立。对于文化养料搜集得愈丰富，配合得愈适宜，则其有助于学问之长进亦愈大。这些，在我们这样的学校，除了集体创造外，便无法实现。从五月二十七日起，我们是分工合作的来采办这些文化食粮。首先是图书馆之彻底改造，简直是等于创造一个新的图书馆，竟以集体的力量而完成了奠基的任务。图书馆之改造证明了集体力量之雄厚，并为一切集体创造树立了一个可以达到的水准，而且于无意中起了模范作用。我们有两个肚，需要两种食粮、两个厨房、两个大司务。自从米价涨上天，精神食粮偏枯，大家好像变成一个大肚小头的动物，其实精神肚子吃不饱，饭桶肚子又何

① 为了克服经济困难，陶行知校长号召育才师生在学校内外开荒生产粮食和蔬菜。

尝吃得饱？为了免掉这种偏枯，我们除了吃“点心”外还要吃“点脑”——还要吃“文化点心”。我们下决心规定“点脑”费或文化点心费，不得小于米价二十分之一，免得头脑长得太小，太不像样。

乙、文化钥匙

活的人才教育，不是灌输知识，而是将开发文化宝库的钥匙，尽我们知道的交给学生。文化钥匙主要的四把：即国文、数学、外国文、科学方法。国文、数学、外国文三样，在初期按程度分班级上课最为经济。数学对于艺术部门之学生，只须达到足够处理其日常生活之程度以后，即可任其自由选择。知识之前哨，丰富之学术多在外国，人才幼苗一经发现即须开始学习外国文。至少一门，与国文同时并进，愈早愈好，风、雨、寒、暑不使间断。若中途发现其不堪深造，则外国文即须停止，以免浪费时间。科学方法不必全部采用班级上课，一部分要使其在行动上获得方为有效。这科学方法似宜包含治学、治事各方面。从前有一个故事提到有一位道人用手一指，点石为金，一位徒弟在旁呆看，道人说：“你把金子搬去可以致富。”徒弟摇摇头。道人问他为何不要金子，徒弟说：“我看中你那个指头。”世上有多少被金子迷惑而忘了点金的指头。文化钥匙虽可分班度人，但要在开锁上指点。若当作死书呆读，上起锈来，又失掉钥匙的效用了。

丙、特殊学习

这是育才立校之一特点。我们设了音乐、戏剧、文学、社会、自然、绘画六组。依据智慧测验和特殊测验，选拔难童加入最适合其才能兴趣之一组学习，以期因材施教，务使各得其所。我们的目的，在使人才幼苗得到及时之培养而免于延误枯萎。特殊才干之幼苗，一经发现，即从小教起，不但是合于世界学问家之幼年史实，即我们这短短两年的试验，也证明了路线之正确。将来，倘能照预定计划加设工艺组和农艺组，更为容易见效而适合需要。一位来校视察的朋友，看见这办法合理而主张普遍推行。这是需要慎重考虑的。我想每省先设一所以资试验，却是有益而无害。将来随办学人才之增加，则每一行政督察专员区设立一所，亦属可行。

丁、自动力之培养

生活、工作、学习倘使都能自动，则教育之收效定能事半功倍。所以我们特别注重自动力之培养，使它贯彻于全部的生活工作学习之中。自动是自觉的行动，而不是自发的行动。自发的行动是自然而然的原始行动，可以不学而能。自觉的行动，需要适当的培养而后可以实现。故自动不与培养对立，相反的自动有待于正确的培养。怎样才算是正确的培养呢？在自动上培养自动，才是正确的培养。若目的为了自动，而却用了被动的方法，那只能产生被动而不能产生自动。有人好像是无须培养便能自动，那是因他会自觉的锻炼了自己培养了自己，其实他是运用了更高的培养，即自我的培养。我们的音乐指导委员会，委员都在重庆，每月有一位下乡指导数日。当他不在乡下的时候，学生竟能自动的完成每一个月的学习进程，这是很令人高兴的一件事。最近改造图书馆，一开始便着手培养十几位幼年管理员，在改造图书馆上培养他们管理图书馆。现在整个图书馆都由他们主持了，而且有了优越的成绩。二周岁纪念要发出将近三百封信，我们把握住这个机会培养了二十几位幼年的秘书。写得不及格的摔进字纸篓里，顶多摔进去三次便及格了。这写信之及格不就等于一门书法考试及格了吗？所不同的是三百封信出去了，等于一位书记五十天的成绩。而且书法考试及格，写信未必适用；但是写信已经合用，书法必定及格。现在要完成幼年会计、幼年护士之培养，并开始幼年生产干事、幼年烹饪干事之培养。我们的根本方针，是要在自动上培养自动力。每人学治一事，不使重复而均劳逸。寻常治学之人与治事之人常常相轻，现在治学之人学治一事，则治事亦治学了。再则一般治事之人，为治事而治事，不免流于事务主义。倘从小即养成其为治学而治事之态度，则两受其益了。

两个问题之再考虑

一、普修课与特修课之关系：育才初办的时候，假定普修课与特修课之时间各占二分之一。普修课依部章所定内容进程实施。特修课则因无前例，则根据各组学术性质而定其课程。后来因研究结果而改订时间，使普修课约占三分之二，特修课约占三分之一，并给各组以伸缩机会，再依各组进程需要逐年酌量增加特修课之时间。我们时常遇到的问题是：你们学生几年毕业？我们回答问题不像普通学校那样简单。特修课我们是希望学生一直学上去，到学成了才告一段落；普修课则大约和别的学校同年限毕业。接着就是第二个问题：你们花了三分之一的时间在特修课上面，又如何能同别的学校同年限毕业？因为有四个条件使它成为可能：

（一）我们这里几乎是个全年学校或四季学校，在寒假生活和暑假生活里，名字虽是不同，但多少还得天天上些课。比较起来，我们全年上课是可能多十几个星期。（二）特修课之一部分，在学力上是可移转到普修课上面去。（三）如果集体探讨及集体创造，特别是学问气候之创造，有效的实现起来，学生潜修其中，自然而然的是随时随地的吸收很多，相当于普修课之内容。（四）为着要预防及纠正特修课教育之狭隘性格，我们多方引导学生在各组之立场与观点，尽量对于普修课各部门找出他们与本组学术之关联。担任普修课之导师，随时尽可能扼要指出他的功课与特修课之联系；同时，担任特修课之导师乃至比较深造的学生，提出各该组当前学习之精华，使之深入浅出，公诸全校，以丰富全校之普修课内容。这样，普修课与特修课之鸿沟打通，乃能达到一般的特殊与特殊的一般之境界。

二、集体检讨可能之流弊：集体生活必须有自我检讨而后能克服自身之弱点，发扬本身之优点。这种检讨晚会之原意是要教工作做得好些，学问求得正确些，生活过得丰富而合理些，进一步是要时常提醒我们所过的生活，所求的学问，所做的工作是否合乎抗战建国之需要，及如何使我们的生活学习工作，更能配合抗战建国之大计。它要提醒我们是否为着近处而忘记远处，为着小我而忘了大我。这样，晚会才能开得有教育意义，才能教人有参加之乐而无参加之苦。但是检讨晚会有一个危险，就是一不小心，它往往会变成集体裁判，为着一点小事而浪费多数人之时间。久而久之，会在同学之间结下难解之私仇，被检讨之人是弱者吞声屈服，强者怀恨报复，既伤团体和气，亦无益于个人，甚至乐园变成苦海，实误用集体检讨有以致之。古语说："杀鸡焉用牛刀。"何况拿牛刀杀虱？若是老用来杀鸡杀虱，则到了杀牛的时候，怕要杀不动了。集体检讨是一个团体最锋利的公器，不可小用，小用则钝。纠正之方在民主立法；有司执法，网开一面，庶有自新之路；十目所视，不容秽垢藏匿之所；而根本之图，是先立乎其大者，则其小者不能夺。改弦更张，为时不久，但和气有加无已，进一步可以达到同志同学均在友谊上合一起来之境界，是其有助于全校之精诚团结，可以预卜了。

迎接维系努（Vishnu）！婆罗门教①有三个大神：一是创造之神，名叫百乐妈；一是破坏之神，名叫洗伐；一是保存之神，名叫维系努。我们生活教育运动，包含育才学校，仔细检讨，便发觉我们缺少保存之神。让我们欢迎维系努加入我们的集团吧。我们不为保存而保存，是为着更高的创造而保存。正如印度故事所说，让更真、更善、更美的创造，从维系努手中之莲花里生出来吧。

本篇导读（徐莹晖）

本篇是陶行知为纪念育才两周年而作。在这两年中，物价日益暴涨，陶行知为育才筹划经费疲于奔命，但始终保持乐观的精神和昂扬的斗志，自喻"抱着爱人游泳，越游越起劲"，并号召育才全体学生学武训，把4月6日定为"育才兴学节"，以办"民族与人民所需要的教育"。

陶行知指出育才是办的人才教育，是为抗战建国培养和储备人才，经过两年的试验，获得如下的经验：一、育才是过一种集体的生活以丰富教育的意义，这种集体生活通过民主集中制实行集体自治，创立合适的机构来培养自动的力量和自觉的纪律，防止偏差；遵循行知行的原则，通过集体探讨来追求真理；在集体生活中学习创造，实现集体创造，制定"集体创造月"制度，在健康、艺术、生产和学问上下工夫。二、育才实行活的人才教育，是要教给学生开发文化宝库的钥匙，授人鱼不如授人以渔。三、根据儿童的特殊才能和兴趣

---

① 印度古代宗教之一。后改称印度教。

分组学习，已初见成效。四、在全部的生活和学习工作中以自动为目的，用自动的方法培养自动。最后，陶行知指出还要注意普通教育和特殊教育的关系以及要以民主的原则来防止集体检讨成为多数人的暴虐。

在生活教育运动十五周年纪念会上的讲话

本社能存在十五年，完全是由于社会人士援助的力量。固然本社同仁是尽了自己的本份，然今后更要格外努力，以不辜负社会人士的赞助。

生活教育的特点：（一）外行办的——免除过去那种酸溜溜的作风；（二）穷办法——中国是穷国家、穷社会，但是要以穷办法办内容丰富的教育；（三）丘八[①]作风——实行丘八教育，教育丘八学生，丘八教育的意义就是把教育当作武器以求民族解放和人类解放；（四）工人的手段；（五）科学的头脑。

十五年从事生活教育事业的经验，即是手脑作用并重的发现；小孩教小孩的自动学习的发生；生活教育在自然科学中的具体运用；小先生制的产生等当时在生活教育事业中的创建。

生活教育除本身是武器外，并是一种粗茶淡饭，使人吃了能生长一种

① 旧中国对士兵的蔑称。陶行知提的丘八作风、丘八教育，是要学习士兵的战斗精神。

力量，去为民族解放、人类解放事业而战斗。目前我国是处在一个非常严重时期，要渡过这个难关就要动员一切力量，生活教育社应为贡献出自己的一切力量而努力。

生活教育是有而一向未曾公开的朋友，一个是贫穷，一个是患难。十五年来的生活教育社同人是忍受了一切困苦与阻难，但是为了生活教育事业的推行，都能为生活教育事业而牺牲。

本篇导读（徐莹晖）

本篇系陶行知于1942年3月15日在重庆管家巷28号举行的生活教育运动十五周年的纪念会上的讲话，发表于1942年3月16日的重庆《新华日报》。

陶行知在讲话中简明扼要地介绍了生活教育的特点，即生活教育是在穷国、用穷办法办的为了改造生活的教育，它用工人的手段和科学的头脑培养战斗的精神，通过教育来助成民族解放和人类的解放。生活教育运动进行了十五年，陶行知总结了四条经验：手脑作用并重的发现；小孩教小孩的自动学习的发生；生活教育在自然科学中的具体运用；小先生制的产生等在生活教育事业中的创建。他指出这是生活教育社的同志坚韧不拔的努力所获得的结果。

教育与生活不可分割[①]

目前困苦的生活，使教授们的停课不可免的。停课对于学生有很大的心理影响。可是我们得认清：这活生生的事实正叫每个人明了教育与生活的不可分割。

这次经过南京，勾留了五天，简直把我闷坏了。我向来有阅读书报的嗜好，每天必须看各党各派无党无派的报章杂志，在南京就太片面了。到了上海，才看到《文汇报》《联合日报》《周报》《民主》《消息》等民间的书报，"饥饿"就顿时解决。做记者也唯有像你们"记者有其报"的时候，才会真正地感到自由愉快幸福。直到如今，我国真正"记者有其报"的又有几个呢?

以办教育的立场来说，敬师尊师都是理所当然的事。大家都能争先恐后地表达这种敬师尊师的意义是好的。不过，老师生活的维持要是寄托在这一批天真的学生身上，那是不可能的事。就是家长，八年来沦陷区的苦

① 此系1946年4月19日接见《消息半周刊》记者的谈话。见非飞《陶行知先生谈敬师》一文，原载于1946年5月2日《消息半周刊》第8期。

痛和如今的物价，已是说不尽的困难，还要再增收第二次学费，实在不是根本办法。重庆文化教育界已提议将教育经费提高到百分之四十。但要做到这点，却又必须实现民主，因为只有民主政治才是安定教师生活的唯一办法。我同意学生团体联合会的敬师运动旨在推广宣传，博取全市全国全世界人民对教师苦难的同情；也希望另一批“尊师”运动的人除了“尊师献金”和申请救济品之外，更能将充公的敌伪财产中支出一部分来补贴教师。

这几天事特别多，过两天我要把生活规定一下，半天做事半天读书。待生活安定之后，将有新诗在《消息》上发表。

生活教育的创立与成长[①]

一、晓庄师范之成长

“生活教育”第一次的发现，是民国七年在南京高等师范演讲。中国的教育太重书本，和生活没有联系。教育不通过生活是没有用的，需要生活的教育，用生活来教育，为生活而教育。为生活需要而办教育，教育与生活是分不开的。我们应以前进的生活提高落后的生活，以合理的生活提高不合理的生活，以有计划的生活，克服无秩序的生活。民国八年是生活教育思想上的萌芽。民国十五年，有五六个教师下了决心，丢掉了传统教育下乡去。民国十六年三月十五日在南京的一角，才出现生活教育的具体机构——晓庄师范，也就是生活教育从理论到实践开始的一天。

二、阳光下的诗意生活

民国十六年三月十四日晚上到乡下去筹备开学，一个狭小的房子，住

① 本篇系 1946 年 5 月初在生活教育社上海分社筹备会上的讲话。摘自 1946 年 8 月 2 日上海《文汇报》辉子的报道《永远留在人间的声音——陶先生讲〈生活教育创造史〉》。

五个人，还有第六个是一匹老牛，它却占了一半多地方。第二天早晨，江苏教育厅厅长江问渔来了，我们也在那屋子里欢迎他。后来，我们到会场上去布置了，没有人招待江厅长，以劳苦功高的老牛陪他。

开学礼是生活教育的开学礼。到的人数据陈鹤琴先生说有一千多。

没有房子而开学校，这是首创。我们以青天为顶，地球为地，日光照着工作，日光下休息和唱歌，过着富有诗意的生活。

学生男的以开荒挑粪、女的倒马桶作为考试，洗菜、烧饭、打杂都得学生自己动手，因此，有一首："书呆子烧饭，一锅烧四样：生、焦、硬、烂"。挑水挑粪的比赛作为运动。学校没有围墙，农民随时可到学校里去。每家农家住有一二个学生，帮着扫地抹桌等操作，跟农民生活在一起，相互学习。学生和农民熟悉交流后，学生重新发现自己也有一双手，农民发现自己还有一个头脑。

后来，晓庄被封，封条没处贴，贴在黑板上。

三、普及教育的小先锋

我从日本回国后，在大场孟家木桥建立了山海工学团。学生来一个收一个，来两个收一双……来者不拒。学生人数由二三十个，而七八十个，而一二百个，不断地迅速地增加着。四个先生教得累死了，还坚持做到不来读书的要送上门去。

在客观情势的要求下，发明了"小先生制"。读书的小学生回去后做小先生，去教自己的姊姊和母亲等读书。

宝山县教育局长冯国华先生，他也是生活教育社的社员，打算普及宝山县的教育，请我作了一个计划。呈到省政府里去，受了撤职查办的处分。山海工学团为了普及教育，也要查封？终于因查无实据而打消。

四、培养老百姓做主人

之后，成立了国难教育社，流浪儿童工学团、报童、女工工学团相继产生，运用生活教育的力量，号召全国人民起来抗日。

当前最大的任务，是普及民主教育，培养老百姓做主人，造成自由平等幸福的新中国。我们必须同心合力来展开，为推动普及民主教育的工作而努力。

民主教育

我今天讲的题目是“民主教育”。

我们现在的教育，不是以不变应万变的时候，而是以丕变应万变的时期，中华民国的教育，应与大清帝国不同。从前是一个人的主人教育与四万万人的奴隶教育，和文武百官的奴才教育，而今要四万万人民的主人教育、文武百官的人才教育。但是现在的奴隶教育太多，主人教育太少。“中华民国”的招牌，顾名思义，奴隶教育应除尽，整个社会需要的是全民组织起来的民主教育，没有一个人可以失去民主教育的机会。

在这万变的社会中，我们还要保住一种好学求进步的精神，我们从小曾学过民主，所以上自握权的人，下至保甲长、校长，都不是因袭旧的独裁作风，我们以往所学的，现在都不足以再来教学生，我们需要自我再教育。自我再教育就是我们再受民主教育。

民主的教育，包括四点：

一、民为贵——大家说“教育第一”，其实更重要的是“人民第一”，只有重视人民的教育，才能第一。

二、“天下为公”——教育为公，文化为公，不可由任何人据为己有。

三、建立民主的主张——应该集思广益、虚心学习，用民主方法，从各阶层多方面结合而成的主张。

四、自己要说话——也让别人说话，最好是大家商量。自己要做事，也让别人做事，最好是大家合作。自己要吃饭，也让别人吃饭，最好是大家有饭吃。自己要安全，也让别人安全，最好是大家平安。自己要长进，也让别人长进，最好大家共同长进。

这些都是我们以前所没有学过的，不但要再学习，而且要将所学贡献给人民，为人民大众而服务。

进行自我再教育，不能没有先生，配做我们的先生的人要具有两种资格：

一、有真知灼见而无偏见。

二、敢说真话，不说诳话。

此外，我们应该拜两种素来没有想到过的老师：

一、我们应该跟我们的学生学习，不拜儿童做先生，就做不好先生。我可以举一个例：当晓庄师范被封的时候，我们的教员不能去上课，小孩们没有了先生，他们不接受被派来的老先生，于是大家想出了温习的办法！他们聚在一个庙里，一块儿温习，自称为自动学校，而且举了一个十五岁的孩子胡同炳做校长。我那时在上海，听了这消息很高兴，就做了一首诗给他们："有个学校真奇怪，大孩自动教小孩，七十二行皆先生，先生不在学如在。"我把诗给几个大学生看，大家都认为很好，于是我就快信寄到晓庄去。三天之后，胡同炳来信了，他说诗应该修改。"大孩自动"，难道小孩不能自动吗？你说"大孩教小孩"，我们这里小孩也教大孩。你说有个学校真奇怪，大孩教小孩，有什么奇怪呢？这三大炮，把我那个"大"字炸得粉碎，从此我便依他的建议，改作"小孩自动教小孩"。诸位看看，不是更好么？还有一个例：南通张孝若的女儿，才十三岁，一次我在那里讲演，一分钟讲四个题目的讲演：

（一）做工——只吃饭，不做工，什么人？寄生虫。（二）读书——吃饱饭，不读书，什么人？老母猪。（三）教人——读死书，不教人，什么人？不是人。（四）打倒帝国主义——这题目，现在已改作"怕民主"

了。——教死书，怕民主，什么人？小老鼠。

那位张小姐听完站起来说，第三题的不是人，不好。茶杯不是人，桌子也不是人，不是人的东西太多了，她想改作“木头人”。我接受了，诸位看，不是比原来的好多了吗？

所以我要学生做先生，了解学生，才能教学生，而且常和学生在一起，可以青春不老。

二、还有一位最伟大老师，就是老百姓。老百姓知道的，比我们知道的多，我们应和他们作知识上的交流，十九年前我在晓庄时，许多东南大学的学生，常常来玩，有一天一个大学生说：“农友，你种这许多韭菜，卖得完吗?”那农人说：“先生，这是麦子!”我在旁边看见那大学生，装满了知识学问的大头脑似乎缩小了一些。

还有一点，我们应向老百姓学的，他们教我们用手。我们知识分子，常常不会用手。从前我们学校开荒考试，男生先考挑粪，女生先考倒马桶，若是考得不高兴，就不必再考别的。农人的刻苦勤俭，都是我们应学习的美德。这次抗战，农人出力最多，虽然胜利的果实，他们没有享到。要了解农人的痛苦、需要和他们心中的愿望，去学习，才能帮助他们，并为他们服务。办民众学校，若只凭他们所想的去学，学生是必定每天减少，终至跑光了。我有一首诗：“民之所好好之，民之所恶恶之，教人民进步者，拜人民为师。”我们不能将他们当鸭子填，更何况我们所填给他们的东西，一点也不滋补，他们怎能欢迎？我们都有小独裁的作风，若没有人民的力量，仅仅自己有决心还是做不了的，总之，我们要虚心向人民学习。

三、要建立组织——一个社会大学，大家天天在一起，一同求进步。应该受社会大学教育的，是职业青年与教员。上海有四万人需要受这种教育。

办社会大学，亦应有普通大学的种种困难与限制，只需三个条件：

（一）有学问的教师；（二）能听讲做笔记，而好学不倦的学生；（三）还要有一个大学之道，即师生共同走的路线，如孔子的大学之道和苏格拉底之自明，都是例子。

重庆的社会大学，是学生自己发起，自己筹款，自己举校长，自己开教授名单，也有一个大学之道，是修改儒家之大学之道的。

（一）在明民德（而非明德）——民德有四：（1）觉悟（非民可使由之，不可使知之）——要使学生知道自己是中国的老板。（2）联合——联合起来做老板。（3）解放——头、手、嘴、眼、时、空六大解放。（4）创造——要创造新的自己、新的中国、新的社会。

（二）在亲民（而非新民），亲民有三部曲：（1）钻进百姓队伍与老百姓亲近。（2）成为他们的亲人。（3）要老百姓承认你的确是他们的亲人。还有一个三部曲：（1）为人民服务。（2）跟老百姓学习。（3）和老百姓共同创造。

（三）止于人民之幸福——与人民共同造福除苦，所谓幸福有四：（1）福——安居乐业，有自由，有读书机会。（2）禄——丰衣足食。（3）寿——健康有保障，生病有医药。（4）喜——结婚、生儿育女、经济能力，都能如愿以偿。

希望大家创造社会大学，以进行有系统之自我学习，武装自己，以争取民主，而不断地为老百姓服务。

本篇导读（徐莹晖）

本篇原载于1946年5月25日《文汇报·教育阵地》第2期。

20世纪初，民主最早是新文化运动高扬的一面旗帜，和科学一起被称为“德先生”和“赛先生”。此后，民主成为中国社会孜孜以求的价值理想，整个20世纪以及未来的发展就是追求民主、实现民主的过程。民主的理想成为当时众多爱国知识分子追求的目标。陶行知一生从事生活教育实践，倡导了多次运动，民主教育是其倡导的最后一个运动，也是整个生活教育的实质和价值追求。正如他临终前对日本记者小野三郎所说：“我自己潜心于中国的民主教育，从实践第一天开始，已经经过了三十个春秋。这完全是充满压迫和苦难的历史。”

从概念上来说，民主一般被理解为政治学上的范畴，即在一定的阶级范围内，按照平等和少数服从多数原则来共同管理国家事务的国家制度。而陶行知和他的老师杜威一样，在改造中国教育的实践中，赋予了民主新的含义：民主不仅仅是一种政治价值观，更是一种全新的生活方式。

陶行知倡导的民主教育运动起始于他作为国民参政员参加1939年9月9日到18日举行的国民党参政会第一届四次会议之后所撰写的《宪政运动与国民教育》，他提出宪政运动必须成为国民教育运动才有意义，显示了其民主思想的端倪，此时的民主主要指向政治的意义。1941年民主教育运动开始，1944年他开始撰写民主教育文章，预示1945年是民主年。1945年他创办《民主教育》月刊，连续发表一系列关于民主的文章，开始全力从事民主教育的理论研究和实践指导，以发展社会创造力。

陶行知认为民主教育是民有、民治、民享的教育，通俗地说即人民的教育，人民办的教育，为人民自己的幸福而办的教育。民主教育的目的是要实现教育为公，达到天下为公；方法是启发人民的觉悟，能够自觉自治；目标是通过民主解放，实现社会创造力；民主教育的特质是整个生活的教育，即是健康、科学、艺术、劳动与民主组成的和谐的生活，即和谐的教育；真正的民主教育必须要去过民主的生活，才算是受民主的教育。所以，在陶行知看来，民主是一种全新的生活方式。这种生活方式如何实现呢？陶行知指出必须拜儿童和老百姓为老师，创办社会大学，以“明民德”、“亲民”、“止于人民之幸福”为宗旨，教人民在生活中争取、实现民主，最终实现“民主的创造和创造的民主”。

社会大学运动

社会大学有两种：一是有形的社会大学；二是无形的社会大学。社会大学运动是要把有形的社会大学普及出去，并且要给无形的社会大学一个正式的承认，使每一个人都承认这无形的社会大学之存在，随时随地随事进行学习。

无形的社会大学，是只有社会而没有“大学”之名。它是以青天为顶，大地为底，二十八宿为围墙，人类都是同学。依“会的教人，不会的跟人学”之原则说来，人类都是先生，而且都是学生。新世界之创造，是我们的主要的功课。无形的社会大学，虽无社会大学之名，实实在在它是一个最伟大的大学，最自由的大学，最合乎穷人需要的大学。我们穷人一无所有，有则只有这样一个社会大学。这无形的社会大学既然是我们的，我们就应该承认它、认识它，把它当作我们自己的宝贝，运用它来教育我们自己，使自己和同伴近邻养成好学的习惯，活到老、学到老、进步到老。把这个意思打进每一个人的心里，是社会大学运动的第一个任务。

当黄齐生先生参加中华职业教育社的一个会议的时候，他在名单上列为第一名。有些青年干部不服气质问主席说，黄先生是哪个大学毕业的？

江问渔先生回答："黄先生是社会大学毕业生。"大家才没有话说。江先生所说的社会大学，便是我所指的无形的社会大学。黄齐生先生既因这无形的社会大学而有所成就，让我们大家都紧紧的把握着这个大学来进行学习，追求真理，以为老百姓服务。

有形的社会大学是夜大学，早晨大学，函授大学，新闻大学，旅行大学，电播大学。

重庆开办的社会大学，是夜大学，纯粹由职业青年自动创办的。有些地方的职业青年，早晨要到九点钟才上工。早晨可以进行二三小时的学习，便可以开办早晨大学，以应这种青年之需要。

可能进夜大学、早晨大学的青年，依我估计中国足足有四百万人。每年高中毕业生有十一万人，能考取正式大学者只有一万多人，那末每年就是九万多人不得其门而入。人生从十六岁到四十岁，至少应该努力学习。这样算来便有二百一十六万人，除去死亡害病十六万，应有二百万高中毕业生，要求社会大学予以进修的机会。

此外还有大学一年级、二年级、三年级删下来，而不得不找工作养活自己的青年。还有受过大学四年教育的人，而觉得时代已经变动需要再学习。还有大群的自学青年，倘使得到社会大学的便利，进步可能更为迅速。只要能听讲而又能记笔记，便有入学资格。这样估计起来，至少再加二百万人。因此，我估计中国全国有四百万职业青年需要社会大学帮助他们进修。我们应该在全国展开社会大学运动，在各大都市建立夜大学和早晨大学，来应济这广大的需要。正统大学能附设夜大学、早晨大学固然可以，但是单独设立尤有必要。它们可以由职业青年、进步学者或热心社会人士分头或合力发起组织。一切要简而易行，不要让自己的幻想野心把办法弄得太困难，而阻碍了发展与普及。普及与发展夜大学、早晨大学，是社会大学运动的第二个任务。

至于函授大学、电播大学，是要集中的办。旅行大学，包括海陆空三方面。新闻大学，是以好报为中心，辅以好杂志，并助以经常的座谈会。把这几种事业有效的办起来，是社会大学运动的第三个任务。

社会大学，无论有形的无形的，要有一个共同的大学之道。孔子的大学之道是："在明明德，在新民，在止于至善。"现在时代不同了，我们提议修改几个字，成为："大学之道：在明民德，在亲民，在止于人民之幸福。"

社会大学之道，首先要明白人民的大德。人民的大德有四：（一）是觉悟。人民要觉悟，中华民国是一个大公司，个个国民都是老板：男的是男老板，女的是女老板，大人是大老板，小孩是小老板。（二）是联合。做老板要有力量，力量从联合而来，不联合没有力量，凶恶的伙计是不会理睬我们的！所以要联合，四万万五千万人要联合起来做老板才行。（三）是解放。有了力量便需进行解放，我们要联合起来，在进行解放的斗争中增长我们的力量。我们要学习争取六大解放：（1）头脑解放；（2）双手解放；（3）眼睛解放；（4）嘴解放；（5）空间解放；（6）时间解放。（四）是创造。解放出来的力量要好好的用，用在创造上，创造新自己、创造新中国、创造新世界。

社会大学之道，要亲近老百姓。我们认为亲民的道理，比新民的道理来得切实。我们要钻进老百姓的队伍里去和老百姓亲近，变成老百姓的亲人，并且要做到老百姓承认我们的确是他们的亲人。

社会大学之道，是要为人民造幸福。一切的学问，都要努力向着人民的幸福瞄准。所谓人民的幸福，用老百姓自己的话说便是福禄寿喜。照着人民所愿望的福禄寿喜四大幸福进行，我们的学习才于人民有益，才配称为社会大学。也只有社会大学与人民幸福打成一片，而后社会大学运动才成为人人应该参加的富有意义的大运动。

本篇导读（徐莹晖）

生活教育进入民主教育运动后，陶行知全力从事民主教育的理论与实践研究。为提高在业青年的现代文化知识水平以使他们接纳民主观念，以及秉承其一贯的主张，即普及大众教育，陶行知认为必须积极提倡社会大学运动。本篇原载于1946年7月16日上海教师生活社出版的《教师生活》第6期。

陶行知认为社会大学运动既要普及有形的社会大学，更要承认无形的社会大学。前者如陶行知于1946年1月15日在重庆创立的社会大学，是为在业青年习得更高的知识而办，主要以夜大学的形式存在，这种形式的大学要普及到全国需要的大都市去；后者是没有实体的学校，贯彻生活即教育、社会即学校、教学做合一的主张，这是大众需要的、大众自己的、为大众谋幸福的学校，是实行终身教育的学校。

对于办社会大学来说，无论有形还是无形，最重要的是必须有一个符合大众需求和时代潮流的大学之道。陶行知把其阐述为："在明民德，在亲民，在止于人民之幸福。"具体来说就是要明白人民的大德，即通过教育启发大众觉悟，教人民联合起来做主人，解放自己的头脑、双手、眼睛、嘴、空间、时间以获得力量进行创造；亲近老百姓，能和老百姓打成一片，互亲互爱；社会大学的宗旨是要为人民造幸福，以人民所愿望的福禄寿喜为目标才算是有意义的社会大学。